FBI 사람예측 심리학

FBI 행동분석 전문가가 알려 주는 사람을 읽는 기술

FBI
사람예측
심리학

로빈 드리케 · 캐머런 스타우스 지음
고영훈 옮김

KOREA.COM

CONTENTS

PART 1

아군인가, 적군인가?

1. 예측 불가능한 세계에서 승리하기 » 10

2001년 9월 11일 FBI 뉴욕 지부 | 사람을 읽는다는 것 |
행동 예측을 위한 여섯 가지 신호 | 테러가 일어난 다음 날, 뉴욕 |
제자리를 맴도는 수사, 9·11 테러의 단서를 찾아라

2. FBI 행동분석가처럼 생각하라 » 41

테러의 공포, 배신은 항상 일어난다 | 나의 멘토 베테랑 수사관의
레오 평가하기 | 9·11보다 더 큰 테러에 대한 예측 | 예측 시스템의 시작

▶ 행동 예측에 관한 냉엄한 진실 » 45
▶ 행동 예측을 위한 여섯 가지 신호 » 52

PART 2 ————————————————————————○

행동을 예측할 수 있는
여섯 가지 신호

3. 첫 번째 신호: 동맹

흔들림 없이 내 편이 되어 줄 사람인가? »72

2002년 3월의 광란, 목숨을 건 신뢰 | FBI는 무죄추정을 하지 않는다 |
신뢰와 불신을 구별하는 네 가지 단서 | 새로운 형태의 전쟁에서 레오는
나의 동맹인가? | 상대의 성공이 나의 성공이라면 동맹의 단서다 |
2002년 3월 세르게이 작전, 첫눈에 신뢰하기 | 9·11의 기억, 다시
신뢰할 수 있는가?

당신과 동맹 의지가 없음을 드러내는 열 가지 부정적인 단서 »86
당신의 성공에 동맹 의지를 드러내는 열 가지 긍정적인 단서 »100

4. 두 번째 신호: 관계 지속성

관계를 오래 지속할 의사가 있는 사람인가? »120

위험한 비밀 접촉, 그를 파악할 시간이 없다 | 관계를 맺는 데 필요한
속도 | 신뢰의 단서에 대해 더 깊이 알아보기 | 핵 전쟁의 위험 앞에서,
아난과의 두 번째 접촉 | 나의 가장 오랜 비밀 정보원

관계를 맺는 속도를 앞당기는 다섯 가지 기술 »132
신뢰와 불신의 단서 알아채기 »138
오래 지속될 관계를 기대할 수 없는 열 가지 부정적인 단서 »141
오래 지속될 관계를 기대하는 열 가지 긍정적인 단서 »150

5. 세 번째 신호: 신뢰성

자신이 말한 대로 해낼 역량과 성실함이 있는가? » 163

2018년 8월 드론을 통한 대량 살상 무기의 위협 | 신뢰성의 두 가지
요건 | 신뢰의 단서들 | 상황이 바뀌면 사람은 변한다, 불신의 행동들 |
동맹하지 않기를 선택

　▷ 신뢰성(역량과 성실함)을 보여 주지 못하는 열 가지 부정적인 단서 » 181
　▷ 신뢰성(역량과 성실함)을 보여 주는 열 가지 긍정적인 단서 » 191

6. 네 번째 신호: 행동 패턴

지속적으로 긍정적 행동 패턴을 보이는가? » 206

첫 번째 규칙, 스스로 일을 망치지 말라 | 사람에 대한 예측을 쉽게 만드는
인성 | FBI 비밀 작전, 야수에게 먹이 주기 | 러시아로 날아간
힐러리의 리셋 버튼

　▷ 행동 패턴에 대한 열 가지 부정적인 단서 » 219
　▷ 행동 패턴에 대한 열 가지 긍정적인 단서 » 229

7. 다섯 번째 신호: 언어

말 속에 신뢰할 만한 단서가 보이는가? *»240*

마음을 움직이는 이메일 속 언어 | 상사를 이해하고 신뢰하기 |
실리콘밸리, 미스터X를 만나다 | 수사관처럼 체계적으로 듣는 방법 |
말과 모순되는 비언어적 표현들 | 신뢰와 사랑은 '쟁취'할 수 없다 |
예측할 수 없는 미스터X, 나를 엉뚱한 방향으로 가게 하다

▶ 신뢰의 언어를 나타내는 열 가지 긍정적인 단서 *»256*
▶ 신뢰의 언어를 나타내지 않는 열 가지 부정적인 단서 *»266*

8. 여섯 번째 신호: 정서적 안정감

일관되고 안정되어 예측이 가능한 사람인가? *»278*

나의 내면을 통찰하고 나만의 세계를 구축하라 | 합리적 행동을
방해하는 두려움 읽기 | FBI 요원 린다, 두려움의 비언어적 표현을
보이다 | 사담 후세인이 유일하게 두려워하는 사람 | 조용한 마음 vs
시끄러운 마음 | 신뢰할 수 있는 동료 린다와 러시아 스파이 |
FBI 행동분석가처럼 들여다보기

▶ 정서적 안정감을 볼 수 없는 열 가지 부정적인 단서 *»308*
▶ 정서적 안정감을 보여 주는 열 가지 긍정적인 단서 *»319*

저자 후기. 신뢰에서 탄생하는 황금 같은 순간들 *»336*

문제는 수많은 사람이
탐욕, 심리 조작, 권력, 통제, 기만 등
훨씬 음흉한 목적으로 자신의 의도를 감추고
진실을 숨긴다는 것이다.
안타깝게도 특히 힘든 상황에서는 더욱 그렇다.
보잘 것 없는 권력일지라도 권력이 주어지면
사람들은 이런 일을 흔히 벌이고는 한다.

PART 1
아군인가,
적군인가?

1

예측 불가능한 세계에서
승리하기

구름 한 점 없이 화창한 날이었다. 미국의 안위가 뿌리부터 흔들린 날이기도 했다. 삶은 순조로웠고, 경제는 풍요로웠으며, 민주주의는 꽃을 피우고 있었고, 냉전이 끝난 그때의 미국은 지금으로서는 상상하기 힘든 평화를 느긋이 즐기고 있었다.

매일이 너무나 평화롭고 예측 가능해서, 우리는 시대의 자만심으로 마침내 '역사의 종말에 도달했다'고 표현하기까지 했다('역사의 종말'은 미국의 정치학자 프랜시스 후쿠야마가 동유럽과 소련의 사회주의 · 공산주의 붕괴와 자본주의 · 민주주의 승리를 통찰하며 한 말—옮긴이).

냉전 체제 이후의 새로운 세계 질서를 향한 불안한 첫걸음은 1982년, 로널드 레이건 대통령이 '신뢰하되 검증하라'는 뜻의 옛 러시아 격언 '도베랴이 노 프로베랴이Doveryai no proveryai'를 인용하며 마침내 소련과 모든 새로운 핵무기의 생산을 동결하기로 합의하면서 이루어졌다. 사실과 숫자로 증명할 수 있을 경우에만 소련을 신뢰하겠다는 뜻이었다.

　　지금 생각으로는 소련의 해체를 쉽게 예상할 수 있을 것 같지만, 그 당시 소련의 정치는 누구도 예측할 수 없는 상황이었다. 미국의 양당 정치인들은 레이건의 합의가 불행한 결말을 맞을 것이라고 예상했다. 좌파는 검증에 기초한 신뢰는 신뢰가 아니라고 생각했고, 우파는 적을 신뢰할 수 없다고 생각했지만, 모두 틀렸다. 합의는 효과가 있었고, 그 후 나는 '신뢰하되 검증하라'라는 교훈을 결코 잊은 적이 없다.

　　그러나 그 시대가 막 끝나가고 있었다. 신뢰와 예측 가능성이 순식간에 끝장나 버린 것이다.

　　이날 아침, 나는 동료와 함께 높은 빌딩 숲을 이루는 월스트리트에 있는 FBI 뉴욕 지부 앞 음식가판대에 서 있었다. 아침 8시 45분이었지만 나는 벌써 두 번째 커피를 마시려던 참이었다. '국민의 최선의 이익을 위해 일하는 지도자들만 신뢰하는' 오랜 미국의 실험, 즉 우리가 민주주의라고 부르는 정치 철학이 이루어지고 있는 위대한 시대에 조국을 위해 일하고 있다는 생각으로, 새벽 5시부터 나와 근무하고 있었기 때문이었다.

바로 그때, 쿵 하는 소리가 들렸다.

경비행기가 세계무역센터 북쪽 타워(세계무역센터는 모두 7개 동으로 구성되어 있었다—옮긴이)와 충돌한 것 같았다. 옆에 있던 동료가 "조종사가 심장마비에 걸렸나 봐"라고 말했다.

"설마 테러는 아니겠지." 내가 말했다.

우리는 서둘러 사무실로 향했다. 건물마다 놀라서 얼어붙은 듯한 사람들이 창밖을 내다보고 있었다.

소방차 한 대가 사고 현장을 향해 날카로운 사이렌 소리를 내며 출동했다. 사람들을 구조하러 출동했겠지만, 그 소방차에 있던 소방관들도 아마 다른 수백 명의 소방관들과 함께 사망했을 것이다.

타워에서 잔해가 떨어지기 시작했다. 어느 순간, 떨어지는 잔해가 사람임을 알게 된 나는 너무 놀라서 구역질이 나기 시작했다. 사람의 팔, 다리가 마구 흔들리며 떨어지고 있었다.

갑자기 남쪽 타워에서도 불덩이가 일어났다. "이런! 테러잖아!" 나는 소리치며 사무실로 뛰어 들어갔지만 사무실에는 아무도 없었다.

곧이어 10명의 수사관들이 사무실로 돌아왔다. 그들은 모두 나처럼 해병대 출신이었는데, 그중 한 수사관이 우리 건물을 향해 폭탄 트럭이 오고 있다고 말했다. 이 건물에는 FBI 뉴욕 지부가 있고, 이 근방에서 가장 높은 건물 중 하나이기도 했다.

그 말을 듣자마자 나는 "대피해!"라고 소리쳤다. 선배 수사관들로 가득한 뉴욕 지부에서 나는 비교적 신입에 속했지만 그런 걸 따질 때가 아니었다.

"안 돼!" 한 수사관이 소리치며 "아직 자리를 뜰 때가 아니야!"라고 말했다. 나는 평소 그 수사관이 매우 합리적인 사람이라고 생각했지만 그의 감정적인 훈계는 무모하고 어리석었다. 나는 그의 말을 한 귀로 흘리며 세계무역센터 지하에 있는 FBI 지휘소로 급히 갈 팀을 꾸리는 것을 도왔다.

건물 주변의 사람들은 위에서 떨어지는 사람들과 잔해를 피하려고 했지만, 안개와 먼지 때문에 대부분 앞을 볼 수 없었고 사람들의 형체만 겨우 분간할 정도였다. 건물 밖으로 비틀거리며 빠져 나오는 사람들을 돕기 위해 믿기 힘들 만큼 용감하게 타워로 달려갔지만, 고층에서 뛰어내리는 사람들에 부딪혀 사망한 수사관도 있었다.

남녀 할 것 없이 처음 보는 사람들을 위해 목숨을 걸고 돕는 이들이 있었지만, 그저 겁에 질려 있거나 사고 현장을 떠나는 이들도 많았다. 이해할 만한 일이었다. 넋이 나간 채 우두커니 서 있는 이들도 있었지만, 전쟁터의 군인처럼 신속히 움직이며 현장을 돕는 사람들도 있었다.

나와 함께 일한 적이 있는 수사관인 레니 호튼Lenny Hatton은 타워 안에 있는 통신망을 지켜야 한다는 생각으로, 건물 안에 있던 사람들이 모두 밖으로 나올 때, 반대로 어둠 속으로 뛰어 들어갔다. 폭발물 전문가 출신인 그는 세 번의 테러리스트 공격에 투입되었고 알카에다 재판에서 증언한 적도 있었다.

레니는 나의 예전 FBI 상사였던 존 오닐John O'Neill과 연락을 취할 수도 있었지만 그럴 가능성은 낮았다. 그날은 존이 세계무역센터 보안책임자로 부임한 첫날이었다. 존과 그의 팀은 1993년 세계무역센터 폭탄 테러를 해결했고, 그는 FBI에서 지난 4년간 오사마 빈 라덴 Osama bin Laden을 담당했으며, 빈 라덴이 미국에 직격탄을 날릴 수 있는 인물임을 알리려고 노력해 왔다. 이날 존은 남쪽 타워 49층에서 사람들을 대피시키며 건물 밖으로 나오지 않고 있었다.

혼란한 상황을 마주하자, 내가 잘 안다고 생각했던 동료 수사관들이 어떤 행동을 취할지 예측할 수 없다는 생각이 불현듯 들었다. 도망치려 할지, 사람들을 도우러 달려갈지, 또는 현장에서 상황을 수습하는 대신에 가족이 있는 집으로 갈지 예측할 수 없었다. 어떤 행동을 취하든 옳고 그른 것은 없었지만, 나와 같이 일하는 사람들을 제대로 아는 것은 매우 중요하다. 그럼에도 나는 그들을 알 수 없었다.

나는 그들을 잘 안다고 생각했지만, 그동안 나는 그들이 보여 주려 한 모습으로만 그들을 알고 있었음을 깨달았다. 그 이유가 그들이 겸손해서든, 비밀이 있어서든, 혹은 부끄러워서, 또는 단지 사생활을 지키고 싶은 마음 때문이든 말이다. 나는 존과 레니가 보인 용기를 비롯해서 동료들이 가진 많은 덕목을 거의 인지하지 못하고 있었다.

이전과는 순식간에 달라진 대혼돈 속에서, 예측할 수 있는 것이 아무 것도 없었다.

세 번째 무역센터 건물이 공격을 받고 아직 무너지지 않은 가운데, 나는 피해를 입지 않은 것으로 보이는 타워로 향했다. 몇 명의 수사관들이 나를 따라나섰고 나는 그들에게 말했다. "짝을 이루세요! 혼자 죽는 것보다는 낫습니다." 그중 한 수사관은 뒤로 처지더니 슬그머니 빠져나갔다.

건물이 진동하며 흔들리기 시작하자 모두 겁에 질린 표정이 되었다. 하지만 첫 번째로 붕괴된 타워에서 전해진 진동이었다. 두 번째 타워가 붕괴되자 레니와의 교신이 끊겼다. 사망한 것이다. 레니에게 구조된 사람으로부터 나중에 전해들은 레니의 마지막 말은 "건물 안으로 다시 들어가야겠어요"였다. 레니는 아마 건물로 들어가면서 자신이 살아남을 수 있다고 생각하지 않았을 것이다. 나는 그를 잘 안다고 생각했는데, 그가 두려움에도 아랑곳하지 않을 정도로 깊은 연민을 가지고 있는 줄은 몰랐다.

존 역시 많은 생명을 구하고 세계무역센터와 함께 무너져 내렸다. 그는 작은 미국 국기가 꽂힌 뉴저지의 묘지에 안장되었다. 2002년, 그의 이야기가 PBS 다큐멘터리 〈프론트라인Frontline〉에 소개되었지만 나는 차마 그 방송을 볼 수 없었다.

수십 개의 정부기관에서 파견된 수백 명의 경찰 공무원들과 338명의 소방관들이 애국자로서, 또한 박애주의를 품은 한 사람의 시민으로서 위험에 처한 사람들을 용감히 구하다 목숨을 잃었다.

그날 밤, 나는 아침에 주차해 놓았던 내 차를 찾았는데, 차 앞에는 제트 엔진이 놓여 있었다. 잔해 속을 비집고 빠져나오던 나는, 눈도 깜빡이지 못하고 얼어붙은 듯 서서 어쩌면 다시는 못 볼 누군가를 기다리고 있는 사람들과 눈빛을 주고받았다. 그중 도로가에 서 있던 한 여성은 분명 흐느껴 울고 있었음에도 내게 물병을 건네며 "신의 가호가 있기를"이라고 말해 주었다. 나는 감사하다는 말도 못한 채 그저 고개만 숙였다.

　최악의 시기였지만 사람들로부터 최고의 친절함을 경험했다. 살면서 우리가 간혹 겪곤 하는 비극적인 결합이었다. 갑작스럽고 전혀 예상하지 못했던 고통스러운 그날은 '눈을 뜨고 사람들을 있는 그대로 보라'는 깨달음을 내게 줬다.

　이전과는 달라진 낯선 미국의 첫날부터 독성 섞인 공기와 지독한 악취를 견디며 거리를 지나는 사람들은 갑작스러운 삶의 도전에 맞서 본능적으로 고군분투하는 것처럼 보였다. 많은 사람이 충격에 사로잡혀 넋을 잃은 듯했다.

　나는 그들처럼 충격에 빠져 있을 수가 없었다. 나와 동료들은 고통을 흘려보내고 이성을 유지해야 했다. 우리에게는 거리의 사람들뿐 아니라 모든 국민이 세상을 안전하고 온전한 곳으로 바라볼 수 있게 해야 하는 과업이 있었기 때문이다.

　하지만 나는 그 과업을 성공적으로 이행하기가 얼마나 힘든지 알고 있었다. 안타깝게도 많은 사람이 환상을 벗어 던지고 싶어 하면서도 환상 속에 머물려고 한다.

　정보에 따르면 빈 라덴이 이번 테러를 일으킨 배후라는 것이 분명했지만, 사실 그런 정보가 필요 없을 정도로 그가 이번 테러의 주범이라는 것을 많은 정보기관 사람들이 직감적으로 알고 있었다. 나 또한 그 당시에 직감으로 확신할 수 있었다. 지금은 내 직감력이 많이 죽었지만 말이다.

내 머릿속은 온갖 질문들로 가득 찼다. 왜 국무부와 국무부 산하 기관들은 존이 빈 라덴에 대해 보고한 내용에 따라 결단력 있게 조치를 취하지 않았을까? 그들의 다음 목표는 어디일까? 여전히 미국이 우려해야 하는 인물은 누구일까? 나는 무엇을 할 수 있는가?

그리고 가장 중요한 순간에 나는 왜 가장 가까운 동료들이 어떻게 행동할지 전혀 알 수 없었을까? 나는 그들과 아주 가깝고 잘 통한다고 생각했다. 엑스레이처럼 투시할 줄 알아야 할 수사관이 가까운 동료의 행동조차 예측하지 못한다면 도대체 테러범과 간첩, 범인의 행동은 어떻게 예측할 수 있단 말인가?

나는 답을 찾을 수 없었다. 하지만 답을 찾겠다고 스스로에게 다짐했다. 성장은 최악의 시기에도 빠르게 일어나는 법이다.

물론 내가 그 생각을 좀 더 일찍 했더라면, 네 자녀를 둔 레니와 두 자녀를 둔 존을 위해서 더없이 좋았을 것이다. 하지만 아쉽게도 그들은 이미 세상을 떠난 후였다.

사람을 읽는다는 것

살면서 사람의 마음을 읽고 행동을 예측할 수 없는 것만큼 심각한 일은 없을 것이다. 어디로 튈지 모르거나, 거짓말을 밥 먹듯 하거나, 성격이 순식간에 바뀌는 사람들이어서 예측할 수 없는 것이 아니다. 대부분의 사람이 다른 사람들에게 보이고 싶지 않은 모습을 감추거나 위장하기 때문이다. 특히 사랑, 돈, 커리어, 평판 등 중요한 사안이 걸린 경우에 더더욱 그렇다.

세상에 완벽한 사람은 아무도 없고 모든 사람에게는 취약한 부분이 있게 마련이므로, 마음이 착한 사람들조차 감추고 싶은 것이 있다. 많은 사람이 절박한 상황에서 자신이 원하는 것 또는 잃고 싶지 않은 것을 지키기 위해 거짓말을 한다. 성공을 위해 종종 사실을 감추고 원칙을 무시하기도 한다.

사랑받고 싶지 않은 사람은 없고, 때때로 자신이 사랑받을 자격이 없을까 봐 두려워하므로, 점잖고 도덕적인 사람들도 사실을 감추고는 한다.

문제는 수많은 사람이 탐욕, 심리 조작, 권력, 통제, 기만 등 훨씬 음흉한 목적으로 자신의 의도를 감추고 진실을 숨긴다는 것이다. 안타깝게도 특히 힘든 상황에서는 더욱 그렇다. 때로는 보잘 것 없는 권력일지라도 주어지면 사람들은 이런 일을 흔히 벌이고는 한다.

인간은 대단히 자주 비윤리적일 수 있기 때문에, 우리가 누군가와 중요한 일을 시작해야 하는데 상대가 예측이 안 되는 사람이라면 일의 갈피를 잡을 수 없고 두려워지기까지 할 수도 있다.

그래서 거의 모든 사회가 이러한 인간 본성의 변덕스럽고 약한 측면을 완화하고 약속과 책임을 공고히 하기 위해 업무협약 계약서, 혼전 합의서, 종교 규범, 법, 예의, 약속, 무언의 사회계약처럼 공정하고 구속력 있는 방법들을 만들려고 한다. 하지만 이러한 장치들에도 불구하고 거래, 우정, 결혼, 제휴, 연애, 예의, 법, 양육권이 깨지는 경우가 무수하기 때문에, 많은 이들이 여전히 타인을 경계하고 조심스러워 한다.

누구나 한번쯤은 다른 사람의 속임수와 거짓말을 경험하게 된다.

때때로 사람들을 읽는다는 것이 특히 사업적인 거래의 경우, 거의 불가능하게 느껴지기도 한다. 양보와 배려가 일반적이지 않은 경쟁적인 환경에서, 종종 잘 모르는 사람들을 상대해야 하기 때문이다.

하지만 대부분의 사람에게 훨씬 안 좋은 경우는 지인과 가족이 어떻게 행동하고 변할지 예측할 수 없을 때다. 가정폭력, 자살, 양육권 분쟁, 외도 등 몇 가지 경우만 들어도 우리에게 예측할 수 없다는 것이 얼마나 큰 충격이고 힘든 상황으로 이어질 수 있는지 알 수 있다. 이처럼 우리 주변의 누군가가 우리를 경제적인 어려움에 처하게 할 수도 있고, 삶에 대한 관점을 완전히 바꾸어 놓을 정도로 우리를 배신할 수도 있다.

우리는 우리 사회의 신성한 규범들을 침해하는 일들을 삶에서 겪기 마련이며, 이는 우리 사회의 높은 가치들을 조금씩 갉아 먹는다. 높은 가치 중 하나인 '신뢰'는 사업부터 사랑에 이르기까지 사람 간에 이루어지는 대부분의 교류에 영향을 미치고, 종종 그것이 전부인 경우도 있다. 신뢰는 믿음의 적극적인 형태다. 신뢰는 상대방이 약속을 이행할 것이며, 그럴 수 있는 능력과 성실함을 가지고 있다는 믿음이다. 신뢰에 대한 배신은 감당하기 힘든 충격적인 경험 중 하나다. 이로 인한 마음의 상처는 사고로 인한 외상보다 깊을 수 있다. 그 결과 우리는 사람들을 더 잘 알았어야 했다는 생각과 함께, 다른 사람뿐 아니라 자기 자신을 의심하게 된다.

이 책에서 나는 사람들의 행동과 신뢰에 대해 더 잘 알 수 있는 방법을 알려 줄 것이다. 생각만큼 어렵지는 않다. 당신은 상대가 중요한 상황에서 어떻게 행동할지, 왜 그런 행동을 하는지 예측하는 방법을 배울 것이다. 그것을 알게 됨으로써 당신은 더 이상 상처받지 않을 수 있다는 안정감을 얻게 될 것이다. 지난 경험으로부터의 상처가 치유되기 시작하고 자신감이 생길 것이다. 예전처럼 중요한 순간에 다시 속는 일은 없을 것이다.

내가 인간의 행동을 해독할 능력을 날 때부터 가지고 태어나서 이 방법을 선천적 또는 직관적으로 알게 된 것이 아니다. 다른 많은 사람처럼 나 또한 시행착오를 통해 행동 분석을 힘들게 배웠다. 그리고 나는 누구나 이해할 수 있는 시스템을 만들어서, 아주 간단한 교육을 통해 이를 배우고 적용할 수 있게 하려 했다.

행동 분석을 모른다면, 당신은 아마도 삶의 중요한 순간에 상대가 어떻게 행동할지를 예측하는 데 계속해서 어려움을 겪을 것이다. 마음이 사악한 사람들은 당신의 마음을 조종하려 할 것이고, 당신에게는 고려해야 할 변수들이 증가하고, 주저함과 의심이 당신의 마음을 가릴 것이다. 상대에게 무엇을 기대해야 할지 모른다면 성공적인 삶에 필요한 계획을 세심하게 세우기가 거의 불가능하기 때문이다.

시간이 흐를수록 당신의 의심은 깊어질 것이고, 결정에 대한 두려움은 당신 안에서 전염병처럼 퍼지며, 죄 없는 사람들을 멀리하게 되고, 사람들의 사생활을 염탐하게 되며, 결정을 미루게 되는 등 여러 문제들을 양산할 것이다. 그러다 결정의 순간이 왔을 때 행운을 빌거나 직감에 의지한 채 주사위를 던지고 만다.

행동과학에서 밝혀진 연구들에 따르면, 결정을 내리는 데 필요한 사실이나 정보가 부족한 사람들은 올바른 결정을 내리는 경우가 절반 정도밖에 안 된다. 대개 이는 이들의 잘못이 아니다. 이들이 평가하려고 하는 상대가 종종 상황을 조작하기 때문이다. 사람은 자신도 모르게 남을 속이기도 한다. 누구나 자신을 좋은 모습으로 보이고 싶어 하므로, 종종 자기 자신에게도 거짓말을 하고 주변 사람에게도 거짓말을 하며 자신의 모습을 속이기 때문이다. 그러한 과장된 믿음은 종종 그 사람의 평판 일부가 되기도 한다. 그래서 우리는 알고 보면 겉과 속이 다르고 내실이 없는 사람들을 종종 보게 된다.

요점: 거의 모든 사람이 살면서 한 번쯤은 배신을 당한다. 그때는 정신이 멍해지고 절망감과 의심에 빠지게 된다. 강인함과 현명함을 잃으며, 누구도 신뢰하길 꺼리게 되는 치명적인 상처를 입을 수도 있다.

현명하고 자신감 있게 살기 위해 당신은 사람들의 행동을 합리적으로 예측하고 신뢰할 수 있어야 한다. 만약 사람들에게 신뢰를 사탕처럼 쉽게 나눠 준다면 가장 소중하게 여기는 것들을 잃게 되고, 이후에는 소중한 것을 잃을 기미가 조금이라도 보이면 정작 문을 열어야 할 때 문을 닫으려 하고, 불길한 예감 속에 홀로 갇힐 수 있다.

두려움을 겪어 보지 않은 사람은 없다.

하지만 인간이 가진 가장 큰 능력 중 하나인 정확한 예측력은 인간관계에서의 두려움을 정복할 수 있다. 예측할 수 없다면 아마도 우리는 남을 신뢰하길 꺼려 할 것이고, 예측력 부족으로 터무니없는 대가를 치를 수도 있다. 신뢰는 평온함과 창의성의 원천이며, 모든 사람에게 활기를 주고 온 나라를 하나로 묶어 준다. 신뢰는 인간의 긍정적인 활동 중 가장 상위에 있다. 신뢰는 사랑에 버금가는 인간 활동이며 종종 사랑과 짝지어 존재하기 때문이다.

사람을 제대로 읽음으로써 우리는 그들의 성격, 특징, 성향, 욕구, 두려움, 애정, 강점, 약점, 역량에 대해 많은 것을 알게 되지만, 결국 이 모든 것은 단 하나의 가장 중요한 속성인 '신뢰성'으로 요약할 수 있다. 신뢰성은 수수께끼를 벗기고, 진실을 밝히며, 긍정적인 인간관계를 맺는 데 없어서는 안 되는 특성이다.

행동 예측을 위한 여섯 가지 신호

이 책에서 나는 행동 예측을 통해 신뢰를 확인할 수 있는 여섯 가지 신호 체계와 이 신호들을 드러내 주는 단서들을 설명할 것이다. 앞으로 배우게 될 내용들을 간단히 요약해 보자.

Sign #1. 동맹
서로의 성공을 위한 공생 관계 구축

Sign #2. 관계 지속성

유대 관계가 지속될 것이라는 믿음

Sign #3. 신뢰성

능력과 성실함의 입증

Sign #4. 행동 패턴

긍정적인 행동의 일관된 표출

Sign #5. 언어

능숙한 의사소통으로 관계 구축

Sign #6. 정서적 안정감

정서적인 조화로 갈등 초월

이 시스템은 추측, 직감, 운, 직관을 대체한다. 간단한 이 시스템으로 삶을 힘들게 만드는 많은 두려움을 잠재울 수 있고, 대부분의 인간관계에서 올바른 길을 찾을 수 있다.

이 시스템은 선과 악을 가리는 측정 기준이 아니라 단지 '예측 가능성'을 위한 것이며, 사람의 성격, 특징, 능력을 정확하게 반영하는 단서들을 읽는 것으로 이루어져 있다.

당신에게 필요한 무언가를 해 줄 사람을 당신이 신뢰할 수 있다면 좋은 일이다. 그에 따라 당신의 행동을 맞추면 된다. 설령 당신이 그를 신뢰할 수 없다 하더라도 괜찮다. 여전히 '당신의 행동을 그런 상황에 맞추면' 되기 때문이다.

이 시스템이 당신의 모든 문제를 해결하지는 못하지만, 이를 통해 얻게 될 예측력으로 당신은 두려움에서 벗어나 이성적이고 현명하게 어떤 사람을 신뢰할지 판단할 수 있는 방법을 알게 될 것이다. 당신의 마음을 교묘히 움직이려는 사람, 믿을 수 없는 사람, 사기꾼, 혹은 당신에게 필요한 것을 해 주고 싶지만 그럴 능력은 없는 마음씨만 좋은 사람들에게 뺏기는 시간을 줄여 줄 것이다.

무엇보다 이 시스템은 당신의 성공을 진심으로 바라고, 도울 능력이 있으며, 당신을 위해서 무엇이든 할 수 있는 사람을 당신이 알아볼 수 있도록 해 준다. 그런 사람들과 함께 있으면 걱정이 가라앉고, 업무량이 가벼워지며, 인간관계가 깊어지고, 당신의 미래를 예측하고 '창조'하는 능력은 놀라울 정도로 커질 것이다.

내가 만든 시스템은 인간 행동의 핵심을 파고들기 때문에 유효한데, 그것은 하나의 근본적인 진실로 귀결된다. 바로 '사람은 자신의 최선의 이익에 따라 행동한다는 것, 그래서 당신은 언제나 상대의 행동을 예측할 수 있다는 것'이다.

'그렇다면 사람이 자기 이익만 생각한다는 것 아니냐'라는 사람도 있지만, 나는 개인의 최선의 이익 추구가 건전할 뿐 아니라 필요한 것이라 생각한다. 자신에게 최선이 되는 이익을 선택하는 것은 인간을 필사적으로 생존하게 하며 성취하게 하는 마르지 않는 원천이자, 진정한 인간의 본성이면서도, 고결하고 이타적인 목표 또한 품을 수 있게 한다.

'인간은 자신이 원하는 것을 얻으려고 노력한다'는 간단한 원리는 매우 합리적이고 또한 우리 문화와 정신에 깊이 각인되어 있어서,

자신의 최선의 이익에 따라 행동하지 않는 사람들을 보면 우리는 그들이 자기 파괴적이고, 게으르며, 그들을 신뢰하는 사람들의 필요에 무관심한 사람으로 생각하는 경향이 있다.

그러니 사람들이 어떻게 행동할지 판단하기 위해서는 그들이 최선의 이익으로 생각하는 것이 무엇인지 알아서 그들의 행동을 예측하는 데 사용하면 된다. 쉽지는 않지만 분명 익힐 수 있는 방법이다. 그것도 빠르게 말이다. 이 방법을 익히고 나면 당신의 삶은 전과 달라질 것이다. 예측의 힘은 정말 엄청나다.

따라서 '신뢰는 도덕성의 문제가 아니라 예측 가능성의 문제'다.

이렇게 보면 신뢰에 대한 정의가 확장된다. 이전에는 대개 사람을 선하다고 가정했다면, 이제는 사람이 자신이 원하는 것을 얻기 위해 끊임없이 노력한다고 가정함으로써 앞으로 어떻게 행동할지 예측할 수 있다는 것이다.

신뢰는 단순한 호감에 의해서가 아니라 이성적인 문제에 기초해 이루어져야 한다. 하지만 안타깝게도 많은 사람이 가까운 지인에게서 신뢰를 잃는 경험을 더 많이 한다. 신뢰를 저버린 가까운 사람이 나쁜 사람이어서가 아니라, 현명하게 신뢰하지 못했기 때문이다.

그렇기 때문에 정보에 기초한 예측 가능성이 중요하다. 신뢰에 앞서 예측 가능성을 먼저 따져야 한다. 어떤 행동을 할지 합리적으로 예측할 수 없는 사람이라면, 그 사람은 대개 신뢰할 수 없는 사람이다.

일단 신뢰가 형성되면 신뢰와 더불어 패키지로 형성되는 행동들이 있다. 의리, 도움, 친절, 정직, 믿음, 지혜가 그것이다. 그래서 사람들은 상대방을 예측 가능한 사람으로 '신뢰'하게 되면 자연스럽게 그와 '동맹'을 맺고 싶어 한다. 상대방도 마찬가지다.

행동 예측에 있어 핵심이 되는 이 사실은 우리가 신뢰에 대해 확실히 알 수 있는 유일한 것이며, 이것만 잘 알고 있어도 충분하다.

하지만 이 사실을 이용해서 다른 사람의 마음을 교묘히 이용하면 안 된다. 상대가 이 사실을 눈치 채고 멀어지면, 당신은 동맹을 맺을 다른 사람을 또 찾을 수는 있지만, 결국에는 그들 또한 결코 당신을 신뢰하지 않을 것이다. 세상은 이미 다른 사람의 마음을 이용하려는 사람들로 가득한데 당신까지 그런 사람이 될 필요는 없다.

이 예측의 원리를 현실에서 적용하는 첫 번째 단계는 상대가 최선의 이익으로 생각하는 것이 무엇인지를 알아내는 것이다. 대부분의 사람은 당신에게 기꺼이 알려 줄 것이다. 알려 주지 않을 이유가 없지 않은가? 솔직하게 묻는 것이 자신이 원하는 것을 얻을 수 있는 최선의 방법이다. 상대방이 당신에게 말하는 것은 대개 분명 최고의 단서다.

솔직하게 말하길 꺼리는 사람도 있다. 자신이 원하는 것을 대놓고 말하면 상대방이 지나치게 부담스러워 하거나, 불쾌해하거나, 자신의 모습이 초라해 보이거나, 착각에 빠진 것처럼 보일까 봐 두려워하는 것이다. 하지만 그렇더라도 당신은 여전히 그가 원하는 것을 알아낼 수 있다. 내가 책임을 맡았던 FBI 행동분석센터Behavioral Analysis Program(BAP) 수사관들은 이런 일을 매일 한다. 나는 당신에게 FBI 행동분석센터 수사관처럼 객관적, 합리적, 체계적으로 그리고 감정에 휘둘리지 않고 생각하는 법을 알려 줄 것이다. 이 생각법으로 당신은 상대방의 정보를 정확히 분석해 행동 예측을 해낼 수 있다. 그 정보들은 그 사람의 행동, 말, 보디랭귀지, 의견, 평판, 직업적 성과, 능력이다.

이 단서들은 생각보다 알아차리기 쉽다. 사람들은 포커 게임에서 표출되는 단서들과 유사하게 비교적 분명한 행동들을 통해 자신의 특성과 품고 있는 생각들을 드러내기 때문이다. 능숙한 포커 선수는 카드에만 집중하지 않고 사람들에게도 집중한다. 행동 예측은 이해하기 어려운 자연과학이 아닌 사회과학의 하나로, 논리, 전략, 의구심, 관찰 능력, 달갑지 않은 진실을 수용하는 능력을 필요로 한다.

행동 예측을 위해서는 공감 능력 또한 필요하다. 사람들을 진정으로 이해하기 위해서는 잠시 자신의 관점을 내려놓고 상대의 눈으로 당신을 포함해 세상을 바라봐야 한다. 이때 그들이 당신을 바라보는 시각이 부정적이거나 정확하지 않을 경우 마음에 들지 않을 수도 있지만, 당신이 미처 몰랐던 현실에 한 걸음 더 다가가 깨닫고 배울 수 있는 기회가 될 수도 있다.

이처럼 받아들이기 쉽지 않은 현실을 보려면 자신의 감정을 눌러 참는 극기克己, stoicism와 공감empathy이라는 호의가 필요하다. 인간 행동 분석에 따르다 보면 이 두 가지 특성이 합쳐져 내가 '공감형 극기stempathy'라고 지칭하는 특성이 나타난다. 나는 이 공감형 극기가 나의 전문 분야인 인간 행동 부문에서 가장 긍정적 특성 중 하나라고 생각한다.

수세기 동안 인간 행동에 대한 연구는 대개 철학적으로 이루어졌지만, 사회과학으로 발전하면서 훨씬 더 논란의 여지가 없는 인간 행동에 대한 진실들이 드러나기 시작했다. 정보 중심의 인간 행동 분석이 비교적 새로운 과학 분야로 처음 등장하게 된 것은 1970년대고, 그 이후로 계속해서 더욱 정교하게 발전해 왔다. 사실, '행동' 그 자체가 겉으로 드러난 명확한 증거다.

나는 사람에 대한 판단을 잘못 내리면 많은 생명이 위협받을 수 있는 환경인 미 해병대의 장교로 복무하며 행동과학에 처음 매료됐다. 미 해병대 신병교육대에서 200명이 넘는 해병과 16명의 훈련교관을 지휘하고 책임지는 지휘관이었던 나는 행동 예측이라는 영역에 자연스럽게 발을 들여놓게 됐다. 하지만 그곳은 매우 통제된 환경이었다.

1997년, FBI에 근무하게 되면서 나는 사회심리학 과정과 인간관계 개발학을 듣고 행동분석센터를 처음 접하게 됐다. 그 당시의 행동분석센터장들은 행동과학이 인간 행동의 핵심을 파고들어서 범죄 활동과 간첩 활동, 더 나아가 산업 문제 및 개인의 문제들을 훨씬 더 효과적으로 다루는 데 사용할 수 있다는 미래지향적인 신념을 가지고 있었다.

나중에 수사물 드라마 〈크리미널마인드Criminal Minds〉를 통해 여러 차례 행동분석센터가 등장하긴 했지만, 그 당시만 해도 행동분석센터는 거의 알려지지 않았다. 행동분석센터는 방첩보다는 주로 강력 범죄를 다루는 행동분석팀Behavioral Analysis Unit, BAU에 속해 있다. 행동분석팀은 책과 영화로 출판되고 상영된 〈양들의 침묵The Silence of the Lambs〉과 〈로 앤 오더Law & Order〉, 〈마인드헌터Mindhunter〉, 〈더 와이어The Wire〉 등의 TV 드라마들에서도 등장한다. 행동분석이 이처럼 대중적인 주제가 된 한 가지 이유는 사람들이 '직관에 의존해서는 안 된다'는 것을 직관적으로 알고 있기 때문이다. 직관에 의존하다 많은 것을 잃기에는 우리 인생이 너무 짧다.

처음부터 나는 행동분석센터의 일원이 되는 것이 꿈이었다. 조국에 더욱 봉사할 수 있을 뿐 아니라 개인적으로도 보다 성공할 수 있고, 사람들과의 갈등을 줄일 수 있으며, 두려움을 줄이고, 더 깊은 인간관계를 맺는 데 도움이 될 것이라 생각했기 때문이다.

하지만 처음에 나는 행동분석을 거의 생존 시스템으로 생각했다. 모든 산업에 스파이가 있지만, 간첩과 방첩 분야의 스파이는 지구에서 가장 힘센 나라들의 자금, 군수품 등 강력한 지원을 받는다. 영광스럽게도 행동분석센터를 책임졌던 네 명의 소장 중 세 번째 소장이 됐지만, 처음에는 센터를 이끌어 나가는 것이 쉽지 않았다.

지금 알고 있는 걸 그때도 알았더라면 좋았을 것이다.

테러가 일어난 다음 날, 뉴욕

테러가 일어난 다음 날, 우리는 동이 트기도 전에 주 7일 12시간 교대 근무를 시작했다. 세계무역센터의 잔해물에서 실종자들의 신원을 확인할 수 있는 신체를 탐색해서 수집하는 임무였고, 스태튼아일랜드의 쓰레기 매립장으로 옮겨진 잔해물에 대한 탐색 작업도 동시에 진행했다.

우리는 매일 어둠 속에서 출퇴근을 해서 전투 피로증(어려운 전쟁 상황에서 심한 정신적, 육체적 스트레스에 직면하여 인체의 정상 방어 기능이 일시적으로 붕괴되면서 불안, 공포, 행동 장애 따위를 나타내는 일련의 증상—옮긴이)이 쌓여 갔다. 시민들과 자원봉사자들은 우리가 출퇴근을 하는 맨해튼 웨스트사이드 고속도로에 그해 9월부터 이듬해인 1월까지 줄을 지어 서서, 장갑 낀 손으로 엄숙하게 우리에게 박수를 보내 주고, 비나 눈이 내리는 가운데도 촛불을 들고 있었다. 그들은 우리에게 주스 상자, 집에서 만든 샌드위치, 방독면을 건네며 성원했다.

시민들은 또한 우리에게 "제발 아빠를 찾아주세요"와 같은 글이 적힌 종이와 사진들을 주었다. 나는 그때 시민들에게서 받았던 것들을 여전히 보관하고 있다. 그것들을 보면 그것을 준 사람들뿐 아니라, 격동의 시간 동안 일하느라 함께하지 못했던 아이들에 대한 미안한 마음이 든다.

9·11 테러 직후, 누군가 정치인 및 뉴스 앵커 등에게 탄저균이 든 우편물을 계속해서 보내기 시작했기 때문에 음식물 테러 가능성이 있었지만, FBI 요원들은 시민들이 건네는 음식과 음료수를 사양하지 않았다. 우리는 시민들을 신뢰할 수 있고 그들이 도덕적인 행동을 할 것이 예측 가능하므로 우리의 생명을 걸 수 있다고 생각한 것이다. 만약 지금 시민들이 내게 음식과 음료수를 건네려 한다면 내

가 그때처럼 받을 수 있을지는 모르겠다. 그런 기회가 있다 하더라도, 요즘에는 경찰들이 저지선을 치기 때문이다.

4년 후, FBI는 탄저균을 추적해 연방정부에서 일하는 용의자를 검거했다. 미국이 존재하지도 않았던 대량파괴무기를 빌미로 이라크를 침공하고 난 며칠 후 FBI는 그 사건을 종결했다. 그리고 탄저균 테러를 저지른 사람이 미국 정부에서 일하던 사람으로 밝혀졌음에도 시민들은 이에 대해 크게 아이러니를 느끼지 못했다.

그해 한겨울에는 대부분의 미국인이 전투 피로증의 시민 버전인 동정심 피로증과 한층 높아진 테러 경계 강화에 지쳤고, 주요 항공사 두 곳이 파산할 정도로 항공 여행을 꺼렸다. 새로운 곳에 가고 새로운 친구를 사귀는 것을 지나치게 꺼려서 '코쿠닝cocooning'(집안에 틀어박혀 지내기―옮긴이)이라는 신조어도 생겼다.

온 세상을 뒤덮었던 불신의 장막이 조금 가라앉긴 했지만, 여전히 그 대부분이 남아 있었다.

제자리를 맴도는 수사,
9·11 테러의 단서를 찾아라

불만의 겨울(영국의 경제 불황과 사회 불안으로 영국 시민들이 고통 받던 시기를 '불만의 겨울'이라 하는데, 이에 빗대서 한 말―옮긴이)을 보내던 어느 흐린 날, 나는 9·11 테러에 러시아가 공모되어 있는지에 대한 단서를 추적하는 임무를 맡았다. 내게 러시아 쪽 임무가 주어진 데는 그럴 만한 이유가 있었다. 모든 수사관이 9·11 테러의 단서를 찾는 데 투입돼 있었고, 나는 FBI에서 일하기 시작한 이후 줄곧 러시아 쪽을 맡아 일해 왔기 때문이었다.

상사는 내게 러시아 방첩기관에서 일했던 비밀 정보원과 접촉하라고 했다. 그 정보원은 현재 자신을 맡고 있는 FBI 수사관과는 9·11에 대해 이야기하는 것을 단호히 거부한다고 했다. 그 수사관은 그를 담당한 14번째 요원이었고, 내가 15번째 요원이 될 예정이었다. 여기서 내가 레오Leo라고 부를 비밀 정보원은 오랫동안 이중 스파이였지만, 우리를 돕는 것과 자신을 위한 이득 챙기기 사이에서 줄타기를 잘하는 것으로 유명했다. 심지어 그가 나중에 러시아 마피아라고 불리게 된 신흥 러시아 기업가층과 관련되어 있을지도 모른다는 말도 들렸다. 우리는 그가 러시아인 중 국외 거주자들을 위한 일종의 사교 클럽을 소유하고 있음을 알고 있었다. 그것만으로도 소문을 일으키기에 충분했고, 역사상 이처럼 혼란스러운 순간에는 어떤 소문도 지나치게 터무니없지 않았다.

비록 그가 합법적으로 클럽을 운영하고 있을지라도, 나는 그의 공작활동 방식이 싫었다. 그것은 최고의 가격을 제시하는 자에게만 충성하는 용병의 사고방식처럼 이기적이고 편협해 보였다. 하지만 지금은 그렇게 느끼지 않는다. 왜냐하면 비밀 정보원을 포함해 어느 누구와도 지속적으로 효과적인 거래를 유지하려면 서로 윈윈해야 한다는 것을 깨달았기 때문이다.

롱아일랜드 웨스트 바빌론의 우거진 숲 근처에 자리 잡은 레오의 집까지는 차로 두 시간이 걸렸고, 그곳에 도착했을 때는 근무한 지 15시간이나 지났을 때여서 정신적으로 몹시 지쳐 있었다. 내가 현관에서 초인종을 누르자 한 남자가 술 냄새를 풍기며 더듬더듬 문을 열었다.

'이 꼴을 보려고 내가 세상을 구하려고 했던가.' 내 시간이 낭비되고 있다는 생각이 들면서 불쑥 화가 치밀어 올랐다.

그는 문 앞에 지켜선 채 도로를 힐끗 훑어보며 이렇게 말했다. "우리 집 찾아오는 것은 마지막인 줄 아쇼."

"왜 그러시죠?" 화가 난 걸까? 내 분노를 알아차려서일까? 취했는지는 몰라도 그는 꿰뚫어 보는 듯한 눈빛을 가지고 있었다.

"이웃들이 볼까 봐요." 그가 말했다.

"아마도 피해망상증이 좀 있는 것 같군요, 선생님." 순화시켜서 말하긴 했지만 나름대로 그에게 화를 표출하니 기분이 한결 나았다. 그 당시만 해도 나는 그렇게 화를 표현해야 정서적으로 건강한 것인 줄 알았다. 지금의 나는 절대로 그런 식으로 말하지 않는다. 예의에 대해 도가 터서가 아니라, 그래 봐야 아무 소용이 없기 때문이다. 그리고 훌륭한 관리자라면 업무 중 우연히 관찰한 것에 대해서라도 말을 낭비하지 않는다. 그들은 말 한 마디도 궁극적인 목표에 다가가기 위해 한다.

레오는 조금 뒤로 물러서서 러시아어 억양과 뉴욕 퀸즈 억양이 섞인 말투로 말했다. "입조심 하쇼."

지금의 나는 절대 화를 드러내는 말을 하지 않는다. 가는 말이 고와야 오는 말이 고운 법이다. 이 이야기는 나중에 더 하도록 하겠다. 그리고 '자연스러운 게 좋다'라는 말은 과대평가된 말이다. 만약 회의에 참석해서 당신의 최선의 모습을 보여 주지 못할 것 같다면, 회의에 참석하지 않는 것이 낫다.

여느 훌륭한 해병이든 FBI 수사관이든 그랬겠지만, 나는 물러서지 않았다. 그저 빨리 들어갔다 빨리 나와서 내 리스트에서 레오를 제외시키고 싶었다.

그는 문을 좀 더 열며 들어오라는 포즈를 취했다. 거실에는 잘 꾸며진 홈바가 있었다. 레오는 마시던 술잔에 얼음 네 조각을 툭하고 떨어뜨리면서 말했다. "2차 세계대전이 끝나고 포로수용소에 있으면서 얼음을 좋아하게 됐어요. 물론 농담입니다만." 그는 술잔에 보드카를 부으며 내게 물었다. "술 한 잔 하시겠소?"

나는 고개를 저었다.

"포로수용소를 난민수용소라고도 했죠. 철조망 안에 모두 합해 약 1,000만 명이 있었어요. 거기에 5년 동안 있으면서 거의 대부분 굶었죠. 가족이 살아 있는지 알고 싶으니 고향에 언제 돌아갈 수 있냐고 수용소 측에 물어보면… 아까 뭐라고 했죠? '피해망상'이라고 했죠? 피해망상증 환자처럼 굴지 말라는 소리만 들었어요. '어떻게 할 수 없는 일은 염려하지 말라'고 하더군요. 말도 안 되는 소리죠. 어떻게 해 볼 수 있는 일이니까 염려하지 않는 겁니다. 위험한 일은 우리가 어떻게 해 볼 수 없는 데서 벌어지는 법이죠."

"고향으로는 돌아가셨나요?"

"결국은요." 잠시 그의 눈에 허탈함이 보였다. "돌무더기하고 땅만 남아 있더군요." 그는 가족들이 살아 있었는지에 대해서는 말하지 않았고, 나도 군이 캐묻지 않았다. 만약 내가 지금 알고 있는 걸 그때도 알았더라면 더 물어봤을 것이다. 단, 조심스럽게 그리고 온전히 상대방을 위해서 말이다. 주는 것이 있어야 받는 것이 있는 법이다. 그 당시에는 이런 생각이 모순이라고 생각했다.

술잔을 빙글빙글 돌리면서 그는 2차 세계대전으로 고통 속에서 죽은 사상자가 미국에서는 50만 명이었던 데 비해 소련에서는 2,000만 명이었다는 점을 내가 분명히 알기를 바랐다. 40배의 차이였다. "그래서 소련이 동유럽을 점령했죠. 소련은 피해망상증이 있었던 거예요. 하지만 철의 장막이라는 완충국들이 있었음에도 주가슈빌리Jughashvili는 2,000만 명을 더 죽였죠. 주가슈빌리는 정치가가 되기 전 스탈린Stalin의 본명이에요. 스탈린이라는 이름은 '강철 같은 사나이'를 뜻하죠. 주가슈빌리 동지가 우리를," 그는 강조하기 위해 잠시 말을 멈췄다가 말을 이었다. "피해망상에 빠지게 한 거예요."

그래서 전쟁과 스탈린이 미국인 사상자의 '80배'가 되는 러시아인들의 희생을 불러온 것이었다. 그때 누군가 내 모습을 봤다면 틀림없이 당황스러워 보였을 것이다. 처음으로 그가 웃음을 지었지만 왠지 오싹한 웃음이기 때문이었다.

나는 본론으로 들어가고 싶었다. "현재 FBI 담당자와 좋지 않다고 들었습니다."

"FBI는 항상 일이 먼저군요." 순간 그의 얼굴에서 생기가 사라 졌다.

신출내기 수사관인 나는 바보같이 다시 한 번 반격하고 싶은 마음이 들었다. "제가 당신에 대해 들은 바로는" 완전한 전투모드로(잃을 건 거의 없으니) 나는 말했다. "뭔가를 먼저 받아야 뭔가를 주신다고 들었습니다. 거의," 잠시 말을 멈췄다. 일격을 가하는 말이었기 때문이다. "이중 스파이처럼요."

"젊은 양반, 모든 스파이는 이중 스파이예요."

그리고 그것으로 끝이었다.

나는 내 관점에서만 이야기하는 것이 완전히 부적절하다는 것을 이내 깨달았다. 중요한 것은 그의 관점이기 때문이다. 내 생각 속에 갇혀서 이야기하는 것은 아무리 오랫동안 떠들어도 벽에 대고 말하는 것과 같음을 깨달았다. 헛된 수고는 하지 말아야 한다.

그와의 대결을 선택한 나는 결국 내가 감당하기 힘든 길을 택한 꼴이었다. 그 당시에는 과감하게 싸우는 쪽을 택하는 것이 가장 좋은 줄 알았다. 하지만 스스로 무덤을 판 것이었다. 지난 수년간 나는 수사관처럼 생각하는 법을 어느 정도 익혔지만, 행동분석 수사관처럼 생각하는 법에는 미숙했다.

매년 이맘때가 되면 해가 빨리 저물어 밖은 진작부터 짙은 어둠이 깔려 있었다. 나는 아무것도 얻지 못하고 있었다. 레오의 자료파일에는 수많은 정보가 있었지만, 그의 진짜 정체와 그가 앞으로 어떤 행동을 보일지를 드러내는 정보는 전혀 없었다. 대단히 혼란스러웠다.

나만 그런 것은 아니었다. FBI의 많은 수사관과 심지어 나라 전체가 냉전의 안개 속에서 앞을 내다볼 수가 없었다. 우리의 적은 도처에 있는 듯했지만, 그들이 누구인지조차 알 수 없었다. 정보기관들조차 누가, 어떻게 또다시 미국에 타격을 줄지, 누구를 신뢰해야 할지에 대한 정보가 제한적이었다.

테러에 대한 수사가 끝없이 제자리를 맴도는 가운데, 나와 많은 뉴욕 시민은 그저 살아남아 노환으로 죽기만 해도 감사한 일인 듯했다. 뉴욕 시민들, 특히 맨해튼 남부 시민들은 여전히 독성이 강한 공기를 마시고 있어서 조만간 세계무역센터 테러로 인한 직접적인 사상자수보다 더 많은 사상자가 나올 수 있는 상황이었다. 제트 여객기에서 나온 연료 약 9만 1,000리터, 10만 톤의 잔해, 87만 리터의 난방유와 디젤유로 인해 그라운드 제로(핵무기가 폭발한 지점을 가리키는 용어이나, 9·11 테러 이후 세계무역센터 붕괴 지점을 뜻하는 고유명사로 널리 쓰임—편집자) 지하에서는 여전히 불길이 타고 있었다.

나도 여전히 기침을 하고 있었고, 1차 조사 결과 약 1만 명의 사람들이 이번 테러로 인해 각종 암과 치명적인 질병을 앓게 된 것으로 나타났다. 사상자수는 우리가 살아가는 동안 더 늘어날 것이다.

레오는 다시 술을 채우고 내게도 한 잔 권했다. 우리 사이의 간극을 좁히려는 의도였을 수도 있었다.

"드릴 말씀이 있어요." 술 취한 사람들이 가끔 그러는 것처럼 그가 갑자기 큰 소리로 말했다.

그 순간 나는 한 남자가 크게 "죽었네dead!"라고 외치는 소리를 들었다. 러시아 억양이 섞인 "아빠dad"인가? 확신할 순 없었다. 레오의 자료 파일에는 외동아들이 아프가니스탄과 소련 사이의 전쟁에서 사망했다고 기록되어 있기 때문이었다.

그 당시에는 테러로 잘려나간 사람들의 신체 조각을 모으고, 또 다른 테러 가능성이 없는지 샅샅이 경계하던 터라, 노련한 수사관들조차도 피해망상에 사로잡혀 현실성이 없는 결론을 성급하게 내리던 때였다.

본래 수사관은 감정에 치우쳐 판단을 내려서는 안 된다. 이성을 유지하고 오직 객관적이고 관찰할 수 있는 사실들만 믿어야 한다. 하지만 그 당시에는 너무 많은 일이 벌어지고 있던 터라 그러기가 힘든 때였다.

레오는 불안해 보였다. "이제 가세요." 그는 문 쪽을 가리키며 이렇게 말하고선 급히 복도를 향해 갔다.

나는 어둠 속에 있는 내 차를 향해 걸어가며 뒤를 돌아봤다. 피해망상? 더 많은 사상자가 날 것이 확실하고 죽음이 현실적으로 다가오는 이때, 나는 레오가 언급한 피해망상이라는 개념에 동의했다. 하지만 누가 이 허튼소리를 만들었을까? 두려움이라는 것을 느껴 보지 못한 운 좋은 사람이 틀림없으리라.

예측 불가능한 세계에서 승리하기

주요 문장: "살면서 사람의 마음을 읽고 행동을 예측할 수 없는 것 만큼 심각한 일은 없을 것이다."

주요 메시지: 잘못된 믿음과 정보, 도덕성의 문제가 사람들에 대한 평 가와 행동 예측을 지나치게 가려서, 많은 사람이 잘못된 판단을 내린다. 몇 가지 간단한 행동분석 원칙으로 훨씬 정확하고 쉽게 판단을 할 수 있다.

요점

행동분석을 위한 틀

- **신뢰할 수 있는 사람인지 평가하라:** 사람을 평가하려는 가장 중요한 단 하나의 이유는 부하 직원, 상사, 동료, 교사, 학생, 친 구, 배우자 등 상대방이 신뢰할 수 있는 사람인지 측정하기 위 해서다. 신뢰는 인간 상호 간 모든 교류에서 핵심을 차지한다.
- **사람들은 자신의 이해를 최고로 생각한다:** 사람의 행동은 거 의 언제나 예측 가능한데, 사람은 자신의 최선의 이익에 따라 행동하기 때문이다. 이는 건전하고 합리적인 것이며, 팀워크 나 성취의 원천이자 인간의 진정한 본성으로, 도덕적이며 이 타적인 다양한 목표 또한 품을 수 있다.

- **신뢰는 도덕성의 문제가 아니라, 예측 가능성의 문제다:** 이렇게 보면 신뢰에 대한 정의가 확장된다. 이전에는 사람이 선하다고 가정하고 그 행동을 예측했다면, 이제는 사람이 '원하는' 것을 얻고자 매우 일관되게 노력한다는 사실을 바탕으로 상대의 행동을 예측할 수 있다고 가정하는 것이다.

- **감정을 배제하라:** 누군가를 좋아하지만 신뢰하지 않을 수 있고, 누군가를 신뢰하지만 좋아하지 않을 수도 있다. 대개 감정에 따라 행동을 평가하게 되면 잘못 평가하게 마련이다. 사람의 행동을 예측하기 위해서는 그 행동에 대해 이성적이고 객관적이며 편협하지 않은 판단을 내려야 한다.

- **절박한 신호가 보이는지 살펴보라:** 절박한 사람은 당신에 대한 배신을 포함해 어떤 일이라도 할 수 있다. 하지만 반대의 경우 역시 예측할 수 있다. 절박한 사람은 도움을 받을 수 있다면 당신을 포함해 어느 누구라도 만족시키고 확신을 주려고 할 것이다. 당신이 상대에 대해 가지고 있는 정보에서, 상대방은 어느 쪽에 있는지 두 가지 경우 모두를 살피라.

- **신뢰하되 검증하라:** 때때로 사람들은 당신을 고의로, 또는 의도치 않게 오해하게 만든다. 당신이 신뢰하는 사람이라 하더라도, 상대방의 말을 합리적으로 확인하려고 노력하라.

2

FBI 행동분석가처럼
생각하라

테러의 공포,
배신은 항상 일어난다

크리스마스 전날 밤, 사무실에 있던 모든 수사관의 신경은 곤두서 있었다. 수백만 명의 사람들이 쇼핑을 하고 교회에 들어차서, 테러리스트들이 다시 테러를 감행하기에 더없이 완벽한 시기였다. 그리고 여전히 그라운드 제로 지하에서는 화염이 유독가스와 함께 올라오고 있어서 많은 시민이 이에 대해 우려하고 있었다. 다시 테러 공격이 일어난다면 군사 목적이 아니라, 미국 시민들의 공포를 자아내기 위한 목적일 것으로 예상되었다. 공포심을 이용해 사람들의 마음을 교묘히 이용하려는 이들처럼, 테러리스트들도 극적인 효과를 좋아한다. 나는 이를 끔찍이도 싫어한다.

우리 사무실이 있던 건물은 한동안 사용할 수 없는 상황이어서, FBI 뉴욕 지부는 웨스트사이드 고속도로 옆에 있는, 2차 세계대전 때 건조된 항공모함 '인터피드'에 임시 사무실을 마련했다. 집에서 가족들이 불평 한마디 없이 우리를 기다려 주던 가운데, 모든 수사관은 9·11 테러의 단서들을 찾고 있었다. 대부분의 아이들도 매우 슬픈 일이 벌어진 것을 알고 있어서, 9·11로 사망한 소방관들의 아이들을 위로하는 크리스마스 파티가 열리기도 했다.

공포는 뉴욕 시민을 포함해 미국인의 시야를 안개처럼 뿌옇게 가려 놓았다.

늘 그렇듯, 이성적인 사람들은 불필요한 공포심을 가지지 않는다. 하지만 레오와 특이한 만남을 가진 다음 날 아침, 나는 그런 운 좋은 사람들에 끼어 있지 않았다.

레오와 만난 다음 날, 내가 가장 먼저 한 일은 "죽었네!"처럼 들리던 소리를 낸 사람이 그와 함께 사는 사람인지를 확인하는 일이었다. 그에게는 분명 같이 사는 사람이 있었다. 레오처럼 뉴욕시에서 일하는 21세 손자였다. 또한 나는 러시아어로 할아버지가 '데드ded'라는 사실을 알아냈다. 그래서 익숙하게 들렸던 것이다.

내가 가진 문제는 FBI에서 몇 년을 보냈는데도 여전히 해병대에서 일하던 것처럼 생각하는 것이었다. 군인은 기대하지 못하는 상황을 기대하도록 교육받는다. 하지만 수사관은 가장 파괴적인 감정인 공포심을 포함해 어떠한 감정에도 좌우되지 않아야 하며, 객관적이고, 관찰 가능하며, 합리적인 자료를 모을 때까지 추측해서는 안된다. 그래야 가장 정확한 예측 시나리오가 나올 수 있다. 당신이 사업가라면 이 방법이 분명 효과가 있을 것이다. 사업은 기본적으로 이윤을 추구하므로, 이 방법을 통하면 예측하기가 훨씬 쉽다.

의사도 환자를 진찰하면서 이와 매우 유사한 방법을 사용한다. "말발굽 소리가 들릴 때 얼룩말을 떠올리지 말고 말을 떠올리라." 의사들 사이에서 가장 분명한 사실에 주목해 가장 분명한 결론에 집중해야 함을 가리키는 말이다

직업을 막론하고 두려움, 착각, 최악의 상황에 대한 현실성 없는 상상에 영향을 받는 대신에, 합리적이고 체계적인 접근법으로 예측하는 것이 훨씬 현명하다. 감정에 지나치게, 그리고 무의미하게 빠지는 것을 나는 '감정적 납치'라고 부른다.

레오는 내가 감정적 납치라는 덫에 빠지도록 나를 밀어뜨리는 것 같았다. 아마 이런 식으로 14명의 전임 담당자들을 덫에 빠뜨렸을 것이다. 마치 내가 그와 멀어져서 노력이 부족하다는 비난을 받게 하거나, 그의 비위를 맞추어 내가 바보나 패배자가 되는 것 중 하나의 선택지만 주어진 것 같았다. 레오의 의도를 알 수 없었다.

물론 내 임무는 레오의 의도를 알아내는 것이지만 나는 신이 아니었다. 레오를 평가하자니 어린 시절로 돌아간 느낌이었다. 좋은 의미에서가 아니다. 어린 시절 나는 배신당했다고 생각하면 종종 피해의식에 빠졌고, 그럴 때면 대부분의 사람이 흔히 하는 행동을 했다. 나를 배신한 사람들을 비난하고, 상처에서 조금씩 벗어나려고 노력했

으며, 다시는 배신당하지 않겠다고 다짐했다.

하지만 배신당하는 일은 반복됐고 그럴 때마다 당혹감, 모욕감, 혼란함을 다시 느꼈다. 나는 어린아이의 짧은 식견으로 만약 내가 호의와 제휴를 강화하고 엄격하게 제한해서 적용하면 다시는 그런 일이 없을 거라고 생각했다. 그래서 많은 사람이 그렇듯 나도 우정을 끊고, 하던 일을 그만두고, 연애를 끝내고, 원한과 화를 마음에 품고, 복수를 꿈꿨다. 말할 것도 없이 사춘기가 되자 이 모든 일에 더 매달리게 됐다.

어른이 되고 성숙해 가면서 나는 이런 반사적인 반응들을 고쳤다. 그래 봤자 도움이 안 되고 고독과 고립감만 심화시키기 때문이었다. 그렇다고 해서 그 당시에 내게 어떤 철학이나 전략이 있었던 것은 아니다. 그저 주위를 둘러보니 어디에나 관심과 애정에 목말라 있고, 정직하지 못하게 행동하고, 다른 사람들이 원하는 바에는 무관심한 사람들을 볼 수 있었다. 나는 내가 기본적으로 그들과 같은 식으로, 그리고 이른바 야망에 따라 살 수 없다고 생각했다.

나는 천성이 낙천적이어서, 자신이 한 말을 지키고, 언제나 위기를 이겨내며, 내게 오직 진실만을 이야기하고, 내가 위하는 만큼 나를 위해 주는 옛 이야기 속 사람들을 내가 곧 만날 것이라고 매일 꿈꾸었다. 하지만 그런 생각을 한다고 해서 삶이 달라지지는 않았다. 삶은 우리의 의지와 상관없이 예정된 대로 굴러가고 때로는 우리에게 도전 과제를 준다. 그런 도전을 하는 까닭은 시대와 사람만 바뀔 뿐 근본적으로는 생존의 필요성, 그리고 성공이라는 꿈에서 크게 벗어나지 않는다.

하지만 한때 미국에서 비교적 쉽게 얻을 수 있었던 생존과 성공의 문제가 이제 더 이상 단순하지 않다. 글로벌 경제 시대가 됨에 따라 역사적으로 전례가 없는 불확실성의 시대가 됐기 때문이다. 세계 전체가 한 무대가 되어 초경쟁을 벌이는 시대에 우리는 거의 만나 본 적도 없고, 가 본 적도 없는 곳의 사람들과 경쟁한다. 따라서 통제와 예측 가능성이라는 위안을 누리기란 확실한 형태도 없고 저 멀리에 있는 무지개를 잡으려 하는 것과 같다.

이러한 불확실성은 구체적인 형태만 바뀔 뿐 우리 삶에서 계속해서 이어질 것이다. 이것이 우리의 현실이고, 현실 자체가 그렇듯이 불확실성은 좋거나 나쁜 것이 아니다. 그저 현실일 뿐이다.

가장 부유한 1퍼센트의 사람들만이 이런 현실을 피할 수 있겠지만, 소위 현실 세계를 사는 나머지 사람들은 '동맹'을 맺어야 하고, 현실 세계 속 인간의 진실에 최대한 적응해야 한다. 현실 세계의 진실 중 몇 가지는 받아들이기 쉽지 않다.

행동 예측에 관한 냉엄한 진실

- **변동성:** 거의 모든 사람이 절박함의 정도, 유혹의 정도, 신뢰도, 다른 행동 규범을 어길 경우 직면하게 될 처벌 정도에 따라 매우 가변적으로 행동한다.

- **책임 면제:** 부, 권력, 지위 등으로 결과에 대한 책임을 면제받는 특권을 가진 사람들은 부정적 행동을 저지르도록 더 영향을 받는 경향을 보인다.

- **취약성:** 가장 예측하기 쉬운 사람은 대개 처벌에 가장 취약한 사람이다. 행동 규범을 어길 경우 쉽게 처벌받을 수 있기 때문이다.

- **무능:** 예측 가능한 사람이 되지 못하는 가장 흔한 이유 중 하나는 그들이 예측 가능하게 행동하고 싶어 하지 않아서가 아니라, 아무리 노력해도 그렇게 행동하지 못해서다.

- **50퍼센트 규칙:** 오랫동안 신뢰성의 척도가 되어 온 이타성을 기준으로 행동 예측을 하면 적중률이 50퍼센트를 넘지 않는다.

- **직관:** 직관은 신뢰와 그에 동반되는 덕목들을 예측하는 가장 흔한 방법이자 가장 믿지 못할 것이기도 하다. 사람들은 다른 요소보다 직관을 통해 공감을 더 느끼고는 하지만, 직관은 다른 사람이 어떻게 행동할지를 분별하기에 그닥 효과적인 도구가 아니다. 직관적으로 호감을 갖는 것과 행동을 예측하는 것을 혼동하기가 쉬워서다. 상대방이 절박한 상태 또는 나쁜 유혹에 빠져 있을 때 특히 그렇다.

- **겉모습:** 상대방이 도덕적이며, 나에게 도움이 되는 행동을 할지 판단하는 데 있어서 흔히 사회적, 직업적 요인을 사용하지만, 대부분 기대와는 많이 다르다. 종교적이고 정치적인 입장, 자신감의 표현, 외면적으로 비슷한 조건이거나 출중한 외모, 높은 직업적 지위가 이에 해당한다. 이 요인들은 보통 주관적이며, 좋은 인상을 줄 수 있다. 판단할 때 매우 쉽게 사용되는 요인들이지만, 객관적이고 정보에 기반

한 평가 기준으로는 효율적이지 않다.

- **관계 지속성:** 당신과의 관계를 단기적으로 보는 사람의 행동은 예측하기가 어렵다. 관계의 지속성에 대한 기대는 보상(또는 처벌)을 크게 유발하는 한 요인이다.

- **인식:** 상대방의 상황에 대한 당신의 자의적인 해석은 행동 예측에 크게 도움이 되지 않는다. 상대방을 정확히 평가하려면 상대의 입장에서 생각해야 한다(그가 당신과 '닮은꼴'이 아니라면 말이다. 참고로, 누군가는 당신의 마음을 교묘히 이용하기 위해 당신과 '닮은 척'하기도 한다).

- **집요함:** 만약 상대방이 당신이 자신을 판단하고 있다고 느끼면, 그들은 입을 다물 것이다. 따라서 당신이 상대방을 있는 그대로 '이해'함을 분명히 나타내야, 상대방의 저항을 유발하지 않고 평가를 이어가 집요하게 진실을 좇을 수 있다. 집요하게 진실을 좇으면 상대방에게서 감춰져 있던 가장 나쁜 부분을 보게 될 가능성이 커진다.

- **신뢰성:** 내가 신뢰성을 계속해서 언급하는 이유가 있다. 신뢰성은 상대방을 이해할 때 가장 정확하고 실용적으로 기댈 수 있는 토대다. 신뢰 없이는 상대방과 함께할지를 결코 정할 수 없다.

- **중요한 경고:** 이 기본적인 진실(아무리 대체로 진실이라 하더라도) 각각에도 많은 예외가 있어서, 모든 경우에 이 진실이 들어맞을 거라고 생각하는 것은 편협하며 생산적이지 않다. 가장 중요하게 기억해야 할 점은, 많은 이가 '도덕적이고 신뢰성이 있어서' 권력과 영향력 있는 자리에 오른다는 것이다.

나의 멘토 베테랑 수사관의
레오 평가하기

나는 문이 활짝 열린 제시 손의 사무실로 들어갔다. 그는 내가 멘토로 모시는 베테랑 수사관이었다. 좀 더 정확히 말해서 그는 내게 제다이 마스터 같은 존재다. 종종 쉽고 비유적인 말들로 가르침을 주고는 한다.

"똑똑."

"로빈 아닌가, 어서 들어오게." 언제나 그렇듯이 그는 나를 여유 있게 맞았다.

"문을 닫은 적이 있나요?"

"문 닫을 필요가 없지. 내 사무실에서는 뒷담화가 없으니까."

"좋네요."

"지루하지. 보통 사람들과 다르게 난 지루한 게 좋아. 뭔가 일어나게 하니까."

제시는 FBI 최고의 영예인 국장상을 두 번이나 수상했고 주로 가장 묵직한 사건을 맡았지만, 그는 늘 느긋하게 일했고 사무실 벽에는 수료증이나 상장 같은 것이 전혀 없었다. 나이 지긋한 사람들이 자부심으로 벽을 꾸미는 것과는 다르게 말이다. 사무실 안에서 유일한 장식품이라고는 싸구려 볼펜을 꽂아 놓는 오렌지 주스 캔뿐이었다. 그는 자신이 받은 상장을 집 지하실에 있는 신발 상자에 넣어 놨는데, 아이들이 빗자루로 하키를 할 때 그 상자를 하키 픽으로 사용한다고 말한 적이 있다.

방첩 인터뷰, 간첩 행위 조사, 위장술, 위기 협상, 진술 분석, 잠입 수사, 스파이 포섭 등 내가 그동안 배운 첩보술과 행동분석 고급 과정을 모두 합친 것보다 더 많은 것을 제시에게서 배웠다.

"선배님, 레오라는 정보원에 대해 아시는 게 있나요?"

"아마 자네가 다 알고 있는 것들일 거야. 자네가 그를 맡게 됐다면서?"

"예, 그런데 어떻게 레오 같은 사람이 세계무역센터 사건과 관련이 있는 거죠?"

"그에게 물어보게." 제시는 평소처럼 어려운 질문에 쉽게 대답했다. 그때는 그 대답이 엉뚱하게 느껴졌다. 전문가답지 않은 대답이 아닌가 싶기도 했다.

"그의 방어벽이 너무 단단해요. 뚫을 수가 없네요."

"그 얘긴 들었네. 자네를 테스트하는 거지. 또 한 명의 멍청이가 아닌지 보려고 말이야."

조금 이상했다. "그러면 앞서 그를 담당했던 14명의 요원들이 다 멍청이였다는 건가요?"

"내 말은 '그'가 그렇게 생각한다는 거야. 그게 가장 중요한 거지."

"하지만 사실이 아니잖아요."

그는 의아해하는 표정을 지었다. '자네의 어리석음이 당황스럽지만 나는 따뜻한 사람이니 말로 표현하지는 않겠네'라는 듯했다. 그는 언제나 비판할 일이 있어도 그를 포함해 모두가 다 같은 처지라는 뉘앙스로 에둘러 표현했다. 그에게 우리 모두는 인류의 미스테리

앞에서 다 같은 형제자매였다.

"그럼 저는 어떻게 해야 할까요?"

"레오라는 별명이 어떻게 나온 건지부터 알아보게." 어깨를 으쓱이며 그가 말했다. "그냥 궁금해서."

나는 그의 다음 말을 기다렸다. 그는 의자를 뒤로 빼며 마치 깊은 생각을 건네듯 말을 이었다. "그가 자네나 누군가에 대해 주는 의견을 판단하지 말고 이성적으로 바라보게. 딱딱한 분위기를 깨고 그를 친절하게 대하게. 그게 언제나 가장 중요해."

"차라리 포춘 쿠키를 열어 볼 걸 그랬어요."

웃으며 그는 말했다. "자책하지 마. 자네는 지나치게 자책을 잘해. '모든' 사람이 자책을 지나치게 잘하는데, 자신의 부족한 점을 너무 잘 알아서 그래. 그래서 우리가 우리 자신에 대한 최대의 적이 되는 거야. 자신의 부족한 점을 조금 의식하는 건 괜찮아. 그래야 방심하지 않을 수 있으니까. 하지만 자신의 결점에 지나치게 얽매이면 다른 사람들이 그걸 알아차리고 자네를 신뢰하기 어렵게 돼. 그러니 그에게 결점을 있는 그대로 드러내고 그가 알아서 판단하게 해. 그렇게 해도 아마 그는 자네를 비판하지 않을 거야. 자신에게 지나치게 엄격해도 좋지 않은 법이야." 내 눈을 깊이 들여다보며 그가 말했다.

"중요한 게 하나 더 있는데, 레오가 자네에게 무엇을 줄 수 있는지 묻지 말고, 자네가 레오를 위해 무엇을 해 주기 바라는지 물어보게."

"그래서 다른 요원들은 레오를 싫어했어요. 그는 언제나 주고받으려 해요."

"아마 그들이 그에게 아무것도 주지 않으려 했겠지. 그래서 그렇게 행동하지 말라고 말하고 싶었을 거야. 그저 화가 난 거지."

제시는 계속해서 말을 이었다. "그의 머릿속으로 들어가게. 정보원이 되었다고 가정하고, 내가 그라면 어떨까, 그가 나라면 어떨까 생각해 보면, 그게 예측 가능하고 신뢰할 수 있는 행동을 드러내게 할 단서가 될 거야."

나는 그가 하는 말이 어떤 의미인지 이해했다. 그래서 조금 걱정이 되기도 했다. 제시는 내가 이해했음을 알고 활짝 웃으며 말했다.

"내가 상대방에게 무례하거나 부정적인 말을 하지 말라고 얘기했던가?"

"지금은 얘기 안 하셨어요." 예전에는 말한 적이 있었다. 상대방을 비판하지 말고, 상대방의 말을 인정하며, 적극적으로 듣고, 무엇보다도 상대방이 빈정대거나 모욕적인 말을 하고 화를 내더라도 이성을 잃지 말라는 말이었다. 행동보다 말이 쉬운 법이다. 제시는 잠시 말을 멈췄고, 나는 그의 다음 말에 집중했다.

"자네가 레오의 일을 신경 쓰고 있다는 것을 그가 알게 하게. 그러면 오랫동안 자네 옆에 머물게 될 거야."

맞는 말이었다.

"내가 친절하라고 얘기했던가?" 그가 물었다.

"네." 제시는 나를 테스트하는 것일까? 아니면 나를 정말 멍청이로 생각하는 걸까? 혹시 두 가지 다인가?

"좋아. 내가 말한 대로 하면 아마 자네에게 유대감을 가질 거야. 그러면 그가 언제 정직한지, 그리고 그가 할 수 있다고 말하는 건 정말 할 수 있음을 알게 될 거야. 할 수 없다고 말하는 건 정말 못한다는 의미라는 것도 알 거고."

역대 최악의 테드TED 강의를 들은 듯한 기분이었다. 하지만 입으로 말하진 않았다. 나는 친절한 사람이니까.

이때부터 레오에 대한 평가에 진전이 이뤄졌다. 제시가 그때 내게 해 준 말들은 내가 사람들을 주의 깊게 살펴 평가하고 행동을 예측하는 시스템을 만드는 데 밑거름이 되었다. 전에 이미 들은 말이었지만, 그 말을 완전히 이해한 건 그때부터였다.

앞서 내가 말했던 여섯 가지 신호에 대해 좀 더 깊이 있게 알아보자.

행동 예측을 위한 여섯 가지 신호

Sign #1. 동맹: 당신의 성공이 자신에게 득이 된다고 믿는 사람인가?

그렇다고 생각한다면 그는 인간이 보이는 행동 중에서 가장 긍정적인 신호 중 하나를 드러내는 것이다. 때로 동맹은 사랑을 포함해서 다른 어떤 것보다도 동반자 관계와의 헌신을 나타낸다. 이 믿음은 연인과 가족 사이에 비교적 흔하며, 사업 파트너나 일시적인 업무상 관계에서도 나타난다.

만약 당신이 평가하려는 사람이 당신의 성취가 자신에게도 긍정적이라고 믿는다면 상대는 힘들더라도 당신을 최대한 도우려 할 것이다. 따라서 그의 행동을 예측하기에 아주 좋은 신호다. 그는 당신과 자발적으로 유대관계를 맺으려 하고, 피해로부터 당신을 보호하며, 당신의 이익을 증진시킬 방법을 찾을 것이다.

나는 가능한 한 많은 사람이 성공하도록 그들과 동맹을 맺고 싶다. 내가 그렇게 하면 그들 또한 대개 나의 성공은 물론이고 내 주변 사람으로까지 확대해 동맹을 맺으려 해서, 그 효과가 기하급수적으로 늘어나기 때문이다. 다른 여섯 가지 신호와 마찬가지로 이 믿음은 당신의 느낌이 아니라 상대방이 느끼는 것이어야 한다. 상대방이 그렇게 느끼지 않으면 연대할 수 없다. 동맹 관계를 맺어야 함에도 말이다. 혼자서도 헤쳐 나갈 수 있다고 믿어서 동맹을 꺼리는 사람도 있다. 하지만 혼자는 언제나 둘을 이기지 못한다. 둘은 셋을 이기지 못한다. 간단한 계산으로 답이 나오는 문제다.

동맹을 맺을 만한 사람인지 알고 싶다면 상대에게 당신의 당면한 목표, 당신의 필요, 관심사, 열정에 대해 말하고, 상대의 의도도 이에 부합하는지를 보라. 부합한다면 동맹을 제의하라. 아마 그들은 열정적으로 달려들 것이다. 동반자 관계를 맺고자 하는 욕구는 원초적인 것이다.

누군가에게 당신과 동맹을 맺도록 설득해야 한다면 걱정하지 않아도 된다. 당신과의 동맹을 통해 이익을 얻게 될 것임을 알게 되면, 그는 자연스럽게 동맹을 원하게 된다. 나는 내게 50퍼센트만큼만 노력하는 100명의 사람들과 일하는 대신, 100퍼센트 최선을 다하는 몇 사람과 일하고 싶다.

Sign #2. 관계 지속성: 당신과의 관계가 오래 지속될 것이라고 생각하는 사람인가?

신뢰는 함께하는 기간에 비례한다.

만약 상대가 당신과의 관계가 오래 지속될 것이라고 생각한다면, 그는 당신과 상호간에 이로운 관계를 쌓고자 하는 동기부여를 강하게 받게 되고, 당신은 그의 중요한 행동을 예측할 수 있게 된다. 그들은 당신이 은혜를 갚을 것임을 알므로 당신을 위해 노력할 것이다.

단기적인 관계는 이기적인 이용을 불러온다. 당신과의 관계가 곧 끝난다고 생각하면, 상대는 당신과의 관계에서 더 많은 기회를 찾으려고 하지 않을 것이다. 그는 단지 단기간 안에 끝날 수익 분배, 또는 결과만 기다릴 것이다. 이런 경우라면 대부분 당신은 그의 다음 행동을 예측할 수 없을 것이다.

하지만 선택에 의해서든, 우연이든, 업무상 배정된 것이든 당신과 오랫동안 관계가 지속될 것이라고 생각하는 사람이라면 당신의 의견에 훨씬 더 신경 쓸 것이고, 당신이 자신을 도울 수 있다고도 믿을 것이다. 그들은 당신에게 한 약속을 이행하고, 당신에게 도움을 주려고 더 노력할 것이다.

낯선 사람과 친구가 되고 동맹을 맺는 경우도 매우 흔하다. 비록 당신과 단지 1~2년 정도만 관계가 지속될 경우라도 그렇다.

특정 목표가 달성된 후에도 관계를 이어나가는 것이 종종 현명하다. 단지 "좋으신 분 같아서 더 알고 싶습니다. 계속 연락하며 지내죠!"라고 말하기만 하면 된다. 그러면 앞으로도 관계가 오랫동안 지속된다.

Sign #3. 신뢰성: 자신이 하겠다고 말한 것을 해낼 역량이 있고, 성실함이 있는 사람인가?

'신뢰성'이라는 신호가 보이지 않는 사람이라면, 당신은 그의 행동을 예측할 수 없다. 신뢰성은 역량과 성실함으로 이루어진다.

상대방이 당신을 위해 뭔가를 하길 바란다고 해서, 그가 그 일을 해낼 능력이 있다고는 말할 수 없다. 그리고 설령 그가 능력이 있다 하더라도, 일을 완수할 성실함을 가졌는지는 보장되지 않는다.

능력이 부족함에도 능력이 있다고 잘못된 주장을 하는 흔한 이유는 자신에 대한 인식이 부족해서다. 자신에 대한 인식이 부족하면 자만, 기만, 때로는 낙관적이 된다. 예컨대 어떤 유형은 흔히 자신이 실제 능력보다 더 능력을 갖고 있다고 생각하므로, 그가 가진 특정 역량과 성과에 대해서는 자료를 토대로 판단해야 한다.

사람들은 다른 사람들에게 뒤지지 않기 위해, 다른 사람들도 자신과 마찬가지로 실제 능력보다 부풀려 말한다고 생각하므로, 자신의 능력과 성과를 쉽게 과장한다.

자신의 능력을 현실적으로 보지 못하는 사람들도 있다. 거짓말하려는 의도가 없더라도 자신을 과대평가하는 경우가 많으며, 이는 직업군을 막론한다.

때로는 자신을 현실적으로 보게 되면 뭔가를 새롭게 시도하기가 두려워질까 봐, 자신의 능력을 제대로 직시하지 못한다. 역설적이게도 사람들은 어떤 일이 자신의 능력에 비해 어렵지 않을 것이라고 착각해 새로운 시도를 하기도 한다.

현실주의와 반대편인 낙관주의에 있는 사람은 예측 가능하지 않다.

마찬가지로 긍정적인 행동을 높이 평가하는 사람은 긍정적인 행동을 보이는 사람을 지나치게 낙관적으로 보기 쉬우며, 다른 사람들이 희망적인 생각을 품고 있으면 자신보다 더 유능할 것이라고 믿는다.

가족의 의무, 건강 문제, 업무와 같은 다른 요인들도 신뢰성에 영향을 미칠 수 있다.

또한 신뢰성은 성실성과 연관된다. 근면함은 의지력, 직업의식, 책임감, 달갑지 않은 업무 할당을 기꺼이 받아들이는 것, 변화를 만들어 내는 능력이다. 동맹이 되기에 앞서 그의 삶, 경력, 세계관을 두루 살펴보는 것이 중요하다.

신뢰성은 관계를 판가름할 중요한 요인이다. 판단을 내리는 데 필요한 증거를 확보해야 한다. 신뢰하되 검증하라.

Sign #4. 행동 패턴: 긍정적인 행동 패턴을 일관되게 드러내는 사람인가?

행동을 토대로 한 신호는 매우 중요하다. 행동은 언제나 말보다 더 많은 것을 드러내기 때문이다. 자신이 한 말을 행동으로 보여 주는 사람은 예측 가능하고 신뢰할 수 있다. 자신이 하겠다고 말한 것을 진지하게 받아들였다는 의미이기 때문이다.

이에 반해, 말과 행동이 일치하지 않는 사람이라면 거리를 두라.

하지만 과거의 행동 유형이 미래의 행동을 반드시 보장하지는 않는다.

상대방에 대해 아는 것이 단지 그들의 말뿐일 때 특히 그렇다.

추천서가 대표적이다. 객관적이지 않은 사람이 작성하는 것이기 때문이다. 전 직장 상사나 기타 추천인의 취업 추천서가 간혹 지나치게 후하게 작성되는데, 이는 그들이 고용 후의 결과에 대해 책임지거나 직접적으로 피해를 입을 일이 없기 때문이다. 또한 추천서를 통해 새 직장에서 일어나는 새로운 형태의 업무 압박 또는 업무상의 유혹에 그 사람이 어떻게 행동할지를 알아내기는 어렵다.

최근에는 인터넷의 발전으로 인해 추천서를 조작하기가 한층 어려워졌다. 소셜미디어에 많은 사람의 많은 정보가 담겨 있기 때문이다. 과거에 그가 정직성, 효율성, 공정성 등 다양한 성격 유형을 가졌다고 해서 현재 그가 신뢰할 만한 행동을 할 것이라고 예측하기에는 충분하지 않다. 하지만 자신의 행동에 책임을 져야 함을 분명히 아는 사람이라면 자신이 해 오던 긍정적인 행동 패턴대로 수행할 가능성이 훨씬 더 크다. 그럼에도 과거와 유사한 상황이 최근에도 있었다면, 최근의 행동을 과거보다 더 중요한 비중을 두고 읽어야 한다.

현재의 행동에서 그 사람의 긍정적인 성격 유형을 알고자 한다면 정직한 소통, 숨김 없음, 언행일치, 투명한 행동, 성실함을 나타내는 신호, 과거와 현재의 행동에 대한 꾸밈없는 설명 등을 살피라. 쉬운 말로 말하는 것 또한 긍정적인 성격의 특성이다. 복잡하지 않고 이해하기 쉬운 말로 표현하는 것은 진심과 진실을 드러내는 행동이고, 복잡하고 이해하기 어려운 말은 진실을 감추는 행동이기 때문이다.

Sign #5. 언어: 긍정적인 말을 주로 하는가, 부정적인 말을 주로 하는가?

놀라울 정도로 많은 사람이 무례하고 부정적인 말로 자신의 생각과 계획을 관철하고, 다른 사람들의 환심도 살 수 있다고 생각한다. 다른 사람에 대한 비난, 무례한 말, 겉만 번드르르한 말, 과장, 심리 조작, 토론술, 자극적인 말, 얼버무리는 말이 부정적인 대화 스타일이다. 설령 당신을 직접 겨냥한 독설은 아니어도, 그런 말들은 부정적인 행동을 강하게 나타낸다. 부정적인 말로 대화하는 사람은 대부분 내면의 두려움을 겉으로 나타내는 것이다. 두려움은 대개 분노에 찬 말과 상처 주는 말로 드러난다. 설령 유머로 포장했다 하더라도 말이다.

관리자들은 자신의 강인함, 철저함, 솔직함, 정직함을 드러내는 수단으로 비난을 택하기도 한다. 하지만 당신은 요령 있게, 그리고 이해심과 합리적인 태도로 대화하는 방법을 택할 수도 있다. 만약 당신이 상대를 존중하고 그를 이해하고 싶다는 마음이 있다면, 매우 솔직하게 말할 수 있다.

언어는 종종 표현 뒤에 숨어 있는 진짜 실체와 현실을 드러낸다. 복잡하기만 하고 얄팍한 말이 아니라, 깊이 있으면서도 복잡하지 않은 말일 때 특히 더 그렇다.

언어를 통해 상대의 성격을 판단하는 가장 좋은 방법은 그가 다른 사람에 대해 이유 없이 비판하지 않으며, 인정하는 말을 자주 하는지를 살펴보는 것이다. 다른 사람에 대한 이야기보다 자신에 관한 이야기를 훨씬 더 많이 하는 사람 또한 깊이 있게 이해하기 힘들다. 건전한 동맹의 본질은 나눔이기 때문이다.

말하는 스타일은 말하는 사람의 긍정적인 성격을 드러낼 뿐 아니라, 실제로 그런 특성을 만들어 내고 강화한다. 철학자 르네 데카르트도 "우리는 우리가 이해하는 세계를 설명하는 것이 아니라, 우리가 설명하는 세계를 이해한다"라고 말했다. 다른 사람을 돕는 긍정적인 행동에는 전염성이 있으며, 긍정적인 행동을 퍼트리는 최고의 방법은 당신의 언어를 통해서다.

신뢰할 수 없고 예측할 수 없는 사람들은 종종 말로는 옳은 말을 하지만, 언행이 일치하지 않는 신호를 미묘하게 드러낸다. 이런 신호는 말을 장황하게 늘어놓거나 말재주가 좋은 사람들의 교묘한 감언이설에서 드러난다. 또한 사람들은 은근한 자랑, 애매모호한 말, 수동적 공격 성향 (고집, 대화 거부, 늑장 등—옮긴이), 칭찬 바라기로 종종 자신을 드러낸다.

말을 많이 하기보다 말을 잘 들어주는 사람일수록 긍정적 행동을 할 것으로 예측할 수 있다. 우리는 두 개의 귀와 한 개의 입을 가지고 있으므로, 말하는 것의 두 배를 들어야 한다.

당신에게 도움이 될 사람은 대화에서 질문을 많이 하고, 이해하기 쉽게 말하며, 상대방의 심리를 교묘히 이용하려 하지 않고, 유대 관계를 맺으려는 사람이다. 언어를 통해 좋은 사람을 찾는 것은 아주 간단하다. 상대방이 하는 말을 들어 보면 알 수 있다.

Sign #6. 정서적 안정감: 정서적 성숙함, 건강한 자기인식, 사회성을 일관되게 보이는 사람인가?

아무리 좋은 사람이어도 정서적 안정감이 낮아서 신뢰할 수 없고 예측 불가능한 모습을 보이는 경우가 있다. 과거 트라우마, 호르몬 불균형, 과도한 스트레스, 약물 남용, 정서적 또는 신체적 학대 경험, 심신의 피로가 정서적 불안정을 유발하며, 종종 여러 가지 원인이 복합적으로 작용한다.

하지만 어떤 이들은 그저 정서적으로 나태해서 이유 없이 다른 사람을 비난하고, 투덜거리고, 트집잡고, 못마땅해하고, 혼내려 든다.

긍휼한 마음을 가지는 것은 중요하지만, 정서적으로 불안정해서 예측 불가능한 사람들을 위해, 우리가 우리의 의무와 꿈에 지장을 초래할 정도로 도덕적인 의무감을 가질 필요는 없다고 생각한다.

정서적으로 불안정한 사람들을 예측하는 데 있어 가장 치명적인 단점은, 그들은 자신의 이익을 위해 최선을 다한다고 생각하지만 사실은 그렇지 않다는 것이다. 때때로 그들 스스로가 자신에게 최대의 적이 되며, 이들의 행동은 예측하기가 거의 불가능하다.

이는 오늘날 비교적 흔한 문제다. 즉각적인 반응을 요하고 양극화된 감정이 과잉된 오늘 우리 문화에서 이는 더 많은 냉소와 대립의 문제를 일으킨다. 별일 아닌 일에도 독설을 해 대는 오늘의 분위기 속에서 어떤 사람의 긍정적인 행동을 예측하려면 정서적 안정감이 있는지를 반드시 살펴야 한다.

완벽한 사람은 아무도 없다. 따라서 일반적인 수준의 정서적 결함을 가진 사람의 행동을 예측하고자 할 때는, 행동에 대한 기준점을 만들어서 기준점을 벗어났는지 여부로 그의 행동을 예측할 수 있다. 예컨대 평소 비관적인 사람에게 당신의 아이디어를 제안할 때, 그가 당신의 아이디어에 대해 비관적으로 생각한다면 그것을 문제로 생각할 필요가 없다. 그것이 단지 그의 행동 방식일 뿐이기에, 당신은 예측 가능한 그와 관계를 유지할 수 있다, 그리고 당신의 아이디어는 포기할 필요가 없다.

다행히도 정서적 안정은 연속적인 속성을 가진 요소들로 이루어져 있다. 대부분의 사람은 정서적으로 충분히 안정적이며, 풍부한 정서적 안정감을 가지고 있는 사람들은 감정 이입, 합리성, 정서 조절, 일관성, 의사소통 능력, 사회적 상호 작용을 할 수 있는 감각을 가지고 있다.

만약 당신의 이익이 정서적으로 안정된 사람들의 이익과 일치한다면, 이 사람들의 행동은 대개 예측 가능하고 협력하기가 쉽다. 하지만 항상 그런 것은 아니다. 따라서 당신이 취할 최종 전략은 이렇다. 당신 자신의 정서적 안정감을 강화하라. 그러면 다른 사람들이 생각보다 더 정서적으로 안정되어 있다는 사실에 놀랄 수도 있다.

....

이상이 행동 예측을 위한 여섯 가지 신호의 필수적인 기본 사항들이다. 9·11 테러가 벌어진 후의 어둡던 시절에 나는 이것에 대해 아무것도 몰랐다. 신뢰에 대해서라면 대단히 잘 안다고 생각했는데, 사실 나는 아는 게 거의 없었다.

다행히 내게는 좋은 스승들이 있었다.

9·11보다 더 큰 테러에 대한 예측

사람들은 슬픔에 빠져 있으면서도 우리를 응원하기 위해 도로에 나와 양옆으로 길게 줄지어 서 있었다. 나는 레오와의 두 번째 만남을 위해 차를 타고 그 사이를 천천히 빠져나갔다. 열린 창문으로 불에 탄 잔해물에서 나는 그을음 냄새가 들어왔는데, 언제까지고 뉴욕의 공기를 더럽히며 사라지지 않을 것 같았다.

뉴저지에서 온 자원봉사자인 에밀리는 내게 "미국을 구해 주셔서 감사합니다"라는 메모가 붙어 있는 게토레이 한 병을 창문 틈으로 전해 주었다. 지치고 절망적인 가운데, 에밀리의 친절은 나로 하여금 죄책감을 느끼게 했다. 매일같이 내 일은 생사가 달린 문제로 느껴졌고, 밤마다 나는 누구에게라도 도움이 될 만한 일을 하나도 하지 못했다는 사실에 괴로워했다. 출퇴근길에 '나는 아무런 쓸모가 없어!' 하고 절망한 적도 있었다. 제시의 격려가 도움이 되긴 했지만, 그가 내게 해 준 말을 확인해 볼 시간은 아직 없었다.

커리어가 내 삶 자체였을 만큼 중요했던 나에게 그때는 이전까지의 직장 생활 중 최악의 시기라고 느꼈다. FBI에서 4년, 해병대에서 5년, 해군사관학교에서 4년을 보냈지만, 나는 더 이상 미국을 수호할 수 없었다.

미국을 수호하겠다는 내 꿈은 파괴됐지만 더 이상 잃을 것이 없다는 생각이 일어났고, 꿈을 크게 꾸기보다는 '한 번에 한 사람만이라도 돕자'고 생각했다. 내 꿈에 대한 포기도, 새로운 계시도 아니었다. 예전에 나 자신에게 굳게 약속했지만, 웅대한 꿈을 꾸며 오랫동안 잊고 있던 약속처럼 느껴졌다.

레오가 그 시작이었다. 그가 이를 받아들일 만큼 취하지 않았다면 말이다.

그는 취하진 않았지만 숙취가 남은 듯했고, 술잔을 더 기울이고 싶어 했다. 겨울날의 해는 쏜살같이 졌고, 눈 위에는 검은 담요처럼 그을음이 쌓였다. 어둡고 시큼한 냄새가 나는 바는 마치 나의 실패감과 우울한 미국을 보여 주는 듯했다. 자리에 앉아서 레오의 얼굴을 바라보니 그동안 겪어 온 고통의 시간들로 너무 어둡고 주름져 보여서, 나는 준비했던 질문을 잊고는 불쑥 물었다.

"제가 도울 일이 있나요?"

그는 아무 말도 하지 않았고, 말할 기운조차 없던 나도 아무 말도 하지 않았다.

이윽고 그가 천천히 입을 열었다.

"비자 연장에 대해 아는 게 있나요?"

내가 고개를 끄덕이자, 그는 내게 '레오(사자)'의 인생에 대해 들려주기 시작했다. 레오라는 별명은 그가 소련 비밀경찰이었던 시절, 그의 큰 덩치와 강한 성격으로 붙은 것이라 했다. 전쟁이 끝나고 나서 그가 수용소를 떠날 수 있는 유일한 방법은 비밀경찰이 되는 것이었다. 어쩔 수 없이 그는 KGB로 일했고, 그 일은 정신이 온전한 사람이라면 평생을 수치스럽게 살아가게 만드는 것이었다. 그 일을 하던 그는 자신이 경험하지 못했던 자유를 얻기 위해 언젠가는 어떠한 위험을 감수하고서라도 자기 영혼을 구원하겠다고 스스로에게 약속했다.

그를 더 알고 싶었던 나는 그에게 왜 수용소에서 살아남은 자로서 죄책감을 느끼는지 몇 가지 바보 같은 질문을 했다. 그는 내 순진한 질문에 매우 재미있다는 표정으로 대답했다. "살아남아서가 아니라,

살아남기 위해 한 일 때문이지요. 일을 더 잘하려고 사람의 마음을 교묘히 이용하기도 하고, 때론 부정하게 돈을 벌며 다른 사람들과는 공유할 수 없는 비밀스러운 부분들이 생겼어요. 강한 자가 살아남는 것이 아니라, 교활한 자만이 살아남는 법이에요, 젊은 양반."

레오는 아프가니스탄과 소련 간의 전쟁에서 외아들을 잃었고, 그의 첫 번째 부인을 유방암으로 잃었으며, 갱단들과 결탁해 소련 붕괴 속에서도 살아남은 관료들에게 대부분의 재산을 뺏겼다. 지금 그에게 유일하게 남은 가족은 두 번째 아내와 손자인 빅터였다. 빅터는 자전거 배달원이었는데, 9·11의 아수라장 속에서 차에 치여 12시간 동안 보도 위에 누운 채 유독가스를 들이마셔서, 폐에 물과 피가 가득 차게 되었다. 나 또한 그날 마신 유독가스로 폐가 상해서 어떤 문제인지 잘 알았다.

레오의 보험회사에는 9·11로 인한 보험청구가 쏟아져서 그의 보험처리가 지연되었고, 그는 보험 청구가 가능한지 불확실한 가운데 가지고 있던 돈을 손자의 치료비로 모두 써 버렸다. 그런데 손자의 비자 만기일이 다가온다고 했다.

"그날 당신을 부른 사람이 빅터였나요?"

그는 고개를 끄덕이며 슬픔으로 갈라진 목소리로 말했다. "러시아로 돌아가게 되면 치료를 못 받게 될까 봐 빅터가 크게 걱정하고 있어요."

나는 레오에게 술을 따라 주며 말했다. "도와줄 수 있는 친구들이 있으니 한번 알아볼게요." 그는 내 말이 진심에서 나왔음을 알았다.

"그래 주면 정말 고맙겠소."

직업적인 의무감에서 나온 말이 아니었다. 누구라도 그랬겠지만, 마음에서 우러나서 한 말이었다. 정부나 기업, 종교가 개입해 가를 수 없는, 개인적인 유대감에서 자연스럽게 나온 말이었다.

레오는 술을 들이키더니 '클럽 회원들'을 소개해 주겠다고 말했다. 방첩에 있어 중요한 정보를 제공해 줄 사람들로, 그들은 아마도 구소련에 있는 알카에다의 은신처에 대한 정보를 알고 있을 것이다.

마침내 그와 예측 가능하고 신뢰에 기반한 관계를 쌓게 된 것 같았다. 우리에게는 상대방의 마음을 교묘히 이용하려는 의도가 전혀 없는 듯했다.

나는 잔을 들며 말했다. "도베랴이 노 프로베랴이." 그가 따라 말하며 잔을 부딪쳤다.

내가 그를 돕겠다는 제의에 그가 놀랐듯이, 그가 들려준 알카에다에 대한 정보 또한 놀라웠다. 우리는 그의 손자의 일을 해결하기 위해 협력할 것이며, 그것이 우리가 함께 공유하는 임무임을 알았다. 빅터가 나으려면 적어도 1년이 걸릴 것이며, 레오가 믿을 만한지를 지켜보기에 충분한 시간이었다. 나는 그의 능력을 조금도 의심하지 않았고, 그가 손자에 대해 걱정하는 만큼 주의 깊고 성실하게 일처리할 것으로 생각했다. 레오의 입장에서도 마찬가지였다. 내가 손자의 비자 문제를 해결해 주고 9·11 테러 피해자에 대한 연방정부의 의료비 지원에 대해 알아보도록 도우면, 레오 또한 나에 대한 신뢰를 곧 확인하게 될 것이었다.

나는 그의 다른 면을 보게 될수록 그가 표면적으로는 큰 상처를 가지고 있지만, 내면에는 진정한 지혜를 가진 여린 남자라는 생각이 들었다. 그는 심한 상처를 입었지만, 여전히 희망을 품고 있다는 사실을 감추고 있었다.

그는 비록 죄책감을 가지고 살지만, 그가 살아남지 않았다면 지금의 그는 없었을 것이고, 그를 살아남게 한 재능이 쓰라린 상처를 가진 다른 누군가를 위해 사용될 수 있음을, 나는 그의 과거 행동들을 통해 알게 되었다.

여전히 어제 일처럼 느껴지는 2001년 가을과 겨울, 수많은 미국인이 처음으로 세계의 많은 사람이 매일 겪는 쓰라린 고통을 맛보았다. 수백만 명의 미국인들이 상처받은 마음을 가슴에 묻고, 아픔을 이겨내고 새롭게 시작하며, 최악의 경우를 상상하며 두려워하기보다 최선의 결과를 위해 노력하고 있었다.

이런 이유들로 나는 레오가 현재 내게 가장 중요한 이 일에서 나를 안내해 줄 것으로 신뢰했다.

우리의 우정이 시작된 것이다.

알카에다의 활동은 시작에 불과했고, 곧 세계무역센터 공격보다 훨씬 더 큰 피해를 입히기 위해 준비 중이라는 예측이 있었다. 이런 상황에서 믿을 수 있고 예측 가능한 사람을 곁에 둔 것이 감사했다. 물어볼 필요도 없이 레오도 나에 대해 똑같이 느꼈을 것이다.

예측 시스템의 시작

9·11 이후 '역사의 종말'은 끝났고, 우리는 현대판 암흑기 같은 역사적 시대로 되돌아갔다. 이제 9·11은 미국인의 의식 속에 영원히 얼어붙은 듯하다. 과거가 아닌 현재의 일부로서, 그 시간이 '언제'가 아니라 누가, 무엇으로, 왜 했는가로 측정되는 초월적인 영역에 존재한다.

우리가 역사를 기억하지 못하면 역사가 반복된다는 말이 있다. 따라서 많은 사람의 기억 속에 얼어붙어 있는 9·11이 우리를 안전하게 지키는 데 도움이 될 것이다.

하지만 우리가 아무리 잘 기억하더라도, 인류는 역사를 항상 반복할 것이다. 우리는 결국 인간이기 때문이다. 이것이 역사가 멈춘 듯 보였던 짧고 소중한 순간에 우리가 배운 교훈이다. 그래서 우리는 슬픔 가운데서도 역사는 결코 끝나지 않는다고 단언할 수 있다. 왜냐하면 인류는 계속해서 똑같은 실수를 반복할 것이기 때문이다.

내 예측 시스템이 이를 바로잡을 수 있을까? 그렇지 않을 것이다. 전 세계적으로도 그렇지 못하고, 영구적으로도 바로잡을 수 없을 것이다. 하지만 예전에 저질렀던 실수를 다시 저지르지 않는 데 도움을 받는 누군가가 있을 것이다. 이것이 시작이고 어쩌면 그게 다일 수도 있지만, 적어도 지금으로서는 그 정도만으로도 충분하다.

행운이 있다면, 이 시스템을 통해 당신에게 최고의 나날이 곧 시작될 수도 있다.

FBI 행동분석가처럼 생각하라

주요 문장: "수사관은 가장 파괴적인 감정인 공포심을 포함해 어떠한 감정에도 좌우되지 않아야 하며, 객관적이고, 관찰 가능하며, 합리적인 자료를 모을 때까지 추측해서는 안 된다."

주요 메시지: 행동을 예측하는 행동과학으로 사람을 평가하는 일이 그동안 도덕성의 문제로 잘못 이해되고 변질되면서 실용적으로 적용하기가 어려웠다. 여기서 다루는 사람을 제대로 읽는 방법은 단 며칠 만에 익힐 수 있으며, 이를 통해 얻은 가치 있는 통찰을 직업적 또는 개인적인 목적으로 사용할 수 있다.

행동 예측에 관한 냉엄한 진실

- **변동성:** 행동은 대부분 자신이 처한 상황, 삶을 통제할 수 있는 정도에 따라 살면서 현저하게 바뀐다.
- **책임 면제:** 부, 권력, 지위로 책임 회피가 가능한 경우 때로 올바르지 않은 행동에 대한 유혹을 받으며, 실제로 종종 유혹에 빠진다.
- **취약성:** 처벌에 취약한 사람들의 행동은 예측하기 가장 쉽다. 자신의 행동에 책임을 져야 하므로 기준에서 벗어난 행동을 할 수 없기 때문이다.
- **무능:** 사람들은 종종 자신이 할 수 없는 일을 할 수 있다고 생각하는 악의 없는 착각으로 다른 사람들을 속인다.
- **50퍼센트 규칙:** 기존 행동 예측의 보편적 방식은 대략 절반 가까이 잘못되었는데, 행동과학의 데이터가 부족했기 때문이다.

- **직관:** 직관은 행동 예측에 특히 효과가 없다.
- **겉모습:** 여러 가지 면에서 당신과 닮은 부분이 많은 사람을 제대로 예측하기가 그렇지 않은 사람보다 어려울 수 있다.
- **관계 지속성:** 선택에 의해서든, 상황에 의해서든 장기적인 관계에 있는 사람들은 서로에 대해 더 책임감을 가지게 되며, 따라서 행동이 예측 가능하다.
- **인식:** 상대의 행동을 예측하려면 당신의 인식이 아니라, 상대의 인식이 중요하다.
- **집요함:** 사람의 마음을 매우 교묘하게 이용하는 사람은 종종 자신을 도덕적이고 신뢰할 만한 사람으로 가장한다.
- **신뢰성:** 신뢰성은 정직성, 투명성과 같은 객관적이고 관찰 가능한 행동들에 기초해 판단해야 하며, 사람 간의 관계에서 가장 중요한 가치이다.

행동 예측을 위한 여섯 가지 신호

1. **동맹:** 당신의 성공이 자신에게 득이 된다는 상대방의 믿음
2. **관계 지속성:** 당신과의 관계가 오랫동안 이어질 것이라는 상대방의 믿음
3. **신뢰성:** 관찰 가능하며 검증할 수 있는, 상대방이 가진 역량과 성실함의 정도
4. **행동 패턴:** 상대방의 현재 행동, 특히 과거의 행동과 일치하는 현재 행동
5. **언어:** 편협하지 않으며, 인정할 줄 알고, 이타적이며, 깊이 있게 사고하고, 당신에게 집중하며 대화하는 상대방의 능력
6. **정서적 안정감:** 상대방의 정서가 신뢰할 만한 정도, 다른 사람의 마음을 교묘히 이용하지 않으며 자기 파괴적인 면모가 없는 성격

PART 2
행동을 예측할 수 있는 여섯 가지 신호

3

첫 번째 신호: 동맹

흔들림 없이 내 편이 되어 줄
사람인가?

2002년 3월의 광란, 목숨을 건 신뢰

"여보세요?"

레오의 손자가 무심하고 단조로운 목소리로 전화를 받았다. 전화기에 뜬 발신자 이름을 봤기 때문일 것이다.

"안녕, 빅터. 할아버지 계시니?"

"네." 짧은 대답이 다였다.

내가 비자 연장과 치료를 도와줬음에도, 러시아에 대한 애국심이 강한 빅터는 나를 싫어했다.

빅터는 내가 어떤 일을 하는 사람인지 잘 알고 있어서 나의 신출

내기 FBI 경력을 좌절시킬 수도 있었지만, 나는 전혀 걱정하지 않았다. 그렇게 해서 빅터가 얻을 수 있는 이익이 전혀 없기 때문이다. 빅터의 할아버지인 레오는 나의 성공으로부터 이익을 얻을 수 있는 관계에 있어서(나 역시 그에 대해 그렇듯이), 빅터가 취해야 할 입장은 분명했다. 빅터가 나의 일을 방해하거나 문제를 일으키게 되면, 그가 무서워하기도 하지만 동시에 너무 사랑하는 할아버지의 일을 망치게 될 것임을 잘 알았을 것이다.

처음에는 낯선 관계더라도 시간이 지나면 흔히 그렇듯이, 나는 빅터 또한 결국 나를 좋아하게 될 것이라 낙관했다. 이런 이익 관계가 목적 달성을 위한 수단, 교묘한 심리 이용, 정서적 협박으로 보일 수도 있지만, 내게는 신뢰 관계였다. 우리 셋은 싫으나 좋으나 끔직한 역사적 순간에 운명을 같이 하게 돼서, 우리는 서로 어떻게 행동할지를 잘 알았다.

"치료 경과는 좀 어때?"

"모르겠어요."

"나는 좀 나아지고 있어." 그가 내 상태를 되묻진 않았지만, 나는 내 치료 상태를 그에게 말해 주었다. 그라운드 제로에서 나온 유독 가스를 흡입해서 우리 둘 다 폐 손상과 만성 기침으로 치료받고 있었다.

돌이켜 보면 그때 받은 치료 덕택에 내가 살 수 있었던 것 같다. 9·11 이후 몇 달 간 약 1,000명이 사망했는데, 이 중 많은 사람이 심각한 부상, 장기 기능 장애, 폐렴, 자살(내 동료를 포함해)로 인해 사망했다. 이보다 훨씬 더 많은 사람이 병으로 고통스러워했고, 곧 사망할 운명에 놓이기도 했다.

내가 빅터를 도움으로써 레오와 나의 관계는 공고해졌지만, 빅터는 이민자가 되길 원하지 않고 아메리칸 드림에 열광하지 않았기 때문에 나를 여전히 자신의 할아버지를 조국에 배신하도록 만든, 무정하고 미덥지 못한 날라리 야심가로 보았다. 빅터의 입장에서는 그렇게 볼 수도 있겠다 싶었다.

그 당시에 나는 나를 좋아하지 않는 사람의 관점에서 내 자신을 바라보는 법을 익혀 두고 있었다. 나 자신을 그렇게 보는 일은 고통스럽지만, 나 자신에 대한 보호막을 거두어서 상대방의 눈으로 나를 바라보게 되면, 상대방을 X레이로 투시하듯 분명하게 바라볼 수 있게 된다. 그러면 상대방이 나를 왜 그렇게 생각하는지 그 이유와, 상대방이 나에게 무엇을 원하는지 알 수 있게 된다. 당신은 이미 상대방이 원하는 대로 해 주고 있다는 생각이 들 수도 있다. 그러나 중요한 것은 당신의 관점이 아니라 상대방의 관점이다.

상대방의 머릿속으로 들어가면, 당신은 그에게 자신의 최선의 이익이 무엇인지 알 수 있고, 그것을 알게 되면 대개 그들의 다음 행동을 예측할 수 있다.

"친구!" 수화기를 건네받은 레오가 말했다. "뭘 도와드릴까?" 우리의 고통스러웠던 첫 만남과는 완전히 다른 분위기였다. 뉴욕 퀸즈식 억양은 사라지고, 쾌활한 러시아식 억양에 정감 있는 말투였다.

왜 달라졌을까? 아마도 이전에는 고통스러운 감정으로부터 자신을 보호하기 위해 많은 사람이 무의식적으로 사용하는 심리적 방어 기제인 구획화(compartmentalization, 내면에 공존하기 어려운 모순되는 특징들 사이에 벽을 세워 그들을 함께 유지시키는 행태—옮긴이)를 사용해 왔을 것이다. 구획화는 종종 언어 패턴, 단어 선택, 말투로 드러난다.

간단하게 말하자면, 아마 그는 상대를 알기 전까지는 자신을 뉴욕에 사는 러시아 출신의 센 남자로 표현해 왔을 것이다.

여하간에 비록 전화상이라 볼 수는 없지만, 그가 쾌활하게 웃으며 말하는 것처럼 들렸다. 웃는다는 것은 언제나 좋은 단서다.

사람들을 평가할 때 '상대방에 대한 정보를 가장 많이 얻을 수 있는 단서는 대개 '대화'에서 나온다. 대화에서는 어휘, 말투, 몸짓과 같은 비언어적 단서나 사실이 담긴 정보가 드러난다. 서로 얼굴을 보지 않고 전화로 통화하는 경우에도 마찬가지지만, 직접 대면하는 경우에는 훨씬 더 많은 정보가 드러난다. 인간은 사회적 동물이며, 대부분의 사람은 비언어적 커뮤니케이션에 대해 어느 정도는 알고 있어서, 상대방이 어떻게 느끼고 있는지를 잘 알 수 있기 때문이다.

하지만 때때로 당신은 대화하는 중간 중간에, 상대방에게 당신이 그를 관찰하고 있다는 느낌을 주지 않으면서 그의 솔직한 모습을 드러내도록 유도할 수 있다.

레오와 몇 분간 이런저런 대화를 나누고 나서 나는 본론으로 들어갔다.

"레오, 말도 안 되는 일이 벌어졌어요. 국무부가 러시아 외교관 60명을 지금 막 추방했어요. 그중에는 우리 쪽 사람들도 있어요." 그들 자신은 인식하지 못하고 있겠지만, 레오와 내가 정보를 얻고 있는 외교관들도 포함되어 있었다.

"한센 때문인가요?" 그가 물었다. 러시아에 기밀을 팔아넘긴 죄로 판결을 기다리고 있는 FBI 요원인 로버트 한센을 두고 한 말이었다.

"네, 한센이요. 그래서 우리 네트워크를 재구축해야 해요. 최악의 시기인데 말이죠."

대부분의 FBI 요원은 국무부에서 러시아 외교관을 대거 추방한 일에 대해 화가 나 있는 상태였다. 이들 중에는 레오가 수십 년간 공들여 관계를 쌓은 사람들도 있었다. 내가 크게 흥분하지 않은 단 하나의 이유는, FBI 수사관들은 문제가 실제로 존재한다는 것이 확실해질 때까지는 문제 해결을 삼가도록 교육받기 때문이다. 하지만 분명 당황스러운 일이었다.

"클럽에서 보겠소?" 레오가 물었다. 그 클럽은 레오가 러시아 사람들을 상대로 운영하는 사교 클럽으로, 수입을 얻기도 하고 새로운 정보 제공자들을 발굴하기도 하는 장소였다.

"오후 5시 30분 이후 괜찮나요? 제다이 마스터에게 피해 대책 보고를 마쳐야 해서요." 레오는 제다이 마스터가 제시를 의미함을 알고 있었다. "한센에 대한 조사 지원 업무가 방금 내려왔어요. 그가 FBI 뉴욕 지부에서 처음 일하던 때부터 살펴봐야 돼요." 나는 레오가 술집에서 정상가보다 싼 값에 술을 파는 이른 저녁 시간대에 만나는 것을 싫어하는 것을 알았지만, 그는 마치 자신의 스케줄이나 자신이 원하는 현안은 없는 것처럼 언제나 내가 원하는 스케줄에, 내가 원하는 현안에 대해 의논하는 데 최선을 다했다.

"5시 30분이면 아주 좋아요!" 그가 말했다.

"우리 네트워크를 재구축하는 건 쉽지 않을 거예요." 이러한 나의 말에 그는 절박한 어조로 답했다. "그래요. 하지만 해내야 해요. 당신과 내가 함께."

그때까지만 해도 나는 행동분석가들이 다른 사람의 이익에 대한 동맹을 신뢰의 초석으로 삼는다는 것을 몰랐다. 나는 그저 그가 우리의 관계에 계속해서 헌신하며 책임감을 가지는 것이 기분 좋았다.

"우리를 도와줄 만한 사람을 알고 있어요." 레오가 말했다. "그를 시작으로 해서 친구를 만들어 나가 봅시다."

그 일은 보통 위험한 정도가 아니었다. FBI 요원이, 잘 모르는 사람에게 자신의 경력과 심지어 목숨까지 맡기려면 엄청난 신뢰가 필요한 법이다. 미국의 국가 안보에 있어서도 위험한 일이었다.

하지만 결국 나는 레오의 대담한 제안을 받아들였다. 그만큼 절실했기 때문이었다. 결과적으로 나는 그의 훌륭한 제안을 통해 박사 학위에 버금가는 교육을 받을 수 있었다.

FBI는 무죄추정을 하지 않는다

나는 사무실 문이 잘 잠겼는지 확인하고, 25층에 있는 제시의 사무실까지 다섯 층을 계단으로 올라갔다. 스트레스를 날려 버리기 위해서였다. 제시는 한센과 관련한 서류들에 반쯤 파묻혀 있었다. 그는 한센과 러시아 팀에서 수년간 함께 일한 적이 있었으므로, 그와 나는 한센과 러시아가 초기에 관계를 맺는 데 촉매 역할이 되었을 흥미로운 뭔가를 9시간 안에 찾아낼 수 있을 것으로 기대했다.

"이것 좀 보게." 내가 사무실에 들어서자 제시가 말했다. 그는 25센트짜리 동전을 주머니에서 꺼내더니 서류 더미들이 수북이 쌓여 있는 건너편으로 빠르게 굴렸다. 산더미 같은 이 서류들을 포함해서 FBI 내의 모든 자료가 빅데이터 시대를 맞이해서 마침내 디지털화되고 있던 때였다. 그렇게 되면 기밀 정보들의 보안이 훨씬 더 강화될 것이었다.

동전이 방 맞은편의 서류 더미로 굴러가 부딪친 후 멈추는 것을 보며 제시가 말했다. "저게 뭔지 알아?"

나는 그에게서 또 하나의 새로운 교훈을 기대했다.

"봐야 할 산더미 같은 서류들이지." 그가 말했다.

제시는 FBI 내에서 3개 대륙에서의 노련한 방첩 활동으로 가장 많은 훈장을 받은 요원 중 한 명이지만, 그는 문서화된 기록보다는 그동안 쌓아 온 관계에 훨씬 더 많이 의존하고 신뢰하고 있었다. 나는 그만큼 시간을 두고 쌓아 온 네트워크가 없었으므로, 인간관계를 통해 얻은 자료를 시스템으로 옮기며 그의 방법을 성문화하려고 하고 있었다. 나는 시스템을 좋아한다. 시스템화 되면 간단한 매뉴얼로 누구나 그 방법을 배울 수 있기 때문이다. 그 매뉴얼에는 나 같은 사람들을 대상으로 한 '초보자를 위한 방첩 활동'이라는 제목을 붙이면 좋을 것이다. 그 당시에는 시스템이 기업 문화뿐 아니라 한 나라의 문화를 바꾸는 일이 많았다.

나는 또한 감정을 논리로 바꾸고, 감정을 위해 감정을 제거하는 시스템의 힘을 높이 평가한다. 모든 사람이 감정을 가지고 있지만, 방첩과 같이 중요한 문제에서 이성을 벗어난 감정은 치명적일 수 있다. 감정에 휩쓸리면 감정적 납치에 빠지고, 자제력을 잃으며, 수습할 수 없을 정도로 일이 꼬이기 십상이다.

"이것 좀 보게." 한센에 관련된 글을 건네며 제시가 말했다. 몇 주 전 체포된 후에 그가 종이에 휘갈겨 쓴 글로, 러시아가 그에게 지불하기로 한 어마어마한 금액인 140만 달러 상당의 현금과 다이아몬드 중 일부인 5만 달러를 그가 받았다는 내용이었다.

한센은 이 돈을 받고 미국의 이중 스파이 9명의 신원을 러시아의 정보기관에 알려 주었다. 이 중 3명은 고통스러운 심문을 받고 처형됐다. 또한 한센은 러시아에 미국의 핵 관련 정보와 감시 및 탐지 기술을 팔아 넘겼고, 러시아 정보 요원은 이 기술을 오사마 빈 라덴에게 넘겼다.

나는 관련 서류 일체를 훑어 봤다. 한센의 결혼생활 중 지각없는 행동이 수없이 나타나 있었고, 아버지로부터 인정받기를 대단히 갈망했음을 볼 수 있었다.

나는 제시에게 한센이 러시아와 일하던 초기 활동에 대해 작성한 기록이 있는지 물었다.

"아니, 하지만 여기에 있지." 그가 자신의 머리를 톡톡 두드리면서 말했다. 그렇다면 괜찮았다.

"난 눈으로 본 것만 믿어." 제시가 말했다. "계속해서 눈을 뜨고 바라보면 대단히 많은 것을 알 수 있어. 한센에 대해 알아야 할 점은 그가 자기중심적이고 피해망상적이었다는 거야. 내가 그와 일하는 내내 그는 누구와도 협력하지 않았어. 점심마저도 혼자 먹을 정도였지. 어떤 인간관계도 맺지 않았고, 당연히 의리란 것도 없었어. 그와 친해지려고 노력하던 사람들에게조차 말이야. 그는 사람들과 잘 어울리지 못하는 척했고, 물론 잘 어울리지도 못했지. 그는 자기 자신 외에는 누구에게도 관심이 없었어. 그리고 자기가 그렇다는 걸 아무렇지 않은 듯 이야기했어. 그렇게 말하면 자신이 조직에서 가장 잘난 사람처럼 보인다고 생각한 거야. 그는 항상 뭔가로 화가 나 있었고, 자신이 항상 괴롭힘을 당한다고 여겼어. 그리고 자기 팀에서 자기가 가장 똑똑하다는 듯이 행동했지. 그래서 우리는 그가 나쁜 짓을 벌이고 있다는 걸 전혀 몰랐어."

"상처 입은 감정 때문에 반역자가 된 걸까요?"

"너무 나태해지거나 너무 상처를 받으면 사람들은 모든 것을 기분 나쁘게 받아들이게 되고, 그래서 제대로 생각할 수 없게 돼."

제시는 한센이 예전에 작성했던 사건 파일을 내게 건넸다. 겉면에는 한센의 상사가 빨간색 큰 글씨로 '말도 안 돼! 이 내용을 어떻게 알게 된 거야?'라고 적은 글이 있었다.

"한센은 항상 그런 식이었지." 제시가 말했다. "그의 상사조차 그를 믿지 않았어. 하지만 아무도 그렇게 말하지는 않았지. 전혀."

"왜죠? 더 중요한 건 선배님은 왜 말하지 않으셨어요?" 듣는 사람에 따라서는 무례하게 들릴 수도 있는 말이었다. 다행히 제시는 이를 질문으로 받아 주었다.

"평범한 이유들 때문이었어. 증거가 불충분할 경우에 남을 믿어 주고, 괜한 소란을 일으키지 않고, 집단사고에 순응하는 거지. '모두가 용인하는 사람이라면 문제없는 사람이 분명하다' 이런 거야. 그런 그가 관리자가 되니까 예전처럼 나쁜 짓을 벌이기가 10배는 더 쉬워졌던 거지. 하지만 그는 그냥 뛰어난 스파이 정도가 아니었어. 빠져나갈 알리바이를 잘 만들어 두었지."

어두워진 얼굴빛으로 그가 말했다. "내가 자네처럼 FBI에서 처음 근무할 때 누군가가 나를 조용히 데리고 가서 내게 'FBI 수사관은 증거가 불충분한 경우에도 무죄추정을 하지 않아'라고 말해 줬으면 좋았을 텐데."

나는 그런 말을 누구에게서도 들어본 적이 없었다. 내가 생각하는 미덕과는 맞지 않는 말이기도 했다. 제시는 의심스러워하는 내 표정을 읽었다.

"FBI 수사관은 상대가 누구든 그 사람에 대한 정보를 수집하고, 정보에 근거한 의사 결정을 내림으로써 상대의 말을 믿을지를 결정해."

솔직히 말해서 제시의 말은 냉소적으로 들렸다. 그는 약간 재미있다는 표정으로 나를 봐서, 마음을 들킨 기분이었다. 아마도 내 비언어적 신호를 읽은 듯했다. "내 말에 동의하지 않는 것 같은데, 그렇지? 사람들을 신뢰하고 싶어 하는군."

"모두가 다 그렇지 않을까요?"

"더 이상은 안 그렇지. 적어도 이 나라에서는."

9·11 이후의 새로운 무질서 세계에 대한 슬픈 인식과 함께 우리는 기록 보관소에서 찾아낸 서류 검토를 마무리했다.

나는 천진난만한 FBI 신참에서, 동료와 국가의 인정을 받을 만한 요원으로 바뀌고 있었다. 나는 한센에 대한 조사를 이끌고 있는 FBI 워싱턴 지부 수사관들에게서도 제시와 같은 관점의 일부를 배웠다. 나는 이 경험과 이후의 경험들을 토대로 '모든 사람을 신뢰하는 것이 현명하다'는 것을 배웠다. 적어도 말을 꺼내기 전까지만 말이다. 만약 당신이 누군가와 중요한 일을 도모하고자 한다면, FBI 행동분석가처럼 이성적으로, 조심스럽게, 객관적으로 생각해야 한다. 두려움, 호의, 또는 나태함으로 시야를 가리지 말고 그들이 누구인지를 있는 그대로 봐야 한다.

만약 그들이 옳은 말을 하고, 옳은 일을 하며, 올바른 의도를 보인다면, 그들을 계속해서 믿으라. 그들 중 누군가는 당신이 평생 신뢰하는 사람이 될 것이다.

대부분의 사람은 그렇지 않겠지만 그래도 괜찮다. 모든 사람이 당신의 신뢰가 필요한 것은 아니니까. 당신에게 당신의 삶이 중요하듯이 그들에게도 그들 자신의 삶이 중요하고, 그들은 자신의 삶에서 당신이 그다지 중요하지 않다고 생각한다. 그럴 때는 당신은 그저 그들이 어디를 향해 가고 있는지, 그 사실만 알면 된다. 당신과 같은 곳을 향해 가지 않아도 괜찮다.

당신은 여전히 그들이 자신의 최선의 이익을 위할 것임을 믿을 수 있고, 설령 그들이 당신의 경쟁자가 되더라도 쉽게 동맹으로 남을 수 있다. 이런 일은 항상 일어나며, 겸손함과 합리성을 가진다면 당신은 그와 과거에 잠시 경쟁관계에 있었다 해도 훨씬 오래 지속되는 관계를 쌓을 수 있다. 그러니 유연성을 유지하라. 내가 해병대에 있을 때 배운 것이다. 해병대의 모토 중 하나는 '셈퍼 검비'(Semper Gumby, 쭉쭉 늘어나는 장난감 인형—옮긴이)였다.

현실에서는 당신에게 해를 끼치는 사람이 매우 소수다. 당신도 그러하듯 그 사람은 그저 자기 자신과 자신의 가족을 돌보려 하는 것이므로, 그런 그를 비판하는 것은 당신의 이익에 반하는 것이다. 만약 당신이 그를 비판하면 앞으로 상호간에 이익이 될 기회를 망치게 될 것이다. 상대는 자신에 대한 당신의 비판적인 태도를 눈치 챌 것이기 때문이다.

시간이 흐르면서 사람과 상황은 변하게 마련이므로, 과거에 당신을 밀쳐 냈던 사람이 당신을 도움으로써 이익을 공유하길 원하게 될 수도 있다. 이는 언제나 즐거운 일이다. 상대방의 이익을 자신의 이익으로 생각하는 것은 동맹을 만들어 내고 동맹의 척도가 되기 때문이다. 상대방이 당신의 성공이 자신에게도 득이 된다고 생각하면 그는 당신을 위해서 무슨 일이든 하려는 강한 의욕을 갖게 된다. 이러한 생각은 당신의 직장 생활에서 궁극적으로 팀워크를 만들어 내고, 집에서도 가족을 더욱 가깝게 하고 서로를 소중하게 생각하도록 만든다.

나의 목표 전체 또는 일부를 자신의 것으로 생각하는 내 주변의 사람들은 경험상 약 20퍼센트 정도 된다. 나머지 80퍼센트의 사람들은 과거에 상처받은 경험이 있어서 선뜻 신뢰하기를 주저한다. 당신은 동맹에 대해 조심스러워하는 사람들의 모습을 부정적으로 볼 수 있지만, 한편으로 이는 지혜와 진실하고자 하는 마음으로 볼 수 있다. 신뢰는 신성한 것이다. 신뢰는 함부로 낭비되어서는 안 되며, 신뢰를 진중하게 생각하는 사람들은 그만큼 신뢰에 대한 의무와 책임감을 가진다.

많은 사람은 현명하기 때문에 신뢰에 대해 조심스럽게 접근한다. 하지만 때로는 말과 행동, 의도에서 동맹에 대한 의지를 보여 주는 단서는 매우 뚜렷해서, 내가 '첫눈에 신뢰하기trust at first sight'라고 부르는 현상을 낳는다.

신뢰와 불신을 구별하는 네 가지 단서

신뢰와 불신을 드러내는 각각의 단서는 다음의 네 가지 방식으로 전달될 수 있다.

- **언어적 표현:** 상대방이 하는 말과 말하는 방식
- **비언어적 표현:** 상대방의 메시지를 확인시키거나, 반대로 의심하게 하는 보디랭귀지

- **행동:** 공적 또는 사적 정보 출처에 기록된 현재와 과거의 행동
- **의도:** 당신의 목표나 꿈과 일치하는 정도를 나타내 주는 말과 관찰 사항

불신을 드러내는 단서는 흔히 신뢰를 드러내는 단서보다 덜 중요하다. 대개 더 애매모호하고 해석의 여지가 열려 있기 때문이다. 불신의 단서가 보이는 것은 그저 당신에 대한 관심이 부족해서일 수도 있고, 단순 오해일 수도 있다.

이익을 공유하려는 의지 즉, 동맹의 단서를 이해하기 위해서 먼저 당신의 이익을 자신의 것으로 받아들이길 꺼려 하는지 나타내는 단서들에 대해 알아보자. 이 단서들은 대개 놓칠 수가 없다. 당신이 아프게 느끼는 것들이기 때문이다.

여기서 설명하는 부정적인 단서들은 아주 흔한 것이며, 무수히 변형된 형태의 단서들 또한 존재한다. 여기서 설명하는 단서들을 통해, 변형된 형태의 단서들의 내용과 성격에 대해서도 이해할 수 있을 것이다. 일부 단서들은 당신에게만 해당되는 것일 수도 있다. 우리는 각기 다르며, 다른 상황에 놓여 있기 때문이다.

경고: 아주 흔한 불신의 단서들을 보게 되더라도 최악의 상황까지 가정하지는 말라. 불신의 단서들은 대처하기가 힘들어서, 자칫하다간 감정적으로 휘둘릴 수도 있다. 사실을 파악하기 전까지는 이성을 유지하고 기분 나쁘게 받아들이지 말라.

사실을 확인한 결과, 설령 상대방이 당신과 이익을 공유하길 원하지 않더라도 당신은 최선의 상황을 만들고자 계속 노력해야 한다. 문제를 해결하려고 노력해 보고, 그래도 안 된다면 다음 단계로 넘어가서 변화를 수용하라.

모든 상황을 긍정적으로 수용하는 법을 배우게 되면 인생이 달라진다. 행동 분석은 수학이나 물리학같이 어려운 과학과는 달라서, 현명하고 긍정적인 태도는 거의 어떠한 상황이든 긍정적인 상황으로 바꿀 수 있다.

당신과 동맹 의지가 없음을 드러내는 열 가지 부정적인 단서

1. 당신을 승진에서 제외시키고 다른 사람을 승진시킨다.

이는 가장 흔하고 가장 강력한 부정적 단서다. 당신을 앞으로 자신의 이익에 기여할 사람으로 생각하지 않음을 뚜렷이 보여 주기 때문이다.

한 번이라면 별 의미 없을 수 있지만, 여러 번이라면 분명한 메시지가 있는 것이다. 다른 사람들, 특히 당신의 상사에게 더욱 도움이 되도록 하라. 그렇지 못한다면 새로운 직장을 찾으라.

어쩌면 상사는 당신에게서 더 나은 뭔가를 찾고 있는 것일 수도 있다.

2. 당신이 자신과 다름을 지적한다.

상사는 자신과 다른 사람에게는 매력을 느끼지 못하고 쫓아낸다. 당신의 상사는 당신이 자신의 삶을 더 낫게 하는 데 기여하지 못하면, 당신은 쓸모가 없으며 결코 자신의 구성원이 될 수 없다고 생각한다. 이는 분명한 경고다. 상사에게 어떻게 하면 당신이 그의 삶을 더 낫게 할 수 있는지 진심으로 물어보라.

당신이 할 수 있는 일이라면 시도하라. 못 하겠다면 품위를 유지하면서 적절한 시기에 적절한 방법으로 직장을 떠나도록 하라.

3. 당신의 동료들은 참석하는 회의에 당신을 참여시키지 않는다.

이 또한 최악의 단서 중 하나다. 상사는 당신이 필요하지 않다고 생각하는 것이 분명하며, 이는 아마도 당신이 다른 직원들과 협업하는 일에 최선을 다하지 않는다고 생각하기 때문일 수 있다.

하지만 단정짓지는 말라. 나의 경우, 젊었을 때 종종 이에 대해 문제를 제기해서 상황을 더 악화시켰다. 그 회의는 당신과 맞지 않는 것일 수도 있다. 그러니 당신이 참석해야 할 회의였는지 확인하고 상사와 동료의 성공에 도움이 되는 것을 포함한 노력으로 한 계단씩 차근차근 올라가라.

당신이 회의 안건을 추진하는 데 도움이 된다고 생각하면 상사들은 당신을 회의에서 배제시키지 않을 것이다.

4. 당신의 사소한 실수를 중대한 실수라고 과장한다.

당신이 자신의 경력에 도움이 되지 않는다고 생각해서 당신을 쳐낼 이유를 찾고 있을 수 있다.

많은 회사에서 직원들의 경력은 해당 부서의 성과 또는 전체 회사의 성과에 연관되어 있어서, 상사는 자신의 최고의 이익을 회사 자체로 확장해서 생각할 수 있다. 당신이 상사와 회사에 도움이 되고 있다면, 상사는 당신이 실수를 하더라도 가볍게 생각하려고 한다.

따라서 비난받았다고 해서 두려움으로 반응할 것이 아니라, 당신을 비난하는 상사에게 자신이 도움이 되는지 확인해서 사실에 따라 반응하도록 하라.

5. 당신의 직속 상사가 당신이 다른 부서에서 더 잘할 수 있을 것 같다고 말한다.

평소 상사가 당신의 성공과 자신의 성공이 관련 있다는 신호를 보이지 않았는데 이런 말을 건넸다면, 대개 이 말은 당신이 기대에 미치지 못하고 있음을 의미한다. 이럴 경우 바로 해당 부서를 떠나는 편이 낫다. 상사는 당신이 부서에 없는 것이 낫다고 생각하고 있을 수 있다.

하지만 평소 상사가 당신의 성공을 자신의 성공처럼 여겼는데 이런 말을 한 경우라면, 당신의 꿈에 대해 적극적으로 이야기하라.

어느 경우든 긍정적으로 생각하라. 최악의 경우를 상상하는 사람들은 종종 실제로 그런 현실을 만들어 낸다.

6. 당신이 아이디어를 제안할 때 부정적인 비언어적 표현을 보인다.

이 단서는 매우 중요하다. 종종 말보다 비언어적 표현으로 더 많은 것이 드러나기 때문이다. 가장 쉽게 알아차릴 수 있는 부정적인 비언어적 표현은 빠르고 가볍게 흔들리는 눈꺼풀, 입술 오므리기, 눈썹 찡그리기, 눈을 똑바로 쳐다보지 않는 것, 악수하지 않는 것, 미소 짓지 않는 것 등이 있다. 대개 나는 다른 형태의 비언어적 행동들보다 얼굴 표정을 더 많이 본다. 얼굴에서 비언어적 표현이 가장 많이 드러나기 때문이다.

이러한 부정적인 비언어적 행동들이 나타내는 의미는 대개 '내게 지금 당장 필요한 것을 얻는 데 도움이 될 것 같지 않아서 더 듣고 싶지 않다'이다.

7. 당신에 대한 불미스러운 소문을 언급한다.

이는 달리 해석의 여지가 없는 나쁜 단서다. 소문만 듣고서 그것에 대해 계속해서 물어보는 관리자는 좋지 않다. 매우 수동적 공격 성향을 가진 사람이다.

하지만 만약 당신을 매우 아끼는 상사가 물어본 경우라면, 소문을 알려준 것에 대해 감사하라.

8. 당신과 대화하는 동안 문자나 이메일을 보내거나, 당신이 말하는 중간에 자리를 떠나 버린다.

대단히 급하고 중요한 일 때문에 이런 행동을 하는 것이 아니라면, 두 가지 경우 모두 당신이 직장에서 성공하는 것이 그들에게 중요하지 않음을 나타낸다.

당신이 말하는 동안 의사 결정권자가 나가 버리는 것은 최악의 경우다. 노골적인 신호로, 만약 다른 사람들 앞에서 그가 이렇게 한다면 결국 최악의 상황이 올 수 있다. 그는 분명히 당신이 자신에게 가치가 있다고 생각하지 않는 것이다.

이런 일이 반복적이고 노골적으로 일어난다면 그 메시지를 수용해서 이성적으로 받아들이고 회사를 떠날 준비를 하거나, 아니면 자신을 훨씬 더 가치 있는 사람으로 만들도록 하라.

9. 리더가 "나는 자네가 우리 회사에서 꼭 성공했으면 좋겠네"라거나 이와 비슷한 말을 결코 하지 않는다.

종종 말로 표현되지 않는 것이 말로 표현되는 것만큼 중요하다. 리더들은 분명하게 표현하는가, 표현하지 않는가를 크게 신경 쓰지 않는다.

이를 잘 이해해서 당신이 먼저 문제를 꺼내 말하라. "팀장님과 회사의 성공에 기여하고 싶습니다. 제가 어떻게 하면 더 도움이 될 수 있을지 알려 주시겠어요?"라고 물으라.

10. 사람들이 당신의 생각과 의견에 이의를 제기한다.

대부분의 사람은 이것이 나쁜 신호라고 확신한다. 종종 실제로 그렇기 때문이다. 그러나 훌륭한 리더들과 도움을 주는 동료들은 그들이 가장 아끼는 사람들의 생각에 보통 이의를 제기한다. 그들의 생각을 진지하게 검토하기 때문이다.

최악의 경우는 그들이 당신이 제시하는 생각이나 의견이 아니라 당신에 대해 비판적으로 생각하는 것이다. 당신을 싫어하기 때문에 당신이 제시하는 아이디어나 의견에 딴지를 거는 경우다.

따라서 비판을 타당성, 중요성, 표현 방식으로 평가하라. 다양한 의견을 주고받는 대화를 좋아하는 리더들도 있다. 만약 그들이 좋은 의도로 이의를 제기한 것이라면, 그들의 조언에 대해 진심으로 감사하고, 수동적 공격으로 반응하지 말고 적극적으로 대화를 나누고 의견을 받아들이라. 리더 밑에서 일하는 것은 그들을 대신해서 일하는 것이다.

....

이제 자신에게 물어보라. 이들 단서 중 몇 가지가 당신에게 해당되는가? 당신은 무언가를 결정하기 전에 충분히 살펴보고 있는가? 당신의 삶을 휘젓고 가 버린 누군가로 인해 마음의 상처를 입은 적이 있는가? 당신이 다른 사람들이 한 말을 확인할 시간이 없어서 넘겼는데 그들이 당신을 오해한 적이 있는가?

이 책에서 소개하는 긍정적 단서와 부정적 단서들을 토대로 당신
스스로에게 이와 같은 질문들을 던져 보라.

새로운 형태의 전쟁에서
레오는 나의 동맹인가?

나는 레오를 만나기 위해, 그가 운영하는 사교 클럽인 아웃사이더
스 클럽에 약속 시간보다 몇 분 일찍 도착했다. 그 사교 클럽은 사냥,
낚시, 하이킹 등의 활동을 진행하는 레오 소유의 야외 스포츠 회사
에 속해 있었고, 러시아 관광객 또는 사업가들을 위한 장소이자, 레
오가 주축이 된 러시아 이민자들 간의 교류 장소였다.

아웃사이더스라는 이름은 외국 손님들은 모르는 이중적인 의미가
있었다. '아웃사이더스'는 클럽을 방문하는 손님들이 생각하는 야외
스포츠 애호가라는 의미뿐 아니라, 러시아와 소원해진 국가의 이민
자들이 흔히 느끼는 반감을 담고 있는 이름이기도 했다. 이들 중 일
부는 레오의 관리하에 비밀 정보원 역할을 하고 있었다.

이들 대부분이 우크라이나, 조지아, 우즈베키스탄, 카자흐스탄 등
과거 소련 연방에 속해 있던 위성 국가 출신이었다. 이들 지역은 러
시아와 러시아의 새 대통령인 KGB 요원 출신의 블라디미르 푸틴에
맞서, 피비린내 나는 반란이 끝없이 일어나고 있는 분쟁 지역들이
었다. 푸틴은 비밀경찰이자 첩보조직이었던 KGB에서 별 볼 일 없는

성과를 보인 후 정권을 잡은 인물이다.

세부적인 정보를 아는 것이 중요함을 러시아에서 온 레오의 손님들을 통해 다시 한 번 확인했다. 이들 중 일부는 정보원(스파이)이었지만, 이들은 레오가 이중 스파이임을 모르고 있었다. 그들은 백러시아인White Russians으로도 알려진 모스크바 지역 상류층의 특권을 누리고 있었다. 여기서 '백'은 연방에서 분리 독립한 국가들의 소수 민족 러시아인들을 말한다.

소수 민족 출신의 러시아인들은 '계급이 없는' 소비에트 연방 시대에도 오랫동안 2등 시민에 머물렀다. 소련 연방에서 소수 민족 출신의 러시아인은 KGB나 KGB의 후신인 SVR(러시아 해외정보국) 요원이 된 적이 없다. 또한 이 시기에 여성 SVR 요원도 없었는데, 믿기 힘들겠지만 여성들이 요원직을 수행할 만한 지적 능력을 충분히 가지지 못했다고 간주됐기 때문이었다.

러시아에서 신뢰의 기반이 되는 이 기괴한 차별적 사고가 아주 오래된 구식의 잔재처럼 여겨진다면, 부족 간 전쟁은 인간의 모든 분쟁 중 가장 오래 이어져 왔고, 여전히 현대 세계의 무력 충돌에서 가장 큰 비중을 차지하고 있음을 기억해 보길 바란다. 부족 간의 전쟁은 수세기 동안 계속되어 왔고, 나와 함께 일했던 사람들 중 일부도 이와 관련되어 있다.

이들 중 일부는 호된 보복에 매우 시달렸고, 일부는 여전히 그럴지도 모른다. 방첩 분야에서 일하는 사람들의 삶과 평판은 신중함과 기밀유지로 항상 위태롭다. 그래서 나는 이 책에서 소개하는 일화들에 실명을 사용하지 않고, 이들에게 해가 갈 수 있는 세부사항을 바꾸었다.

미국은 무고한 사람들에게 훨씬 덜 가혹하지만, 미국 또한 많은 분열의 문제가 있다. 미국은 현재 인종, 부, 종교, 정치 등의 요인으로 강력한 분열이 만들어지고 있으며, 합리적인 근거를 가지려고 노력하는 사람들도 있지만 많은 이가 자기 부족원이라면 누구에게나 신뢰를 사탕처럼 나누어 주고 있는데, 이는 매우 현명하지 못하다.

신뢰에 대해 우리가 가진 이러한 비합리적인 측면으로 인해, 심지어 국가 안보 기관을 포함해 가장 이성적이라고 생각되는 기관들로도 미국이 오염될 수 있다. 예컨대, 최근에 자신을 사이버 위협 분석가라고 밝힌 한 여성은 미군, 정보기관, 보안회사 출신의 수백 명(이 중 82퍼센트가 남성)과 인맥을 만들었다. 구글Google과 록히드 마틴Lockheed Martin은 그녀를 고용하는 데 관심을 보였고, 안보 회의에서의 연설을 제안받기도 했다. 하지만 이 '여성'은 국가 안보 연구원들, 특히 남성들이 여성의 매력적인 얼굴에 얼마나 잘 속을 수 있는지를 보기 위해 만든 가상 인물이었다.

나는 러시아 스파이 안나 채프먼Anna Chapman 사건과 유사한 경험을 한 팀에 있었는데, 그녀도 안나 채프먼처럼 미국의 안보에 대한 정보를 빼내기 위해 자신의 매력과 외모를 이용했다. 그래서 나는 레오와 내가 우리의 정보를 공유할 만한 사람인지 정확히 판단해야 하는 지금, 어쩌면 절실한 위기 상황이기 때문에 심리적으로 더 취약해질 수 있음을 잘 알고 있었다.

지금 이 순간, 나는 정말 위기 상황이었다. 정보를 제공해 줄 팀(자신들이 정보 제공자임을 알건 모르건 간에)을 빠르게 재건해야 했기 때문이었다.

클럽 사장인 레오가 라이온 킹 같은 건장한 체격과 넉넉한 미소로 힘 있게 문을 밀어젖히고 들어오자, 내가 클럽 안 러시아 사람들 사이에서 느끼던 거리감이 줄어드는 듯했다. 하지만 많은 남자가 여전히 매우 러시아인스러운 분위기를 풍겼는데, 참고로 러시아 문화에서는 넘쳐흐를 정도로 미소 짓는 사람을 덜 신뢰한다.

"안녕하세요, 여러분!" 레오가 굵은 목소리로 말했다.

그는 내게 와 나를 꼭 껴안으며 인사를 하고 나서 손을 들어 우리가 즐겨 마시는 그젤카 화이트 골드 보드카를 두 잔 주문했다.

"난 이게 좋아요." 레오는 내가 불안해할까 고려해, 작고 낮은 목소리로 이어서 말했다. "새로운 작전을 개시해서 팀을 재정비하죠! 당신에게서 배우고 있어요! 캠프에서 이런 날들을 꿈꿨는데, 살아남아 그 꿈을 이루고 있어요!"

그는 눈을 반짝이며 그의 잔을 내 잔에 부딪쳤다. "꿈을 이루게 해 줘서 고마워요."

나는 그의 잔에 내 잔을 부딪쳤다. 우리의 일에 대한 그의 자부심은 고무적이었고, 그의 감사함은 전염성이 강했다.

14명의 담당자들을 애먹인 레오는 왜 나를 신뢰하게 되었을까? 내가 그를 돕겠다고 했을 때 우리 사이에 신뢰가 시작되었다고 생각할 수밖에 없었다.

"발렌티나는 좀 어때요?" 그는 최근에 재혼했는데 재혼한 지 3일 만에 아내가 교통사고를 당했다.

"그다지 좋지 않아요. 의료보험 때문에요." 그의 눈빛이 무미건조해졌다. 그가 다시 생존 모드로 돌아갔다는 신호였다.

"어떻게 도와드릴까요?"

"사회보장국 브롱크스 지국에 있는 적당한 사람에게 한마디 해 주겠소?"

"제가 할 수 있는 일은 다 하겠습니다." 다행스럽게도 내가 해 줄 수 있는 일이었다. 이웃에 사는 사람이 사회보장국에서 일하고 있었다. 제시는 오래 전부터 내게 모든 사람과 좋은 관계를 맺으라고 조언해 왔다. 사람의 앞날은 모르는 법이다

레오가 몸을 바짝 붙이며 허스키한 목소리로 은밀하게 말했다. "지금 당신의 우선순위는 테러예요. 나는 당신과 함께 러시아 문제에 대해서만 일해 왔어요. 당신이 잘만 할 수 있다면 다른 아이디어를 꺼내 보려고요." 그의 눈이 커지며 날카로워졌다.

"당신에게도 좋은 일이라면요." 내가 답했다.

그는 더욱 가까이 몸을 붙였다. "지금 세르게이라는 이름으로 맨해튼에 살고 있는 남자가 있는데, 그와 저는 어릴 때 고향에서 함께 자랐어요. 저희 아버지는 시골 의사였고요, 알고 있죠?"

"물론 알고 있어요."

"아버지는 세르게이 여동생의 목숨을 구했고, 그날 세르게이는 죽을 때까지 내가 그의," 그는 숨을 고르고 말을 이었다. "동생이라고

약속했어요. 평생." 그는 숙연하게 말했다. 그는 많은 생명이 훌쩍 세상을 뜨는 것을 많이 보아 왔을 것이다. "세르게이는 지금 러시아 영사관에서 일하고 있지만 백러시아인이 아니에요. 그래서 그에게 외교는 어려운 비즈니스예요."

그는 일찍이 우리 관계를 '비즈니스'라고 했는데, 아마 일부러 그런 듯했다. 그는 러시아인들이 가까이에 있을수록 더 러시아인처럼 행동했다.

"세르게이는 클럽 회원인가요?"

"아웃사이더스 회원이냐고요?" 레오가 부드럽게 물었다. "아니면 다른?" 정보원을 가리키는 말이었다.

"아웃사이더스, 여기요."

"네, 그는 지금 그냥 아웃사이더스 회원이에요. 순수한 외교관이죠." 그 말은 세르게이가 특수 임무, 즉 스파이 네트워크에 속해 있지 않다는 것을 의미했고, 그래서 그가 우리나 그 누구의 레이더에도 잡히지 않을 것이라는 의미이기도 했다.

"그는 러시아를 사랑해요. 사랑받을 자격이 없는 아내를 사랑하는 남편처럼요. 하지만 그는 러시아보다 나를 더 아끼고 사랑합니다. 마땅히 그래야 한다는 듯이요." 레오는 쥐도 새도 모르게 암살당할 일을 할 정도로 제2의 조국인 미국을 아끼고 사랑했지만, 자신이 아끼고 사랑하는 사람들을 가장 소중하게 여겼다.

"그가 나와 이야기를 하려 할까요?"

"그는 나를 아끼니까요. 그리고 저는 당신을 아끼고." 그는 무미건조하게 말했지만 그래도 가슴이 뭉클했다.

"그를 만나게 되면 아주 좋을 것 같아요."

레오는 손을 뻗어 나와 악수하고, 잠시 그대로 있었다. 나는 새로 나온 술 두 잔 중 한 잔을 그에게 건넸다.

"노스트로비아Nostrovia(건배)!" 그와 잔을 부딪치며 내가 말했다.

나는 불과 7개월 전, 레오가 나를 차갑게 대해 절망에 빠졌던 그때를 생각했다. 그라운드 제로에서 나오는 매캐한 냄새가 내 옷에 가득 배어 있을 때였다. 나는 인간의 정신에서 가장 훌륭한 특징이자 가장 깊이 자리한 관대함을 바라면서 이것이 얼마나 경이로운 것인지 새삼 느꼈다.

또한 나는 미국, 레오, 그의 아내, 빅터, 나 그리고 비탄에 젖어 있는 뉴욕이 여전히 고통과 혼돈 속에 있음을 알았다. 결코 끝나지 않을 것 같고, 지금도 여전히 끝나지 않고 있는 새로운 형태의 전쟁으로 인해, 우리는 각자의 처지에서 모두 피난민이었다.

나는 그저 레오의 친구인 세르게이가 나를 안보 담당자에게 신고하지 않기를 바랐다. 만약 신고당하면, 미 국무부에 항의가 들어오고 나를 중심으로 큰 외교적 분규가 일어날 수도 있었다. 국가가 심각하게 취약해진 시점에서 자칫하면 국제적인 사건이 될 수도 있는 일이었다.

또한 러시아인들이 나를 개인적으로 응징할 가능성도 있었다. 내가 미국에 계속 있으면 그럴 가능성은 거의 없겠지만, 만약 내가 해외로 여행을 간다면 안 좋은 일이 벌어질 수도 있었다. 레오의 클럽에서 만난 다른 아웃사이더들 중에는 내가 경험한 삶보다 훨씬 어둡고 위험한 삶에 익숙한 사람들도 있어서, 나는 현 체제를 지지하는 러시아인들에게 접근하는 것이 얼마나 위험한지 알고 있었다.

나는 이 특별한 일을 성공시키기 위해, 그리고 적어도 살아남기 위해 체계적이고 신뢰를 이끌어낼 만한 방법을 찾아야 했다. 하지만 나는 레오의 손자를 계속해서 도움으로써 레오의 성공을 돕는 것 외에는 어디서부터 시작해야 할지 몰랐다. 그때는 다른 사람의 성공을 나의 성공으로 생각하는 것, 즉 동맹이 누군가를 평가하는 데 있어 얼마나 중요한지 몰랐던 터였다.

그저 나는 비록 젊은 빅터가 어디로 튈지 모르는 예측 불허의 럭비공 같았지만, 내가 옳다고 생각하는 일을 실행했을 뿐이다.

상대의 성공이 나의 성공이라면
동맹의 단서다

나는 며칠 동안 세르게이와 관련해 어떻게 대처해야 할지에 대해 제시의 지혜를 빌렸고, 그는 여느 때보다 이에 대해 훨씬 더 낙관적으로 생각했다. 전쟁과 간첩 활동에서 극히 위험한 부분을 많이 보아온 그는 웬만한 일로는 당황하지 않았다. 내가 세르게이에게서 동맹을 맺을 만한 단서를 찾고자 한다면, 세르게이와 아주 솔직한 대화를 나눠야 한다는 사실을 제시와 레오에게서 배울 수 있었다. 상대방의 성공이 나의 성공이라고 생각하는 사람이라면, 상대방을 신뢰하지 않을 이유가 없지 않은가?

동맹을 맺기 위한 관계와 목표 설정의 문제는 거의 모든 사례에서, 특히 비즈니스에서 오랫동안 성공적으로 이뤄져 왔다. 돈을 중심으로 하기 때문에 성과를 측정하기도 쉽다.

기업은 다음과 같은 경우에 장기적으로 성공할 가능성이 더 높다.

- **창업자 및 최고 경영진**은 직속 부하의 성공을 자신의 성공처럼 여긴다.
- **관리자**는 자신의 성공과 직원들의 성공이 연관되어 있다고 믿는다.
- **투자자**는 경영진이 투자자들을 신경 쓰고 있다고 믿는다.
- **고객**은 회사가 고객 만족을 위해 움직인다고 믿는다.

개인적인 관계에서의 동맹은 아마도 훨씬 더 강력할 것이다. 내가 아는 행복한 커플들은 연인 또는 배우자를 사랑할 뿐 아니라, 그들에게 일어나는 모든 일을 좋은 일이든 나쁜 일이든 간에 자신의 일처럼 받아들였다.

다음의 열 가지 단서는 매우 일반적이며 적중률이 높다. 하지만 당신의 상황에 맞는 단서들을 선별해서 적절히 적용하기 바란다.

당신의 성공에 동맹 의지를 드러내는
열 가지 긍정적인 단서

1. 당신의 업무 속도와 스타일에 기꺼이 맞춘다.

자신이 일하는 방식을 방해받기 싫어하는 사람이 있고, 사람마다 일 처리 방식이 다르다는 이유로 일을 함께하지 않으려는 사람도 있다.

하지만 다른 사람과의 동맹을 편안하게 느끼는 사람들은 같이 일하는 사람들에 맞추기 위해 최선을 다하는 것에 자부심을 가진다.

2. 대체로 당신의 최우선 과제, 이익, 성공을 중심으로 이야기한다.

그들은 당신의 일을 자신의 일처럼 여기기 때문에 당신을 중심으로 생각한다. 당신도 그와 같은 예의와 헌신으로 상대를 대하는 것이 현명하다.

3. 당신과 관계를 확장할 방법을 찾는다.

상대가 더 많은 공통의 이익을 추구하려 하고, 비록 그와 동등한 수준에서 당신이 할 수 있는 일이 아니라고 해도, 상대가 자신이 하는 많은 중요한 일에 당신을 포함시키려 한다. 그들은 당신의 역량을 사용할 방법을 계속해서 찾는다.

또한 개인적인 관계와 업무적인 관계 사이의 간격을 메우려고 한다. 즉, 당신이 업무상 만난 사이라면 그가 자신의 개인적인 삶에 당신을 초대하려 하고, 개인적인 친구 사이라면 자신의 일에 대한 부분을 당신과 공유하려 한다.

4. 동참하지 않는 것이 나음에도, 어려운 프로젝트에 동참한다.

내 동료들이 목숨을 걸어야 할 만큼 위험한 임무에 배정되었을 때, 나는 여러 차례 개인적인 배려로 자원해서 그들과 함께 임무를 수행했다. 동맹을 맺으려 할 때 이런 위기를 기회로 삼아 과감히 뛰어드는 것만큼 더 좋은 출발점은 없다. 상대방의 성공에 당신의 성공이 연결되어 있음을 보여 줄 수 있는, 극적인 면은 덜하지만 여전히 의미 있는 방법은 그들이 야근할 때 대가없이 등장해 주는 것이다. 특히 당신이 그들이 할 수 없는 일을 해 줄 수 있다면 더 좋은 기회다.

언제나 그렇듯이, 행동은 말보다 더 중요하다. 나는 이런 이유 때문에서도 의료품을 공수하는 비영리 단체에서 조종사로 자원봉사를 한다. 시간과 노력이 많이 들어가는 일이지만, 내가 행동으로 가장 잘 공헌할 수 있는 일이다.

5. 당신을 위해 다른 사람에게 뭔가를 부탁한다.

상대방이 자신의 '호의 은행'에 보유하고 있는 화폐를 당신을 위해 현금화하는 것은 당신과의 동맹을 나타내는 매우 큰 단서다. 이는 그가 당신을 돕겠다는 적극적인 의지를 나타내는 것일 뿐 아니라, 실제 호의를 베푼 새로운 사람과의 관계가 열릴 수 있음을 의미한다.

이는 또한 '벤자민 프랭클린 효과'를 만들어 낼 수 있다. 누군가 당신에게 호의를 베풀면, 그로 인해 그가 당신을 더 좋아하게 된다. 왜냐하면 그가 당신에게 투자했는데 당신을 좋아하지는 않는다면 인지부조화(행동과 생각이 다를 때 느껴지는 불편함—옮긴이)가 생기기 때문이다. 이는 동맹을 만들어 주는 묘약이다. 프랭클린은 정적에게서 책을 빌렸을 때 이 효과를 발견했고, 그가 더 이상 자신을 싫어하지 않는다는 사실을 알게 되었다.

6. 부탁하지 않았는데도 먼저 나서서 도와 주는 것이야말로 상대방이 보여 주는 최고의 긍정적인 행동이다.

만약 누군가가 자원해서 당신을 돕는다면, 그것은 당신이 도움을 요청해서 받은 경우보다 훨씬 더 긍정적인 신호다. 예를 들어 그가 어떤 모임을 구성하여 당신이 그 모임을 이끌도록 하는 등 당신을 돕기 위한 목적으로 새로운 토론회, 과제, 모임 등을 솔선해서 만든다면, 그것은 매우 강력한 동맹의 의지를 나타낸다.

7. 회사 안팎에서 당신에 대한 긍정적인 이미지를 만들고, 성공에 대한 공을 당신에게 돌린다.

그가 이렇게 당신을 브랜딩해 준다면, 당신과의 관계에 대한 그의 신뢰뿐 아니라, 그의 너그러운 인격과 정서적 안정을 읽을 수 있다.

만약 당신의 직속 상사가 이런 흔치 않은 단서를 나타낸다면, 이는 당신을 다른 회사나 부서에 뺏기거나, 심지어 당신이 자신의 자리나 일을 차지할 가능성을 무릅쓸 만큼 당신을 매우 아낀다는 의미다.

당신을 끊임없이 긍정적인 브랜드로 만들어 주는 사람들은 당신에게 매우 소중한 사람들이다. 그들과 잘 지낸다면 상호 신뢰가 깊어질 것이다.

8. 당신의 성취에 대해 진심으로 기뻐한다.

이는 대개 그들이 당신의 성공을 자신의 성공처럼 생각해서이기도 하지만, 그들의 순수하고 관대한 마음에서 비롯된 것일 수도 있다. 만약 그들이 기뻐하는 모습이 아니라 분노하거나 질투하는 것처럼 보인다면 당신은 다른 동맹자를 찾고 싶을 것이다.

그들이 당신의 성취로부터 이익을 얻을 수 있다는 기대로 부끄러움 없이 기뻐한다면 훨씬 더 좋을 것이다. 누군가가 당신으로 인해 혜택을 받을 수 있음을 말로 표현하는 것은 전혀 부끄러운 일이 아니다.

9. 당신과의 업무상 관계를 사회적 관계로 확장한다.

이는 아주 강력한 신호이며 매우 흔하게 벌어지는 일이기도 하다. 업무적 관계와 사회적 관계가 함께 이중으로 형성되면 각 관계에 대한 헌신이 상호보완적으로 강화된다. 그것은 또한 그가 당신을 그저 자신을 도울 수 있는 대상이 아니라 한 사람으로서 좋게 본다는 의미다.

10. 다른 사람에게 한 번도 말하지 않은 것을 당신에게 말해 준다.

이것은 대단히 큰 신호다! 그는 당신의 신중함과 충고를 믿고, 당신이 편협한 비판을 하지 않을 사람이라고 본다.

이 가치들 중에서 내가 가장 높이 평가하는 것은 편협한 비판을 하지 않는 것으로, 주위 사람들은 당신의 이런 성품에 영향을 받아 솔직해지게 된다. 또한 서로 편하고 마음이 맞는 분위기가 만들어진다.

누군가가 당신에게 마음을 열면, 당신은 스스로를 더 나은 시각으로 보게 된다. 그러면 자기 자신에 대한 비판을 덜하게 되고, 당신이 자신을 비난하는 최대의 적이 되지 않도록 하는 데 도움이 된다.

2002년 3월 세르게이 작전, 첫눈에 신뢰하기

"성공이야." 상사가 말했다. "본부에서 접촉을 승인했어."

나는 세르게이 작전과 관련해 공식 루트를 거쳐야 했는데, 그와의 만남이 승인되어 기뻤다. 하지만 만장일치는 아니었고 본부의 일부 사람들은 격렬하게 반대했다.

나는 애매한 확률에 맡기는 것을 좋아하지 않았고 타이밍을 맞춰야 하는 것도 싫었다. 외교관의 협력을 얻기란 복권에 당첨되는 것만큼 어려워서 우리는 종종 이런 경우를 '로또 맞았다'고 했다.

가장 위험한 경우는 세르게이가 러시아 대사관에 나를 밀고하는 것이다. 외교관들은 이러한 접촉을 안보 담당자에게 신고하면 즉시 승진할 수 있기 때문이다. 하지만 충분히 검토할 시간이 없었다.

그래서 나는 '첫눈에 신뢰하기'라고 부르는 것, 즉 상대방의 최선의 이익을 위한 진실되고 정중한 배려를 내보여야 했다.

지금의 나는 거의 누구에게나 자신 있게 신뢰를 줄 수 있다. 그들이 나의 신뢰를 악용하기 전까지는 말이다. 하지만 그 당시에는 신뢰를 융통성 있게 주는 방법을 몰랐다. 나는 한 번 준 신뢰는 절대 철회되거나 심지어 수정될 수 없는, 숭고하고 도덕적인 절대적 가치라는 생각에 빠져 있었다. 지금은 이런 생각이 기이해 보인다. 그때는 누군가를 아끼고 사랑하면서도 신뢰하지 못할 수 있다는 생각은 내게 무척 낯선 일이었다.

나는 세르게이가 정부의 권력에 압박감을 느낄까 봐 걱정되었다. 100년이 훨씬 넘는 기간 동안, 러시아인들은 대개 제정 러시아의 황제 차르를 시작으로 소련 공산당 정치 위원, 푸틴의 마약 단속 총책임자 등 강한 정부에 의해 지배되어 왔다.

나는 레오가 비밀리에 준 번호로 세르게이에게 전화를 걸었고, 나는 그에게 월스트리트에 있는 리저브컷이라는 레스토랑에서 만나자고 제안했다. 그곳은 영사관이 있는 어퍼이스트사이드에서 수킬로미터 떨어진 곳이니, 영사관 사람들을 마주치지 않을 것이라는 무언의 배려였다.

그는 즉시 동의했다. 대부분의 러시아 외교관처럼 그가 '비공식적인 관계'를 맺고 싶지 않음을 정중히 내비치고 싶었다면, 내게 영사관 근처로 오라고 했을 것이다. 물론 세르게이가 그저 따분한 영사관에서 벗어나서 비싸고 트렌디한 곳에서 식사를 하고 싶었던 것일 수도 있다. 레오는 세르게이가 외출을 자주 하지 않아서 친근한 대화가 곁들여진 맛있는 식사 대접에 언제나 감사해한다고 내게 말했다.

세르게이를 만나기로 한 날, 레스토랑 지배인이 세르게이를 내 테이블로 안내했을 때 나는 그의 보디랭귀지를 읽고자 했다. 그의 눈썹은 압박감에 긴장되어 있었고, 입술은 꼭 다물고 있었으며, 머리는 살짝 뒤로 젖혀져 있었고, 자리에 앉자마자 팔짱을 꼈다. 그도 내 보디랭귀지를 읽는 듯 눈을 크게 뜨고 나를 응시했다. 악수는 빠르고 부드러웠다. 방어의 표시였다. 그가 시계를 흘끗 보았다. 나쁜 신호였다.

"세르게이, 대화할 시간을 내주셔서 대단히 감사합니다. 우리 친구가 이 자리에 나올 수 있었더라면 좋았을 텐데요." 레오의 이름을 굳이 댈 필요는 없었다.

나는 레오에게 세르게이가 불편하지 않도록 그 자리에 함께하는 것이 어떤지 물었지만, 만약 세르게이와 내가 실제로 합의에 이르게 될 경우 레오가 그 자리에 있는 것이 세르게이에게 방해가 될 수도 있다는 결론을 내렸다.

레오에 대해 언급하자 세르게이의 표정이 약간 부드러워졌다. 레오가 말한 대로 그는 남의 시선을 의식하지 않고 만족스럽다는 듯이 레스토랑을 훑어봤다. 그의 양복과 셔츠는 격식에 딱 맞지는 않았지만 잘 입은 편이었다. 넓은 어깨와 군살 없는 체격의 그는 오랜 근무 시간으로 창백한 안색에 다소 살이 찐 대부분의 러시아 외교관들보다 더 좋아 보였다.

"우리 친구는 우리가 몇 가지 공통점을 가지고 있어서 다른 공통의 관심사도 찾을 수 있을 것이라고 했어요."

세르게이는 내가 심리적으로 그를 압박하는 대신, 모호하지만 결속감을 주는 말로 우리의 상황을 바로 인정했다는 사실에 안심이 되는 표정이었다. 마음이 놓이자 그의 얼굴에서 주름살이 조금 사라졌다. 내가 건네는 말의 중대성을 인정하고, 일이 잘못될 경우 그에게 거부할 여지를 주기 위해 애매한 말로 포장하긴 했지만, 그의 반응은 내가 재차 조심스럽게 그의 의사를 확인해 볼 용기를 주었다.

"당신이 외교관이라는 것을 압니다. 당신의 영사관에 있는 누군가는 아마 '특수 서비스'를 수행하고 있겠네요." 그의 눈썹이 약간 올라갔다. 특수 서비스는 스파이를 뜻하는 말이기 때문이었다. 현실 세계의 스파이들은 거의 '스파이'라는 말 대신 '특수 서비스'라는 말을 사용하는데, 내가 이 말을 꺼냈다는 것은 나 역시 '특수 서비스'에 몸담고 있다는 암묵적인 인정이었다. 그의 입꼬리가 약간 올라갔다. 미묘한 승낙의 신호였다. 우리는 서로에게 이익이 될 수 있는 관계에 서게 되었다!

그러나 그가 술을 조금씩 마시면서 냅킨을 만지작거리고 다시 시계를 힐끗 봐서(거절을 의미하는 동작일 수 있다), 나는 그에게 가야 할 곳이 있는지 단도직입적으로 물었다. 그 질문은 내가 그의 필요에 민감하다는 것을 보여 주는 것이기도 했다. 그럼에도 그가 곧 떠나야 한다고 말하면 그 자리는 그대로 끝이었다.

"전혀요. 당신이 원하는 만큼 있을 수 있습니다." 좋은 신호였다! 그는 떠나려고 했던 것이 아니라 단지 약간의 시간 제약이 있었을 뿐이고, 그는 자신의 스케줄을 내 스케줄에 맞추고 있었다(첫 번째 긍정적인 단서였다. 나는 긍정적인 단서가 보일 때마다 앞으로 계속해서 언급할 것이다. 당신은 그가 분명하게 드러낸 비언어적 표현들에서 부정적인 단서들을 이미 알아차렸을 것이다).

나는 그에게 레오를 처음 어떻게 만났는지 물었다. 그의 현재 심리 상태를 알아보기 위한 질문이었다. 만약 그가 나에게 "오래 전 일"이라고 무뚝뚝하게 답한다면, 자신과 레오와의 관계를 내가 상관할 바가 아니며, 그들의 관계를 이용하려 들지 말라는 의미일 것이다. 별 의미 없는 대화처럼 보일 수도 있지만, 나는 서로를 돕는 건강한 관계를 구축하려면 모든 대화가 중요하고 의미심장할 수 있다는 것을 알았다.

나는 또한 사람들이 그들의 삶으로 더 많이 거슬러 올라갈수록, 방어막을 더욱 낮춘다는 것도 알고 있었다. 아마도 원시적인 본능 때문일 것이다.

그 당시 내가 그에게서 찾고 있던 동맹을 드러내는 긍정적 단서들은 이랬다. 그는 중립적인 주제를 적절히 수용하고 있는가? 그는 적극적으로 자신을 드러내는가? 그는 자신에게 중요한 것을 기꺼이 공유하는가? 다른 사람에게 하지 않았던 말을 하는가? 그가 가치 있는 정보를 조금이라도 주는가?

레오가 미리 준 힌트대로 나는 세르게이가 도착하기 전에 그가 좋아하는 그젤카 화이트골드 보드카 두 잔을 주문해 놓았다. 그것은 레오가 그에 대해 몇 가지 언질을 주었음을 보여 주기 위함이었고, 그 보드카가 나왔을 때 세르게이와 나 사이의 친밀감은 올라갔다. 복잡한 만남이었지만 아마도 당신이 일 가운데에서 겪는 만남보다 더 복잡하지는 않을 것이다. 심리 조작, 기만, 유혹은 어디에나 있다.

세르게이는 레오의 아버지가 여동생의 목숨을 구했던 그날의 이야기를 들려주었다. 감정을 자극하는 스토리였지만 그는 감정을 잘 통제했고, 우리는 유대감이라는 다리를 또 하나 건넜다.

나는 가능한 한 즉흥적인 질문처럼 들리게 하면서, 그에게 또 다른 개방형 질문(open-ended question, 선택지가 미리 준비되지 않고 반응자가 자유롭게 자신의 의견을 나타낼 수 있도록 만든 질문 형태—옮긴이)을 던졌다. "어린 시절 가장 손꼽아 기다리던 명절이나 행사는 뭐였나요?" 이 질문은 내가 어느 때고 사용하는 가장 좋아하는 질문으로, 대단히 흥미롭고 다양한 반응을 일으켜서 사람들과의 어색함을 없애고 그들의 마음을 여는 데 도움이 되었다. 이 질문은 그들을 행복하고 안전하다고 느꼈던 시간과 장소로 되돌아가게 하고, 그들은 이야기를 하면서 만족감을 전달하는 신경전달물질인 도파민과 세로토닌이 조금씩 증가된다. 그는 놀라울 정도로 괜찮은 참치와 흰 송로버섯으로 만들어진 에피타이저를 맛보면서 러시아 정교회의 크리스마스가 어떤 것이었는지 내게 말했다.

"로빈, 정말 알고 싶은 게 뭐예요? 이런 이야기 말고도요." 좋은 신호였다! 그것은 그가 나와 함께한 200달러짜리 점심식사 이상으로 더 많은 것을 나누고 싶어함을 나타내는 첫 번째 단서였고, 그가 먼저 내가 원하는 것을 물었다!(긍정적인 단서 6)

나는 답했다. "당신이 중요하게 생각하는 것과 관심사를 알고 싶습니다. 제가 도움이 될 수 있는 것이 있는지 보려고요."

그는 쾌활하게 고개를 끄덕였다. "당신이 중요하게 생각하는 것은 뭔가요?" 그가 물었다. 좋은 신호였다! 그는 나에게 초점을 옮기고 있었다(긍정적인 단서 2). 나는 그가 좋아지기 시작했다!

"저는 로버트 한센 사건의 여파로 저의 네트워크를 다시 만들고 있어요."

"중요한 이야기 같네요!" 그는 자신이 어떤 기밀사항을 찾고 있다는 인상을 주지 않기 위해 노력하면서 내게 더 상세한 내용을 유도했는데, 내가 FBI 경력으로 치면 꽤 초짜임에도 중요한 일을 맡고 있다는 것이 그에게 인상적이었던 듯했다(긍정적인 단서 8).

나는 대화를 우리가 각자 아주 다르게 자란 어린 시절로 되돌렸다. 일을 위해서가 아니라 본래 나는 호기심이 많기 때문이었다. 유대 관계를 맺기 위해서는 되든 안 되든 당신 본연의 모습을 드러내야 한다. 요즘 사람들은 심리 조작에 매우 익숙하기 때문이다. 조그만 낌새라도 보이면 상대의 가슴은 순식간에 차가워질 수 있다.

나는 보드카 한 잔을 더 마신 후 물었다. "우리가 함께할 수 있는 일이 뭐가 있을까요? 우리 두 나라에게 모두 좋을 만한 일 말이에요." 나는 그가 마음에 들었다. 그는 레오가 말한 대로 믿을 만하고 똑똑한 사람이었다. 내가 물었다. "당신의 관심사는 뭔가요?"

"내 아이들에게 더 좋은 세상을 만들어 주는 것이요. 더 안전하게 요." 그가 분명한 어조로 답했다. 좋은 사람인 척하는, 진부하고 가식적인 답일 수도 있지만 그는 말을 이었다. "저는 가끔 세계무역센터 주변에 있는 로어 맨해튼으로 아이들을… 아이들을 데려갔어요." 그가 갑자기 말을 멈췄다. 만약 그가 러시아 스파이였다면 감정을 드러내지 않고 '세계무역센터'와 같은 문장에서 아이들을 평이하게 언급했겠지만, 그는 아이들을 언급하는 것만으로도 가슴이 울리는 듯했다.

"비행기가 충돌했을 때 저는 아이들이 어디에 있는지, 다음에는 또 어떤 일이 일어날지 알 수 없었어요." 그의 표정은 의연했지만, 그는 갑자기 말을 멈췄다.

침묵을 메꾸기 위해 나는 말했다. "이해합니다. 아주 충분히요."

"아버지는 어디에 있든 아버지죠." 그는 말했다(긍정적인 단서 9).

"물론이죠. 우리의 최우선 과제는 항상 아이들의 안전이죠."

"음…." 그는 머뭇거리며 말했다. "제가 당신과 위험을 무릅쓰고 이야기를 나누는 것은, 단지 저희 둘이 함께 알고 있는 그 친구에 대한 호의에서 나온 겁니다. 만약 당신이 그와의 관계를 소중히 여기고 계속 만남을 이어가고 싶다면, 오늘 나눈 이야기는 우리 둘 사이에서만 남아야 합니다. 그는 분명히 당신의 신중함을 이해할 겁니다."
(긍정적인 단서 10)

신뢰의 단서들이 더욱 빨리 나오고 있었다. 이게 일반적이다. 신뢰는 신뢰를 불러온다. 내가 말했다. "이 자리에 올 때 저는 무엇을 기대해야 할지 확신할 순 없었지만, 우리의 친구가 당신에 대해 가지고 있는 따뜻한 감정에 비추어 봤을 때 희망적이었어요. 제가 바라던 만남 이상입니다."

연어와 캐비어로 구성된 그의 메인요리에 작고 바삭바삭한 야채 튀김이 곁들여 나왔다. 세르게이는 크림과 레몬잼을 바른 빵에 캐비어를 조금 펴 바르며 말했다. "언제 다시 한 번 만나시죠."(긍정적인 단서 3)

"모국의 특수 서비스에서 일하는 친구들이 있나요?" 내 물음에 그가 대답할 것이라고 생각하지 않았지만, 역시나 그는 대답하지 않았다. 하지만 그는 내 질문에 기분이 상하지 않았음을 보여 주기 위해 옅은 미소를 띠었다.

꼬치꼬치 캐묻는 질문 같지만 그런 의도는 아니었다. 나는 사람들을 알아가는 게 좋다. 그저 더 궁금해서 물어본 것이었다. 하지만 알고 싶어 하는 이유를 그가 묻지 않아서 좋았다. 편안한 마음이 들었다. 그래서 나는 그에게 가장 좋아하는 어린 시절의 기억 중 하나를 꼽아달라고 했다. 마음을 편안하게 할 만한 좋은 생각을 떠올리게 하는 또 다른 질문이었다.

그는 아버지와 함께 러시아의 전통 시골집인 다차dacha를 지었던 추억을 말해 주었다. 나는 그에 비하면 단출하지만 우리 가족이 호수로 떠났던 캠핑 여행에 대해 말해 주었다. 나는 식사 자리에서 유일하게 노동자 계급의 배경을 가진 사람이 되는 것을 즐겼고, 그 역시 예상외의 내 이야기를 관심 있게 들었다.

그러고 나서 그는 이렇게 말했다. "나는 당신이 바라는 것들을 많이 도울 수는 없습니다." 나는 크게 실망하진 않았다. 그 시절에도 나는 중요한 사람과 관계를 쌓는 것이 당면한 문제를 해결하는 것보다 대체로 더 가치 있음을 알고 있었다. "하지만 테러에 대해 제가 어떻게 생각하는지 궁금하시다면…?" 그가 내 마음을 읽었을 때 제시가 떠올랐다.

"궁금합니다."

"모국에 제게 신세를 진 사람이 있어요. 당신에게 도움이 될 만한 것들을 말해 줄 수 있고, 그게 우리나라와 저에게도 도움이 될 수도 있겠죠."(긍정적인 단서 5) 그가 이어서 말했다. "협력 관계가 맺어진다면 제가 계속 관여하겠습니다. 그로 인한 위험은 제 문제지 당신 문제가 아닙니다. 물론 당신 일이 성공적으로 되면 제게도 큰 이익이 될 겁니다."(긍정적인 단서 4)

그러고 나서 그는 놀라운 선물을 내 무릎 위에 떨어뜨렸다. 그것은 지금도 기밀 사항이다. 하지만 적어도 그것이 그의 본국 러시아, 그리고 러시아에 반기를 들고 있는 다른 공화국의 여러 반군 민병대에 침투한 테러리스트들과 관련이 있다는 정도는 밝힐 수 있다.

그들에 대한 작전을 계획한다면 미국의 국가 안보에 좋은 것이었다. 그 작전은 알카에다의 지리적 확산을 제한할 것이고, 그들이 모여 있게 만들어, 식별 가능하고 작전 가능한 대상으로 남게 할 수 있었다.

"물론 대사관 사람들에게는 당신과 제가 화기애애한 점심식사를 했다고 말하지 않을 겁니다. 하지만 아마도 차후에는 우리 두 사람 모두 더 높은 직위에 오를 것이고, 아마도 그때쯤이면 두 나라 사이의 관계도 강화되어서 우리는 지금보다 더 공개적으로 협력할 수 있을 겁니다."(긍정적인 단서 7)

당신이 분명 알아차렸겠지만, 결과적으로 많은 생명을 구하게 된 이 만남은 첩보 영화에서 보던 심리 조작도 없었고, 서로 아부를 떠느라 안달이 난 두 사람 사이의 야합도 아니었다. 그저 두 명의 관리자가 모여 이성적이고 정중한 방식으로 개인적으로 유사하다는 것과 이해관계가 일치한다는 것을 확인한 자리였다.

그게 전부였다.

우리는 디저트를 주문해서 말없이 편안하게 먹었다. 결국 우리 둘 다 정부를 위해 일했으니 디저트를 즐길 자격이 있었다.

미국은 세르게이가 건네 준 정보를 가치 있게 이용했다. 그리고 그 정보는 두 초강대국을 과거 오랜 기간보다 더 가깝게 만들었다.

비록 오래가지는 못했지만 가능성을 보여 주었다. 그리고 이성적인
세계에서는 다시 가능할 수도 있다.

9·11의 기억,
다시 신뢰할 수 있는가?

"세르게이!"

2017년 8월, 우리는 다시 만났다. 2009년 이후로 처음이었다. 내
가 뉴욕에서 워싱턴D.C.에 있는 FBI 본부로 친한 동료를 따라 자리
를 옮긴 후 우리의 대화는 멈춰 있었다.

나는 워싱턴으로 옮기고 싶지 않았지만, 내 전임 관리자였던 동
료와 서로 동맹을 맺고 있었고, 그 동맹은 내가 뉴욕에 머무르는 것
보다 더 중요했다. 그리고 내가 계획한 바는 아니었지만 결국 행동
분석센터를 맡게 되는 좋은 결과로 이어졌다. 이에 대해서는 나중에
다시 언급하겠다.

경력과 성공 측면에서 보면 돈을 좇다가 좋은 친구를 사귀는 사
람도 있고, 친구를 따랐다가 돈을 잘 버는 사람도 있다. 두 가지 접근
법이 모두 효과가 있지만, 나는 후자 쪽이 훨씬 더 예측 가능하고 우
려가 적다는 것을 알게 됐다. 엉성한 계획이 항상 실패하는 것은 아
니다.

"다시 만나게 되어 반가워요!" 세르게이가 나를 안으며 말했다.

"슬픈 때에 만나게 됐네요."

우리는 레오의 장례식이 끝난 후 따로 자리를 가졌다.

세르게이는 우리 둘의 친구를 위해 모스크바에서부터 날아와 조의를 표했다.

"방금 빅토르를 봤어요." 내가 말했다. "가슴 아파하고 있지만 할아버지만큼 강하니까 잘 견뎌낼 수 있을 거예요." 빅토르는 레오가 유언장에 남긴 대로 그의 멋진 엽총을 내게 주었다. 그는 내 덕분에 건강하게 지내고 있고 미국에 계속 머물 수 있었던 데 대해 거듭해서 감사하다고 말했다. 나는 그의 할아버지를 신뢰하는 법을 배웠고, 그의 할아버지는 나를 신뢰하는 법을 배웠고, 레오와 나는 빅토르가 미국을 신뢰하는 법을 배우도록 도왔다.

세르게이와 나는 아이들, 아내, 지나온 일을 과거에 그랬던 것처럼 서로 자연스럽게 주고받았다.

장례식에서 모두의 유일한 적은 시간이다. 시간만이 나이를 들게 하고, 나이가 듦에 따라 우리는 쇠하고 결국 죽음을 맞기 때문이다. 하지만 아이러니하게도 망자가 있는 장례식에서도 속절없이 시간은 흘러가고, 우리가 다시는 볼 수 없는 사람과 아쉬운 작별을 고하는 순간에, 우리는 켜켜이 쌓아 왔던 망자와의 소중한 기억과 의미를 떠올리게 된다.

세르게이와 레오에 대한 기억은 신뢰가 내 삶을 떠났던 9·11 직후의 기억을 되살렸고, 나는 왜 내가 누군가를 다시 신뢰해야 하는지 자문할 수밖에 없었다. 하지만 그것은 마치 "왜 사랑하는가?"라고 묻는 것과 같다.

2017년, 러시아와 미국은 냉전 체제 이후로 볼 수 없었던 마비된 듯한 분위기에 갇혀 있었다. 그 지독한 갈등만으로도 "왜 신뢰해야 하는가?"라는 질문에 간단하게 답할 수 있다. 이성적으로 행동하는 것이 양자택일보다 낫기 때문이다.

"저는 두 달 후에 은퇴해요." 세르게이는 그젤카 화이트골드를 두 잔 따르면서 말했다. 당신이 흥미를 느낄 만한 글로벌 기업에서 일할 예정이에요." 나의 반응을 살피듯 나를 보며 그가 말했다. 첫 만남의 기억이 되살아났다.

"그럼 제가 전화 드릴까요?" 내가 물었다.

"네. 우리가 같이 할 수 있는 일이 앞으로 더 많아요."

"그럼 그때까지."

"우리의 친구를 위하여!"

우리는 잔을 부딪쳤고, 유대감이 다시 살아났다.

흔들림 없이 내 편이 되어 줄 사람인가?

Sign #1. 동맹

주요 문장: "우리 셋은 싫으나 좋으나 끔직한 역사적 순간에 운명을 같이 하게 돼서, 우리는 서로 어떻게 행동할지를 잘 알았다."

주요 메시지: 다른 사람의 성공에 동맹한다는 것은 그의 성공이 나에게 이득이 될 것이라는 믿음을 바탕으로, 솔직함으로 그와 동맹해서 그가 성공할 수 있도록 적극적으로 돕는 것이다. 동맹은 용기와 지력을 필요로 한다. 제대로 동맹을 맺어야만 동맹이 성공할 수 있다.

요점

1. **동맹을 맺는 것은 자신의 이익을 바탕으로 한다.** 그래서 동맹은 미덕으로 간주되지 않는다. 하지만 동맹을 통해서도, 특히 장기적인 관계에서 감사와 우정이 이루어질 수 있다. 누군가와 동맹을 맺는 것은 본질적으로 투자의 한 형태다.
2. **동맹은 비즈니스에서 흔히 볼 수 있는 일이다.** 또한 대부분의 직계 가족 구성원들 사이에서, 때로 친구 사이에서 볼 수 있으며, 특히 그 우정이 업무적인 유대관계에서 확장되어 이루어진 것이라면 더욱 그렇다.
3. **동맹은 팀워크에 생기를 불어넣는 가장 강력한 힘이다.** 직업적으로도 그렇고, 개인적으로도 그렇다.

신뢰와 불신이 전달되는 네 가지 주요 방법

언어적 표현은 상대가 무엇을 원하는지 알 수 있는 가장 직접적인 수단이다. 상대가 원하는 것을 준다는 것은, 신뢰와 정직, 서로의 이익을 추구하는 동맹을 구축하는 데 가장 좋은 방법이다.

비언어적 표현(일반적으로 보디랭귀지로 알려진)은 말과 행동이 다를 때 진심을 전달하거나 해석할 수 있는 효과적인 방법이다.

행동은 말보다 정직하다. 행동은 여섯 가지 신호 중 가장 강력한 단서가 되기도 한다. 과거의 행동은 그가 어떤 사람인지 드러낸다면, 현재의 행동은 서로에게 이익이 된다면 앞으로도 계속 동맹을 맺을 수 있는지 예측할 수 있게 하는 훨씬 더 강력한 단서다.

의도는 관찰과 말을 통해 알 수 있으며, 당신의 목표, 꿈과 얼마나 일치하는지 알게 한다.

당신의 성공에 동맹 의지를 드러내는 열 가지 긍정적인 단서

1. 자신의 업무 속도와 방식을 당신에게 맞춘다.
2. 당신의 최우선 과제, 이익, 성공을 중심으로 이야기한다.
3. 당신과 함께할 수 있는 다른 것들을 적극적으로 알아본다.
4. 같이 하지 않는 것이 자신에게 좋을 일에도 나서서 당신과 함께한다.
5. 당신을 위해 다른 사람에게 뭔가를 부탁한다.
6. 당신이 부탁하지 않았는데도 먼저 나서서 도움을 준다.
7. 회사 안팎에서 당신을 칭찬하고, 당신과 함께한 일임에도 당신의 공로로 돌린다.
8. 당신의 성취에 대해 진심으로 기뻐한다.
9. 당신을 자신의 사회적인 관계에 끌어들인다.
10. 당신에게 깊은 비밀을 공유한다.

당신의 성공에 동맹 의지가 없음을 드러내는 열 가지 부정적인 단서

1. 상사가 당신을 승진에서 제외시키고 다른 사람을 승진시킨다.

2. 당신이 자신과 다르다고 말한다.

3. 당신을 중요한 회의에 배제시킨다.

4. 당신의 사소한 실수를 중대한 실수라고 과장한다.

5. 당신이 다른 곳에서 더 잘할 것 같다고 말한다.

6. 당신이 아이디어를 제시할 때 부정적인 비언어적 표현을 보인다.

7. 당신에 대한 불미스러운 소문을 언급한다.

8. 당신과 대화하는 동안 스마트폰을 보거나 자리를 비운다.

9. 다른 사람들보다, 당신에 대한 칭찬에 훨씬 더 인색하다.

10. 당신의 생각과 의견에서 부정적인 부분을 찾는다.

4

두 번째 신호: 관계 지속성

관계를 오래 지속할 의사가 있는 사람인가?

위험한 비밀 접촉, 그를 파악할 시간이 없다

역사적 격변 시기의 아이러니는 그 당시에는 역사적 순간이라고 못 느낀다는 것이다. 그 순간의 뜨거운 열기는 단지 흥분 정도로 느껴질 뿐이다.

영웅적인 행동도 마찬가지다. 사람들은 보통 자신이 영웅적인 행동을 하고 있음을 인지하지 못한다. 그저 너무 정신이 없거나, 너무 지쳤거나, 겁먹은 상태일 뿐이다. 그리고 흔히 영웅이라는 칭호는 나중에야 부여된다.

비밀공작에는 또 다른 아이러니가 있다. 역사적 사건, 영웅적 행동, 그리고 그것들을 탄생시킨 사건들을 숨겨야 한다는 것이다. 말 그대로 비밀공작이기 때문이다.

그래서 사람을 제대로 평가하고 예측 가능성을 높일 수 있는 믿을 만한 시스템을 갖추는 것이 더욱 중요하다. 그런 시스템이 없으면 논리와 현실은 사라질 수 있고, 영웅적 행동조차도 우리가 원하는 대로 역사를 흐르게 할 수 없다.

9·11 테러가 일어난 후 몇 달간 세상이 급변하고 시간이 느리게 흘러가는 것처럼 느껴지던 때, 나는 역사를 바꾼 영웅을 만났지만 그의 공헌에 제대로 감사함을 느끼기까지는 수년이 걸렸다. 나는 시간이 흘러서야 격동의 시기에는 볼 수 없던 시야가 열린다는 것을 알게 되었다.

내가 이 영웅과 같은 남자를 알게 된 것은 세계무역센터가 무너진 후 FBI 뉴욕 지부가 임시 사무실로 사용한 항공모함 인트레피드호에서 근무할 때였다. 그때 뉴욕시에 있는 모든 FBI 수사관은 오로지 9·11과 관련된 정보 수집과 활동으로만 업무 영역이 제한되어 있었다. 우리의 일반적인 업무였던 새로운 안보 기회를 창출하고, 새로운 스파이를 포섭하고, 미국의 안보를 보호하고, 수많은 글로벌 프로젝트를 지원하는 등 사전 예방 성격의 케이스들은 전부 미루어진 상태였다. 그만큼 세계무역센터의 붕괴는 우리에게 가장 최악의 사건이었다. 적어도 그 당시에는 그래 보였다.

그래서 레오가 어느 봄날 아침 전화를 걸어 아웃사이더스 클럽의 또 다른 회원을 만나야 한다고 했을 때 나는 어떻게 해야 할지 몰랐다. 그 회원은 9·11과 아무 관련이 없어서, 그를 만나는 것이 의미가 있을지 불확실했고, 그래서 상부의 허락을 받을 수 있을지도 불확실했다. 하지만 레오는 긴장한 듯한 목소리로 그 회원에게서 들은 아주 짧으면서도 분명한 내용을 내게 반복해서 강조하며 말했다.

연방 정보 당국자와 접촉하게 해 달라는 것이 주된 내용이었고, 매우 긴박한 내용인 듯했지만 명확한 이유는 제시하지 않았다. 향후에 비밀 정보원이 될지도 모를 그 회원은 다른 비밀 정보원이 그렇듯 극도로 주의를 기울이고 있었다. 그가 수수께끼 같은 간접적인 도움을 요청하며 "우리 모두 죽음을 피할 수 없다"는 말로 대화를 마쳤다고 레오는 전했다.

사람들이 UFO를 보았다며 FBI에 제보하는 경향이 있으며, 게다가 9·11 이후에는 시민들의 제보가 더욱 빗발치던 때였다. 하지만 레오는 우리의 러시아 친구인 세르게이도 이 사람이 누구인지 알고 있으며, 그를 보증했다고 말했다. 그 말을 들으니 좀 더 현실적으로 들렸다. 불과 몇 주 전에 처음 만난 세르게이지만, 그와의 관계가 오래 지속될 것 같다는 생각이 들었다. '첫눈에 신뢰하기'의 전형적인 예였다.

하지만 첫 만남부터 신뢰에 빠지는 일은 드물며, 누군가를 평가하는 데 있어서 신뢰의 부분은 상대가 당신을 오래 유지하고 싶은 관계로 보는지를 확인하는 것이 더 효과적이다. 상대가 당신과의 관계가 오랫동안 이어질 것이라고 생각할 때 대개 당신에게 잘 대해 준다. 왜냐하면 결국 좋든 나쁘든 어떤 결과를 맞게 될 것임을 알기 때문이다. 이는 인간 본성의 많은 법칙 중 하나일 뿐이다. 사회과학의 많은 원리는 자연과학만큼이나 거의 실용적이고 예측 가능하다.

나는 레오의 말을 빠르게 메모해서, 레오를 제대로 보게 해 준 나의 제다이 마스터 제시에게 갔다. 그때 제시는 거의 매일 나에게 새로운 것을 가르쳐 주고 있었고, 이날 역시 한 수를 배우게 될 것이라 기대했다.

나는 '죽음을 피할 수 없다'는 말로 끝나는 메모를 그에게 읽어 주었다.

"'우리 모두 죽음을 피할 수 없다'는 게 무슨 의미죠? 협박인가요?"

"그가 직접 한 말은 아니야. 예전에 케네디 대통령이 연설에서 핵전쟁이 가까워졌음을 가리키며 한 말이지. 그러니 그를 만나라고 말하고 싶네. 지구를 구해. 바쁘지 않으면."

나는 이런 류의 사건을 맡을 준비가 전혀 되어 있지 않다고 느꼈다.

"그 남자를 만나보시는 게 어때요?"

"그는 나를 몰라."

"저도 마찬가지예요."

"그는 자네를 알아. 클럽에 있는 자네 친구들을 통해서 말이야. 그는 그 친구들을 신뢰하고 그들은 자네를 신뢰하니, 그는 자네가 자기를 신뢰하리라고 믿고 있어."

나는 그가 복잡하게 나열한 대명사들을 찬찬히 따져본 후 그의 말을 이해했다. 그는 '첫머리 효과'에 대해 이야기하고 있었다. 첫머리 효과는 FBI에서 자주 사용하는 용어로, 서로 아는 친구가 있을 때 그 친구에 대한 신뢰가 서로에게로 전이된다는 의미였다.

"하지만 이 건은 9·11 테러와 관련된 게 아니어서, 제가 하고 싶어도 맡을 수 없어요." 나는 초조해서 사무실을 왔다 갔다 했다.

"로빈, 숨 좀 돌려! 고민하지 마."

"어떻게 고민하지 않겠어요?"

"수사관들은 고민하지 않아, 생각하지."

그 말을 듣는 순간, 내가 그 말을 항상 기억하게 될 것임을 알았다. 나처럼 걱정이 많은 유형의 사람들은 감정적으로 쉽게 흔들리기 때문에, 제시의 말은 내게 중요한 조언으로 남았다. 대개 우리 자신이 우리의 최고의 적이다. 나는 실수할까 봐 스스로 지나치게 과민해진 것이었다.

하지만 이 일 이후에도 이성적으로 생각하고, 시스템을 따르며, 발로 뛰어 열심히 수집한 정보에 근거해 일하기까지는 시간이 걸렸다. 일이 잘 풀리지 않으면 나는 이내 걱정에 사로잡히고는 했다.

"같이 차고로 가서 내 친구를 만나세." 지난 여러 달 동안 각 부문의 책임자들이 일하고 있는 FBI 임시 본부의 차고를 의미했다.

가는 길에 제시는 그의 친구인 특별수사관 잭 존슨은 관료적인 부분을 깨고 일을 추진하는 데 능하다고 말했다. "그는 그냥 주어진 일만 하는 사람이 아니야." 그가 그때까지 한 최고의 칭찬 중 하나였다. 제시는 사람의 이력이 아니라 사람 자체를 아꼈다. 그는 지금까지 자신이 성공적으로 일해 올 수 있었던 비결이 성공적인 사건 처리 결과나 오랜 경력 때문이 아니라 믿을 수 있고 예측 가능한 인간관계에 있다고 생각했다. 그래서 그는 자신이 의지할 수 있고, 또 역으로 자신에게 의지하는 사람을 찾기 위해 많은 노력을 기울였다. 그렇게 맺어진 관계들은 사건을 맡을 때마다, 자리를 옮길 때마다, 그리고 개인적인 일들로 끊이지 않고 계속해서 이어졌다. 좋은 관계를 맺고 유지하는 것은 언제나 개인의 마음과 의지에 달려 있다.

제시의 친구는 그의 지휘소 역할을 하는 차고의 피크닉 테이블에 앉아 있었다. 우리는 그에게 이야기를 들려주었고 그는 이렇게 말했다. "이 일을 진행하기 위해서는 정보원이 직접 제보 전화를 걸어야 해. 그래야 9·11 관련 사건이 아니더라도 사건이 배정될 수 있어."

정보원은 직접 통화하지 않을 것이다. 레오의 말에 따르면 그는 분명 익명을 원했다.

내가 말하기도 전에 제시는 자신의 전화를 꺼내 의사를 묻듯이 친구를 바라봤고, 제시의 친구는 어깨를 으쓱이며 고개를 끄덕였다. 그들은 빠르게 비언어적 의사소통을 주고받았다.

잭은 격식대로만 일하는 사람이 아니었다. 그는 자신에게 주어진 시간에 자신만의 방식으로 일했다. 제시는 제보 전화를 누르고 워키토키처럼 생긴 그의 새 전화기를 내게 건넸다. 나는 그의 전화기를 보고 경외감이 들었다. 몇 발자국 떨어진 책상에서 전화벨이 울렸고, 우리는 서로 얼굴을 마주 본 가운데 나는 제보 사항을 보고했다.

"로빈 드레이크에게 배정해 주시겠습니까?" 나는 고개를 끄덕이는 제시의 친구를 보았다. 그는 "알겠습니다"라고 말하고 전화를 끊었다.

"한 가지 조건이 있네." 잭이 말했다. "로빈, 난 자네가 누군지 모르니 이 일에 제시가 지원해야 해."

제시가 말했다. "로빈은 내가 필요하지 않아. 하지만 나는 기꺼이 로빈을 도울 거야." 잭이 갑자기 새로운 눈으로 나를 보는 듯했다. 그때부터 잭은 나와 동맹 관계가 되었다. 나는 신뢰가 빛의 속도로 옮겨질 수 있다는 것을 배웠다.

베테랑 요원들에게 신참 요원을 지원하라고 하면 기겁하겠지만 제시는 그렇지 않았다. 제시는 감정적으로 휘둘리지 않았고, 사람을 읽는 초능력 같은 것이 있었다. 그는 누구나 할 수 있는 것이라고 했지만 나는 할 수 없다, 절대로. 그래서 나는 시스템을 구축하려는 것이다.

우리가 새로운 비밀 정보원을 만나러 가는 동안, 나는 제시에게 우리의 당면 과제가 무엇인지 물었다.

"친구가 되게. 최대한 빠르게. 하지만 그의 속도를 존중하면서 가야 해. 우리가 너무 세거나 빨리 밀면 그는 달아날 거야. 항상 그의 시각으로 바라봐. 그리고 그를 금방 좋아하지는 마."

우리는 뉴욕 소호거리에 있는 조용한 식당에 도착했다. 그는 이미 도착해서 내가 들어본 적이 없는 어떤 차를 마시고 있었다. 좋은 신호였다. 시간 엄수는 존중을 나타내고, 그가 마시는 차를 포함해 개인적인 기호를 드러내는 것은 솔직함을 나타낸다. 한편 수사관은 대화를 통제하기 위해 먼저 도착해야 한다.

아난이라는 가명의 그 남자는 매우 외향적이고 호감이 가는 사람이었고, 우리가 대화를 이끌어가게 했다. 아난의 말에 의하면 그는 핵무기로 무장한, 세계에서 몇 안 되는 나라 중 한 나라의 권력자와 아주 가까웠다. 그의 나라는 또 다른 핵보유국과 과거의 상처가 다시 불거져서 최근 대치 중이라고 했다. 9·11에 모든 관심이 쏠린 탓에 미국의 레이더에서 크게 벗어나 있지만, 이 문제가 일촉즉발의 위기로 심화되고 있었다.

우리가 알던 정보는, 두 나라 모두가 외부에 알려지지 않았지만 서로에게 영향을 미치는 요인들을 많이 가지고 있고, 이들 지도자는 미국이 그다지 신뢰하기 어려운 사람들이라는 것이 전부였다. 이제 두 나라는 제2차 세계대전 이후 세계를 괴롭혀 온 핵 악몽의 시나리오에 빠져 있었다.

제시는 아난이 매우 진지하게 말하고 있다고 생각하는 듯했다. 아난을 바라보던 제시의 표정을 잊을 수가 없다.

시기가 그보다 더 나쁠 수는 없었지만, 그것 또한 아마도 누군가의 계획의 일부였을 것이다. 세계에서 강력하다고 손꼽히는 정부들은 이미 위기를 넘어 공황상태에 다가서고 있었고, 이 갈등은 지역적으로, 그리고 어쩌면 국제적으로 대참사를 일으킬 수도 있는 티핑 포인트처럼 보였다.

두 나라 모두 미국에 매우 적대적이어서, 미국이 쉽게 2차 표적이 될 수 있었다. 하지만 아난은 미국이 이 위험한 상황에 개입해서 대치 상황을 가라앉히는 중재 역할을 해 주길 원했다. 제시는 이 정보가 뉴스거리가 되기 전에 국가의 주요 의사결정자들에게 보고되길 바랐다. 아난은 종종 개인적인 정치적 의도를 가진 사람들을 상대하는 것이 두렵다고 거듭 말했다.

그의 표현을 그대로 빌리자면, 그는 자국 정부의 '꼭대기'에 있는 사람을 알고 있으며, 가장 높은 수준의, 가장 비밀스러운 외교 관계를 가진 소수의 사람들만 관련시키는 것이 이 상황을 완화시킬 최선으로 생각한다고 말했다. 그는 사실상 모든 정부를 움직이고 있는 비인격화된 권력 장치들을 신뢰하지 않았다.

그는 우리와 함께 있는 것을 드러내기가 걱정스러운 듯, 주위를 의식하며 불안해하는 것 같았다. 새로운 비밀 정보원에게서 보이는 아주 흔한 모습이다. 제시는 아난에게 불안해하는 것 같다고 직접적으로 말했다. 감추지 않는 것이 제시가 일하는 방식이었다.

아난은 제시가 알아챈 것에 대해 감사해했다. 아난은 자신이 하고 있는 일이 자신의 나라에 있는 다른 사람들과 정반대 입장이며, 몇몇 다른 정보원의 분노를 촉발할 수 있다고 말했다. 그의 나라에서는 정치적 이유로 인한 암살이 오래 전부터 흔히 있어 왔기에 우리는 그에게 일어날 수 있는 위험과 그가 얼마나 크게 용기를 냈는지 이해했다.

아난과 나에게는 몇 가지 공통점이 있었다. 나는 해병대 소속이긴 했지만 우리 둘 다 해군 장교 출신이었다. 같은 또래의 자녀가 있고, 낚시를 좋아하며, 헌신적인 아빠이자 남편이었다. 우리는 독서 취향이 비슷했고 스스로를 인내심이 강하다고 여겼다. 그는 심지어 "무슨 일이 생겼는지가 아니라, 그것에 어떻게 반응하는지가 중요하다"는 고대 그리스 로마의 철학자 에픽테토스의 인용구에도 익숙했다.

하지만 나는 내가 그를 신뢰했는지, 그가 나를 신뢰했는지 확신할 수 없었다. 내가 그에 대해 정말 뭔가 알게 된 건지, 그가 나에 대해 뭔가를 알게 된 건지 알 수 없었기 때문이었다. 우리 둘 다 서로에 대해 알아갈 시간이 부족했다. 일반적으로 첩보 활동은 느리게 이루어지는데, 이는 첩보 활동이 거의 신뢰에 기반을 두고 있기 때문이며, 신뢰를 구축하는 일이 설령 우리가 일상적으로 하는 일일지라도, 신뢰가 생성되려면 수년이 걸릴 수 있기 때문이다.

우리가 차에 돌아왔을 때, 나는 그 어느 때보다도 더 압박감을 느꼈다. 제시는 중요한 일을 맡고 있다는 것이 그저 흥미진진한 듯했고, 긴장한 내 모습에 재미있어했다.

제시가 말했다. "걱정하지 말게. 조금만 더 궁리하면 돼. 자네가 그와 전반적인 상황에 대한 자료를 좀 더 얻을 수 있다면 좋을 거야. 하지만 하루 이틀 안에 해내야 해."

"제가 그렇게 할 수 있을까요?"

그는 어깨를 으쓱했다. "서두르면 되지."

"네."

"하지만 정신 바짝 차려. 집중하고, 효율적으로 일해."

"네."

두려웠기 때문에 나는 아직도 그때의 세세한 순간까지 기억한다. 만약 이 남자가 우릴 재앙으로 이끌며 교묘히 심리를 조종하는 것이라면? 그의 나라는 내가 알아 온 이래로 대부분의 기간 동안 미국에 적대적이었다. 만약 그가 알카에다 조직원이고, 레오를 속여서 내게 접근한 것이라면? 그가 그냥 미친 사람이라면? 여러 걱정과 생각이 들었다.

그 후 며칠이 지나도록 나는 사람을 평가하는 데 일종의 속성 메커니즘이 필요하다는 것을 전혀 깨닫지 못했다. 제시는 자연스럽고 빠르게 사람을 파악했지만, 나는 제시가 아니었다. 내게 한 달 정도 시간이 있었다면 이 남자를 알 수 있을 것 같았다. 내가 그를 지난 1년 동안 알았더라면 걱정이 없었을 것이다. 하지만 내겐 한 달, 일주일조차도 시간이 없었다. 시간은 내 편이 아니었다.

관계를 맺는 데 필요한 속도

앞서 말했듯이, 사람에 대한 정보를 모을 수 있는 가장 좋은 방법 중 하나는 그저 오랫동안 그를 알고, 상대가 '당신을 계속해서 알고 지낼 것처럼' 느끼게 하는 것이다. 그러면 사람들은 책임감을 가지고 행동한다.

하지만 행동 분석과 관계 형성에서의 가장 큰 걸림돌은 '시간이 오래 걸린다'는 점이다. 그러나 올바른 기술을 통해 시간이 미치는 영향을 바꿀 수 있다.

알베르트 아인슈타인이 남긴 유명한 말처럼, 시간은 특히 행동 측면에서 볼 때 매우 상대적이라는 사실을 인식하면 크게 도움이 된다. "미모의 여성과 2시간 동안 앉아 있을 때는 1분처럼 느껴지지만, 뜨거운 난로에 1분 동안 앉아 있을 때는 2시간처럼 느껴진다. 그게 상대성이다."

사람을 파악하는 데 아주 효과적인 방법은 상대의 강점을 인지하고, 자신의 매력적인 장점도 상대방에게 보여 주는 것이다. 그럴 때 함께 보내는 시간은 서로에게 있어 빠르게 흘러갈 것이고, 상대에 대한 당신의 통찰력은 건강해져서 두 사람은 예측 가능한 관계로 빠르게 깊어질 것이다.

하지만 그렇지 못할 경우에는 직선적인 시간의 범위에 갇히기 쉽다. 이럴 경우 당신과의 관계가 오래 지속될 것이라고 생각하는 사람은 거의 없다. 기술의 발전으로 인해, 점점 더 근시안적이고 순간적인 자극에 이끌리는 모바일 사회가 되면서 더욱 그렇다.

하지만 당신과 오랜 관계를 맺을 것이라고 믿는 사람을 발견했을 때, 당신은 그가 더 정직하고 관대하게, 더 기꺼이 당신의 목표를 지지할 것이라고 합리적으로 예측할 수 있고, 상대는 아마도 당신의 목표가 자신의 목표와 '연결'되어 있다고 인식할 것이다. 그래서 우리는 신뢰의 신호가 상호보완적이고 시너지 효과가 있음을 다시 한 번 알게 될 것이다.

상대방이 스스로 당신과의 오랜 관계를 기대함을 깨닫는다면 더없이 좋겠지만, 당신이 먼저 그 믿음을 주기 시작해도 비슷한 효과가 있다. 예컨대 룸메이트, 이웃, 회사의 동료 등 어느 상황에서라도 그 믿음은 강력하다. 어느 상황에서 관계가 형성되더라도 비슷한 결과와 기회가 생긴다.

나의 행동분석 동료인 잭 셰이퍼Jack Schafer 웨스턴일리노이대학교 교수는 시간에 대한 인식을 바꿀 수 있는 세 가지 요소로 지속 시간, 강도, 근접성을 꼽았다. 이 세 가지는 관계를 맺는 데 필요한 속도를 당겨 준다. 또한 그는 내게 시간에 대한 인식을 앞당기는 몇 가지 비결을 알려 주었다. 내가 오랫동안 익힌 주요 기술들은 다음과 같다.

관계를 맺는 속도를 앞당기는 다섯 가지 기술

1. 경험을 강화하라.

당신은 아마도 하루 안에 많은 경험을 할 때 하루가 더 길게 느껴진다는 것을 알 것이다. 국토 횡단 비행과 같은 단순한 지리적 변화를 경험할 때도 설령 시간대가 변하지 않더라도 시간을 확장시킬 수 있다. 짧은 만남이더라도 오랜 시간 만난 것처럼 느끼도록, 그 시간을 강렬한 경험으로 가득 채우라. 예컨대 전투 중인 병사들이나, 당신과 함께 충격적인 사건을 겪는 사람들이 이런 경험을 한다. 사랑에 빠지거나, 함께 휴가를 가거나, 영화를 보러 가거나, 승진해서 점심을 사는 것과 같이 행복한 사건에서도 경험이 강화된다.

사람들을 반복되는 일상으로부터, 편안하게 느끼거나 혹은 안주하고 있는 환경 밖으로 데리고 나가 강렬한 경험을 하게 하라.

2. 관계를 기념하라.

기념은 그 순간을 저장하고, 시간의 흐름을 인식하며, 시간을 확장시키는 힘을 가진다. 매주 금요일에 사람들이 좋아하는 커피를 사무실에 가져오거나, 기념일에 메모를 보내라. 추억을 나누는 것만으로도 효과가 있다.

3. 만남 후 바로 신뢰하라.

만남 후에 바로 사람들을 신뢰하라. 이는 시간을 확장하며, 이성을 유지하면 생각만큼 위험하지 않다. '도베랴이 노 프로베랴이, 신뢰하되 검증하라'를 기억하면 된다(운율이 있어서 러시아어로 기억하는 것이 훨씬 쉽다).

신뢰하되 검증하면, 웬만한 거의 모든 사람이 하는 일에 대해 신뢰할 수 있다. 그들을 신뢰할 수 없을 경우라도, 당신이 여전히 그들을 우호적으로 대하면 그들은 당신에게 신뢰감을 주려고 조금이라도 노력할 것이다.

4. 상대의 가치를 드러내라. 그러면 당신과의 결속감이 높아지고, 그의 정직함과 관대함이 촉진된다.

이럴 때 상대는 당신 곁에 머물고 싶다고 느낀다. 그 느낌에 따라 행동하게 되는 즐거움의 순간이 이어지면, 직선적인 시간은 놀라울 정도로 늘어날 수 있다.

사람들은 종종 시간이 멈춘 것 같은 자유를 우정에서 경험한다. 만약 당신이 그런 소중한 순간들을 직업적인 관계로 가져올 수 있다면, 사람들은 당신에게 자신의 최고 모습을 보여 주려 할 것이다.

5. '신뢰 코드'를 해독하라.

나는 먼저 펴낸 책에서 '사람들이 당신을 신뢰하도록 하는' 5대 교류 원칙인 '신뢰 코드Code of Trust'라는 시스템을 만들었다.

우리는 보통 '우리를 신뢰하지 않는 사람들을 신뢰할 수 없기 때문'에 신뢰 코드는 '행동 예측을 위한 여섯 가지 신호'와 유사하다.

그래서 믿을 수 있는 사람들을 찾는 가장 좋은 방법 중 하나는 신뢰 코드를 역분석해서 '그들의 관점에서' 당신을 바라보는 것이다. 나는 이 역분석 과정을 '신뢰의 해독decoding trust'이라고 부른다.

당신이 평가하려는 상대방의 관점에서 신뢰 코드의 5대 원칙을 자신에게 적용해 보았을 때 당신이 신뢰할 만한 대상으로 보이지 않는다면, 당신은 다음의 5대 원칙을 진정으로 따름으로써 상대에게 당신의 신뢰를 보여 주라.

- **제1원칙: 자의식을 잠시 중단하라.** 당신이 자기중심적이라고 생각되면 상대는 당신을 싫어하게 될 것이고, 당신은 더 이상 그들의 가장 좋은 측면을 볼 수 없을 것이다. 그들은 당신을 경계하고, 불쾌해하고, 방어적이게 되며, 종종 불친절하게 대할 것이다. 그들은 당신이 공정하다고 믿지 않을 것이며, 당신 또한 상대방에 대해 똑같이 느끼게 될 것이다. 하지만 이 상황을 바로잡기 위해 그들의 관점에서 바라보고 그에 맞게 행동하면 그들의 가장 좋은 부분을 볼 수 있게 될 것이다.

- **제2원칙: 인정하라.** 만약 상대가 당신이 자신을 인정하지 않는다고 생각하면, 그는 당신을 떠나서 자신을 인정해 줄 누군가를 찾을 것이다. 모든 사람이 마찬가지다. 당신이 열린 마음으로 그가 좋아하는 것, 싫어하는 것, 경험, 능력, 상대가 가진 문제에 대해 이야기한다면, 그는 당신과 함께할 때 편안함을 느낄 것이고 있는 그대로의 자신을 드러낼 것이다. 그럴 때 당신은 대개 그들의 모습을 좋아하게 될 것이다. 왜냐하면 대부분의 사람은 상식적인 예의를 가지고 있고,

상식적인 예의는 인류의 공통되는 기반이기 때문이다.

- **제3원칙: 판단하지 말라.** 당신이 누군가를 판단하면, 비록 상대가 평소 사람을 판단하지 않더라도 그 또한 당신을 판단하려 할 것이다. 그가 당신을 판단하기 시작하면, 당신은 그의 친절, 지성, 공정한 판단을 더 이상 보기 어려울 것이다. 그는 당신을 떠나고 관계는 끝날 것이다.

- **제4원칙: 이성적으로 행동하라.** 이성적으로 대하면, 대개 그 사람 또한 당신을 이성적으로 대한다. 당신이 이성적이고 공정할 때, 상대도 그런 당신의 인식에 맞춰 행동할 것이고, 그러면 당신은 그를 신뢰하고 존중할 이유가 충분해질 것이다.

- **제5원칙: 베풀라.** 당신이 베풀지 않으면 사람들도 당신에게 똑같이 이기적으로 대하고 싶어진다. 일방적인 관계를 원하는 사람들은 아무도 없다. 사람들이 기대하는 것보다 조금 더 주려고 노력하라. 만약 당신이 사람들을 위해 조금 더 노력하면, 그들은 당신의 노력을 기억할 것이다. 그 기억으로 그들은 당신에게 고마워할 것이고, 친절하고 현명한 행동으로 당신에게 보답하려 할 것이다.

당신이 이 상식적인 규범에 따르고 있음을 알게 되면, 대부분의 사람이 당신에게 최선의 모습을 보일 것이다.

신뢰 코드를 사용하는 또 다른 방법은 사람들에게서 이 다섯 가지 특성을 찾는 것이다. 이 특성들을 찾기란 아주 쉬우며, 이 코드를 신중하게 따르는 사람은 보통 매우 예측 가능하고 일관적이다. 그들은 투명하고, 당신이 어떤 생각을 하는지 알고 싶어 하며, 자신에게 중요한 일 대신에 당신에게 중요한 일로 대화를 나눈다. 그들은 당신의 의견을 이해할 만한 것으로 받아들이며(의견에 적극 동의하지는 않더라도), 그들은 누군가가 버럭 화를 내고 감정적인 게임을 하려 할 때 감정적으로 휘둘리기를 거부한다.

나는 이 코드를 수천 명의 FBI 요원들과 민간 부문의 수천 명의 사람들에게 가르쳤다. FBI 요원들은 이 코드를 빨리 익혔다. 수사에 매우 유용하기 때문이다. 내가 프레젠테이션을 했던 회사의 세일즈 마스터들도 마찬가지다. 사실상 그들은 자신들의 경력 기간 내내 이 코드를 직관적으로 따라 왔기에 더 잘 이해했다. 영업에 실패하는 사람들은 대체로 그렇지 않다. 마찬가지로, 이 코드를 따르려고 가장 많이 노력하는 FBI 요원들은 대개 그들 자신의 일을 매우 중요하게 여기는 사람들이다.

당신이 신뢰 코드에 따라 대하는 사람은 평소 방어적인 태도를 보이더라도 당신에게는 진실을 말하려 한다.

자기중심적이고, 자기 잇속만 차리며, 오로지 남에 대한 비난으로 가득 찬 사람들보다, 베풀고, 겸손하고, 합리적이고, 타인을 판단하지 않는 사람들이 더욱 자주 성공하는 것이 아이러니하다고 생각하는 사람들이 있다. 나는 그렇게 생각하지 않는다. 비록 우리는 기만적인 사람들이 권력과 돈을 축적하는 세상에 살고 있지만, 그들은 자주 사람들의 신임을 잃고, 그나마 남아 있던 소수의 친구들을 잃고, 과정을 즐기지 못한다.

지금쯤이면 당신은 신뢰할 수 있고 의지할 수 있는 사람과 그렇지 않은 사람 사이의 차이를 알 것이다. 지금의 나는 사람을 읽는 것이 쉽지만, 그것은 오로지 내가 신뢰를 나타내는 단서들을 시스템화하였고 그것을 적용하기 때문에 가능한 일이다. 이제 당신에게 단서들을 어떻게 '해독'할 수 있는지에 대해, 더 자세하고 쉽게 설명하려고 한다.

신뢰의 단서에 대해 더 깊이 알아보기

앞에서 언급했듯이 신뢰를 나타내는 단서들은 항상 객관적이고, 분명하며, 관찰 가능한 행동이어야 한다. 사람들은 그러한 행동을 반복적으로 하기 때문에, 이후에도 그러한 패턴이 지속될 것으로 예상할 수 있다.

이 단서들은 도덕성이나 호감을 나타내는 것이 아니라, 단지 '예측 가능성'을 나타낸다. 이 단서들은 '행동 예측을 위한 여섯 가지 주요 신호'를 가장 잘 보여 주는 지표다.

신뢰와 불신의 단서가 전달되는 네 가지 방법을 확인하는 보다 자세한 내용은 다음과 같다.

신뢰와 불신의 단서 알아채기

1. 사람들의 행동을 통해서

● 행동은 말보다 더 분명하게 의중을 나타내고 결과로 드러나므로, 단
서 중에서 가장 정확하다.

● 현재 또는 아주 최근의 행동은 가장 좋은 단서가 되지만, 오랜 기간
지켜 본 과거의 행동 또한 중요하다. 하지만 이 행동들은 객관적이
고, 관찰 가능하며, 검증 가능한 기록이나 참고자료에 의해 입증되어
야 한다.

● 가장 중요하게 보아야 할 현재의 행동 중에는 당신의 행동에 대한 상
대방의 반응이 있는데, 그 반응은 실시간으로, 현실에서, 두 사람이
이해하는 맥락 안에서 발생하기 때문이다. 행동은 명시적인 목표 및
의도와 일치해야 한다. 목표나 의도와 일치하지 않는 행동은 나쁜 단
서다.

2. 언어적 의사소통을 통해서

● 대부분의 사람은 자신의 신념과 입장을 정직하게 말하려고 한다. 자
신이 원하는 것을 얻을 수 있는 최선의 방법이기 때문이다. 사람들
은 자신의 생각을 함부로 판단하지 않는 사람과 공유하는 것을 좋아
한다. 언어적 표현의 내용은 합리적이고, 타당하며, 사실적이고, 판
단하지 않아야 한다. 여기서 벗어나는 말은 온전히 신뢰할 수 없다.

● 전달 방식은 단순하고, 명확하며, 정중해야 하고, 토론 전략이나 비

합리적으로 감정에 호소하는 것과 같은 교묘한 속임수가 없어야 한다. 의사소통을 잘하는 사람은 적극적으로 듣고, 즉각적이고 직접적인 대답과 질문을 자발적으로 하며, 질문은 지나치게 많이 하지 않는다.

3. 비언어적 표현을 통해서

- **보디랭귀지**는 언어적 메시지와 완전히 일치해야 한다. 이 둘이 일치하지 않으면 중고차 판매원의 거짓말 같은 의사소통 방식이 나오게 된다. 언어적 표현과 비언어적 표현이 현저하게 다르면, 그 사람의 거짓 약속, 거짓말, 숨겨진 사실, 과장, 불성실한 언행을 경계하라. 이 중 한 가지라도 있을 경우, 그 사람과의 협업이 성공하긴 어려울 것이다.

- **얼굴 표정**은 가장 분명하게 드러나는 보디랭귀지의 형태이며, 그래서 가장 쉽게 해석할 수 있다. 스트레스를 드러내는 가장 흔한 얼굴 표정은 억지웃음, 어색한 아이콘택트, 주름진 이마, 찡그린 눈썹, 굳게 다문 입술 등이 있다. 당신에 대한 편안함을 나타내는 긍정적인 얼굴 표정에는 잦지만 지나치지 않은 아이콘택트, 한쪽으로 약간 기울어진 고개, 들으면서 적당히 가늘게 뜬 눈, 가끔 올라가는 눈썹, 자연스러운 미소 등이 있다.

- **몸짓**은 말과 실제로 느끼는 감정 사이의 단절을 드러낼 수 있으며, 스트레스를 나타내는 몸짓은 팔짱끼기, 이 악물기, 아래로 향하거나 보이지 않도록 둔 손바닥, 눈에 띄게 경직되거나 맥없이 늘어진 자세, 뒤로 살짝 돌아서거나 심지어 출구 쪽을 향하는 자세 등이다.

솔직하고 편안한 몸짓이나 자세는 편안한 분위기를 강화한다. 약간 기울인 자세로 서거나 앉기, 차분하고 부드러운 움직임, 집중과 동의를 나타내는 가끔의 머리 끄덕임, 듣는 동안 앞으로 몸을 기울이기, 말하면서 복부를 드러내거나 손바닥이 위를 향하게 하기 등이 이런 행동이다. 비언어적 의사소통 분야의 일부 전문가들은 상대의 움직임에 미묘하게 일치시키라고 조언하기도 하지만, 상대방이 당신이 이런 행동을 하고 있음을 알아차린다면 오히려 역효과가 일어난다.

4. 말로 드러내고 행동으로 관찰되는 의도를 통해서

- 암시적이거나 가정된 의도는 특히 신뢰할 수 없다. 상대방의 의도를 믿으려면 의도를 분명히 나타내는 신호를 발견하거나, 적어도 타당하고 분명한 말을 들었을 때여야 한다.

- 상대방의 의도를 가장 잘 드러내는 말은 그의 단기, 장기, 궁극적인 목표에 대한 설명이다. 이 중에서 그의 단기적인 목표가 당신에게 가장 즉각적인 영향을 미치겠지만, 그의 궁극적인 목표는 그의 본연의 모습, 그가 무엇을 중요하게 생각하고 최선의 이익으로 여기는지 가장 정확하게 드러낸다.

- 상대방이 언급하는 의도에는 자신의 최선의 이익에 대한 생각이 명확하게 반영되어 있어야 한다. 그렇지 않으면 그 의도는 아마도 오래 가지 못할 것이다.

다음은 사람들이 당신과 오랜 관계를 맺을 것이라고 생각하지 않음을 나타내는 가장 흔한 열 가지 단서다. 이런 단서들을 보이는 사람들은 판단하기가 훨씬 더 어렵다. 이러한 불신의 단서가 발견되면 주의하라!

때때로 당신은 당신이 좋아하는 사람들과 당신을 좋아하는 것으로 보이는 사람들에게서 이런 단서들을 보게 될 것이다. 그들의 호의는 매우 진실할 수도 있지만, 속는 경우가 없도록 하라. 호의는 신뢰, 믿음직함, 능력과 동일하지는 않다.

오래 지속될 관계를 기대할 수 없는 열 가지 부정적인 단서

1. 상사가 종종 당신의 이름을 잊어버리지만 신경 쓰지 않는 것 같다.

무시하는 태도이며 많은 것을 시사하는 단서다. 모든 사람이 다른 사람들의 이름을 잘 기억하는 것은 아니지만, 대부분의 사람은 자신의 미래에 중요할 것이라고 생각하면 그 사람의 이름을 놀라울 정도로 잘 기억한다.

2. 당신이 임시 계약으로 고용되어 있는데 계약 연장을 언급하지 않는다.

임시직으로 일하는 것이 애초부터 좋은 징후는 아니지만, 만약 당신이 인상을 남길 만큼 오랫동안 머문 직장일 경우에는 훨씬 더 나쁜 단서다. 용기를 내서 합리적인 방법으로, 상사와 회사의 더 나은 자원이 되기 위해 무엇을 할 수 있는지 물어보라. 이러한 직접적이고 적극적인 대응을 통해, 당신이 가지고 있을 성격 중 소심함이나 자존감의 부족을 극복할 수 있을 것이다.

앞서 내가 언급했던 일반적인 비언어적 표현을 주의 깊게 관찰하라. 과도하게 공격적으로 보이지 않도록 몸을 전체적으로 약간 비켜 서는 자세 또한 비언어적 표현이다. 다른 우호적인 비언어적 표현으로는 기울어진 머리, 낙관적인 표현, 끊임없되 부담스럽지 않고 자연스러운 아이 콘택트 등이 있다.

명확성과 투명성이 부족한 미온적인 반응이 돌아오면, 당신이 다른 사람보다 더 잘할 수 있는 역할이나 서비스를 찾아서 시작하라. 그것이 더 오래 머물 수 있는 유일한 길일 수 있다.

3. 상사가 당신과 업무 외에는 개인적 차원의 대화를 하지 않는다.

고용 초기에는 흔한 일이지만, 만약 상사가 당신을 인간 대 인간으로 대하지 않는 것처럼 보인다면, 직장에서의 인간관계, 또는 인간적인 면에서는 실패하고 있는 것이다.

당신의 있는 모습 그대로 행동하라. 당신이 모자란 사람만 아니라면 그것은 위험한 전략이 아니다. 아마도 당신이 제 위치에서 제 역할을 하고 있다는 존재감을 드러내고 서먹함을 깰 것이다. 상사가 자신이 잘 모르는 사람들에게 작별 인사를 건네기는 쉽다. 그러니 상사가 당신에게 해고 이야기를 꺼내기 힘들도록 만들어, 해고 가능성을 줄이라.

4. 중요한 정보를 비슷한 직책에 있는 다른 직원들보다 당신이 늦게 듣는 경향이 있다.

당신이 주요 정보 라인에 속해 있지 않다는 의미다. 이유를 알아보라. 회사에서 살아남으려면 '상황 인식'이 필요하다. 생존은 대체로 매력과

거의 무관하다. 맡은 일을 해내는 사람이 생존할 수 있다.

기업 관료주의에서 살아남는 것이 힘든 시대이기 때문에 적극적으로 행동해야 한다. 당신의 일을 좀 더 생산적으로 할 수 있게 해 주거나 상사나 동료 또는 다른 사람들에게 도움이 되는 일에 대해 듣지 못했을 때에 대한 당신의 우려를 사람들과 공유하고 그들의 성공을 위해 어떻게 정보를 더 잘 전달받을 수 있을지 조언을 구하라.

정보나 상황 인식 능력이 없는 수동적인 사람들은 종종 소외되며, 왜 자신의 경력이 성공하지 못하는지 모른다.

5. 상사가 당신의 경력에 관한 장기적인 목표에 대해 묻지 않는다.

매우 나쁜 신호이자 부정적인 침묵의 언어다! 상사에게 당신의 목표를 공유할 수 있는 대화를 할 수 있는지 물어보라. 아마도 그들은 당신이 현재 위치에 그대로 있길 바라고, 정체되어 소모품으로 남는 것에 만족한다고 생각하고 있었을지도 모른다.

'그들의' 목표는 무엇인지 정중하게 물으며 대화를 시작하는 것도 좋은 방법이다. 당신이 그들에 대해서 아는 것보다 그들이 당신에 대해 더 많은 것을 알 것이라고 기대하지 말라. 기억하라. 당신 우주의 중심은 당신이고, 그들 우주의 중심은 그들이다.

6. 일과 관련된 모임에 당신이 배제된다.

이것은 사람들이 당신의 이름을 잊거나, 당신에게 일적인 것 이외의 다른 것에 대해서는 말하지 않는 것과 비슷하다. 인간은 인간처럼 행동하고 교류할 때만 인간답다. 그렇지 않다면 정체성 없는 직능 자체일 뿐이다.

당신을 좋아하거나 존중해 주는 것 같은 사람에게 집중해서, 퇴근 후에 술이나 식사를 같이 하거나 점심을 같이 먹자고 제안하라. 긍정적인 비언어적 표현을 기르도록 노력하라. 회사와 사무실 사람들 간에 정보를 공유하는 소셜 네트워크가 있는지 확인하라.

7. 동료 직원이 당신에게 무례하다.

다른 사람들이 당신에 대해 좋지 않은 말을 해서 그런 것은 아닌지 알아보라. 사람들은 생각보다 더 남에 대해 이야기하기를 좋아한다. 사람들이 사고 현장을 구경하는 것을 좋아하는 것처럼 남의 이야기에 끌리기 때문이다. 같은 방식으로 대응하지 말고 초연해지도록 하라.

8. 당신이 자진해서 자신의 역할을 확장하려고 하는데, 상사가 그 제안을 거절한다.

많은 사람이 경험하는 일이다. 만약 계속해서 상사가 당신의 제안을 거절하면, 그것은 당신이 그저 조직의 톱니바퀴라는 의미다. 이미 누군가 그 역할을 하고 있기 때문일 수도 있다. 상사에게 중요한 것이 무엇인지 이해하고, 그들에게 무엇이 부족한지, 어떻게 당신이 도움이 될 수 있는지 물어보라. 손쉽게 대체 가능한 직원이라고 여겨지면, 놀라운 속도로 해고될 수도 있다.

당신 스스로 먼저 역할을 확대하기 시작하라. 당신 주변에 있는 사람들이 대가없이 당신에게서 도움을 받고, 당신의 역할이 앞으로도 지속되기를 원하게 되면, 그들은 당신이 회사에 남길 바랄 것이다.

9. 당신의 존재를 환영하지 않는 파벌들이 주위에 있는 것처럼 느껴진다.

당신이 피해망상에 빠져 있는 것이 아니다. 아마도 당신의 느낌이 맞을 것이다. 당연히 파벌은 배타적이기 때문이다.

그 일원이 되려면 모든 비즈니스 문화에서 가장 어렵지만 보람 있는 재주 중 하나를 선보이라. 바로 겸손하게 행동하는 것이다. 겸손함은 믿을 수 없을 만큼 만족스러운 결과로 돌아온다. 겸손은 신뢰를 얻기 위한 '필수 기본과정'이다. 겸손한 사람들을 거부하기란 어렵다.

10. 상사가 당신의 동료들과 미래에 대해 이야기하는 자리에 당신을 빼놓는다.

아마도 그들은 당신을 미래의 중요한 일부로 보지 않기 때문일 것이다. 그런 그의 생각을 바꾸기 위해서 미래에 대해 물어보라. 당신이 관심이 있음을 보여 주라. 당신이 미래의 일부가 되기를 원할 뿐 아니라 미래를 만들어 나가기 위해 다른 직원들도 돕고 싶다는 뜻을 분명히 밝히라. 그렇게 해서 당신의 의지가 그들의 의지에 포함되게 하라.

사람들은 자신의 이익을 위해 최선을 다하기 때문에, 당신의 존재가 그들의 이익을 증진시킨다면 당신이 조직에 머물게 될 가능성이 훨씬 더 클 것이다.

핵 전쟁의 위험 앞에서, 아난과의 두 번째 접촉

아난과의 두 번째 만남에서 가장 힘들었던 부분은 상부로부터 승인을 받는 것이었다. 제시와 내가 핵전쟁이 일어날 수도 있다는 첫 번째 접촉 결과를 보고했을 때, 우리는 훨씬 더 직위가 높은, 위험을 회피하려 하는 상사와 부딪혔다. 그는 이 뜨거운 감자에 대한 처리가 잘못될 경우 자신의 경력과 승진을 망칠 수 있음을 우려했다. 그는 나보다 경험이 더 많은 사람이 필요하다며 우려를 표했다.

나는 제시가 나를 믿는다는 것을 알고 있었고, 내 능력에 대한 그의 우려에 겁먹지 않았다. 그 사건을 주도적으로 통제하는 데 있어서 가장 중요한 요소는 바로 나 자신을 통제하는 것이었다. 나는 그의 시각을 심각한 문제가 아니라 내가 시스템을 관리하고 내가 가진 관계들에 대한 전략을 짤 수 있는 기회로 보았다. 제시가 내가 스스로 단서를 찾도록 허락했을 때 그랬던 것처럼, 나의 태도 변화는 믿을 수 없을 정도로 나 자신을 자유롭게 했다. '걱정하는 대신 생각하고' 과정만큼이나 사람들에게 초점을 맞추는 새로운 초능력을 갖게 된 기분이었다.

나는 여전히 상황을 통제하고 싶었지만, 때로는 상황이 자유롭게 흘러가도록 두되, 그저 내가 원하는 방향으로 상황을 이끄는 데 필요한 일을 하는 것이 최선이다. 그렇게 하면 보통 상황 전개에 도움이 되어, 상황이 알아서 올바른 방향으로 찾아간다.

새로운 상사와 이야기를 나누면서 나는 그의 시각에서 상황을 보기 시작했고, 모든 자세한 정보 보고를 통해 내가 그의 우려를 충분히 이해하고 있음을 분명히 나타냈다. 거기에는 내가 작전을 맡는 것에 대한 비판적인 시각도 포함되어 있었다. 자신에 대해 비판적 태도를 가지지 못할 이유는 없다. 진심이 담긴 정직한 자기 비판적 태도는 사람들이 당신을 존중하고 칭찬하게 만드는 훌륭한 방법이다. 당신이 먼저 자신의 단점에 대해 투명하게 생각하고 당신의 계획에 스스로 의문을 던지면, 종종 사람들은 당신의 주장을 옹호하는 주장을 펴기도 한다. 자신의 단점을 투명하게 드러내는 것은 처음 몇 번은 두렵지만, 분명 놀라운 효과가 있다.

이 전략은 나에 대한 상사의 태도를 바꾸었다. 그는 여전히 나의 능력을 검증하려 했지만, 나를 사건에서 배제하는 대신에 계속해서 맡게 할 이유를 찾기 시작했다. 그러고 나서 나는 아난이 준 모든 작은 세부 정보들에 대해 밤낮으로 끝없이 파고들었고, 다른 국가안보 기관들의 정보와 비교하면서 재확인했다. 아난이 제공한 모든 정보는 완벽하게 확인되었다.

결국 나는 그 작전을 계속해서 맡도록 승인받았다.

접촉을 준비하기 위해(FBI에서는 이를 '접촉 설계crafting the encounter' 과정이라고 한다) 나는 아난이 가장 좋아하는 차를 파는 맨해튼의 티하우스에서 차를 산 뒤, 멋진 호텔의 방을 빌려 아난에게 차를 대접할 준비를 했다. 나는 우리의 만남을 좀 더 신경 써서 준비했다는 것을 보임으로써 호감을 한 단계 더 높여서 협력의 속도를 높이려고 노력하는 중이었다.

나는 '경험'을 강화하는 것에 대해 걱정할 필요가 없었다. 언제든지 핵 버튼을 누를 수 있는 사람들 덕택에 우리의 경험은 자연스럽게 강화되고 있었다.

그런데 내가 산 차는 그가 좋아하는 핑크빛이 아니었다. 그래서 나는 차 주전자에 식용색소를 한 방울 넣은 다음, 아난이 로비에서 전화를 걸어오기를 기다렸다. 그가 전화를 하자 나는 그의 나라를 연상시키는 찻잔에 분홍색 차 한 잔을 따랐다. 그러다 그만 차를 다리에 쏟고 말았다. 식용색소는 잘 지워지지 않아서, 나는 아난이 내가 바지에 소변을 봤다고 생각하길 바랐다.

하지만 그는 그렇게 생각하지 않았다. 나는 그가 나의 천진난만한 속임수를 꿰뚫어보고, 자신이 그걸 알아차렸다는 사실에 스스로 흡족해했을 것이라고 생각한다. 아마도 그 또한 합리적인 처신과 신뢰를 높여서 협력에 속도를 내길 자연스럽게 원했을 것이다.

결과는 훌륭했다! 그는 나의 실수와 노력에 더욱 마음을 열었고, 자신이 고국의 대통령과 매우 가까운 친척이라는 사실을 밝혔다. 제시와 내게 매우 고무적인 사실이었다. 주된 임무가 대개 'No'인 관료들의 장벽을 힘겹게 통과해야 할 필요가 없게 됐기 때문이었다.

하지만 아난에게 있어서 대통령과 지나치게 가까운 관계는 좋기도 하고 나쁘기도 한 것이었다. 내가 이미 말한 바와 같이, 그의 나라는 고위급 암살로 문제를 해결하려는 분위기가 이어져 왔기 때문이다. 만약 그가 제안한 작전이 잘못되면, '아난의 친척'은 끌어내려져 수감될 것이고, 현재 미국에 있는 아난과 그의 가족은 평생 동안 불안한 날들을 보내게 될 수 있었다.

하지만 이 접촉에서 얻게 된 가장 소중한 정보는 '아난의 친척'이 사실상 대외적인 이유에서 미국에 적대적인 척했다는 사실이었다.

해당 지역의 거의 모든 국가가 미국에 공공연히 적대적이므로, 이들 나라를 달래기 위한 목적이었다. 또한 그의 나라에는 급진적이고 반미적인 파벌들이 많아서, 자살 임무를 수행할 능력과 의지가 있는 그들을 무시할 수가 없었다고 한다.

우리는 몇 가지 성명서를 만들어 아난에게 주어 '아난의 친척'에게 전달하도록 했다. 만약 그 지도자가 공개적으로 성명서를 낼 용의가 있고 이것이 세계 언론매체에 보도된다면, 우리는 아난이 한 말과 판단이 진실임을 알게 될 것이었다.

주말이 되자 성명서가 뉴스에 등장했다. 미국은 비폭력적인 협정을 맺기 위해 분쟁에 개입했고, 아난의 친척은 아난이 말한 대로 미국에 대해 독설을 퍼부었다. 그는 준비한 대로 완벽하게 따랐고, 군대가 철수됐으며, 상대국과는 교착 상태를 이루었다.

평화가 이루어졌고, 이 사건은 9·11 이후 세계사의 작은 부분이 되었으며, 내막은 드러나지 않았다.

이것이 아난과의 아주 길고 매우 긴밀한 우정의 시작이었다. 시간이 흐르면서 아난과 나는 오랜 관계에 대한 믿음을 나타내는 모든 원칙을 따랐다. 오랜 관계에 대한 믿음을 나타내는 이런 대부분의 단서들은 일터에서 매우 흔히 발견되며, 보통 직원들과 그들의 관리자 사이에서 발견되지만, 동료 사이에서도 흔하다. 요컨대, 사람 간의 신뢰든, 국가 간의 신뢰든 '모든 신뢰는 신뢰'이고, 신뢰의 가장 기본적인 원칙들은 보편적이다.

다음의 단서들은 여러 상황에 광범위하게 적용 가능하다. 각 단서가 행동분석 과학의 모든 타당한 이론을 탄생시킨 힘인 '인간의 본성'을 직접적으로 반영하고 있기 때문이다.

오래 지속될 관계를 기대하는 열 가지 긍정적인 단서

1. 당신에게 자신의 장기적인 목표에 참여하도록 자주 권한다.

오랫동안 당신이 곁에 있기를 원할 뿐 아니라, 자신의 미래를 당신과 함께하길 원할 만큼 당신을 신뢰한다는 의미다. 이것은 동맹과 오래 지속될 관계에 대한 믿음이라는 두 가지 신호를 동시에 보여 주는 긍정적인 행동이다. 이는 설령 항상 완벽한 파트너 관계는 아니더라도 파트너 관계에 매우 가깝다. 하지만 이는 중요하지 않다. 오래 지속될 관계에 대한 믿음이 더 중요한 단서다.

2. 당신과의 만남에서 특별히 기념할 만한 것을 계속해서 만들고 이어 가려 한다.

즐겨 찾는 음식점에서부터 선호하는 차, 커피 취향에 이르기까지 어떤 것이든 공유할 수 있지만, 특히 장소는 당신과 상대와의 유대관계의 성격을 반영한다.

함께 보내는 특별한 시간들은 당신의 삶에서 상대가 얼마나 중요한지를 표현할 완벽한 시간이 될 수 있다. 이 시간을 통해 긍정적인 행동뿐 아니라 긍정적인 감정이 표현되며, 종종 강한 아이콘택트, 활기찬 표정, 활동적인 몸짓을 포함한 비언어적 표현이 더해진다.

3. 당신을 자신의 영향권에 포함시키려고 노력한다.

설령 다양한 수준의 친밀함과 능력을 가진 사람들이 포함된 규모가 큰 모임일 경우라도, 이것은 당신과 다른 사람들이 하나의 집단에 속해 있음을 보여 주는 특별한 단서다.

진심을 담아 애쓴다는 것은 긍정적인 행동과 긍정적인 감정을 반영하므로 매우 중요하며, 긍정적인 행동과 긍정적인 감정은 대개 도파민과 기분을 좋게 해 주는 기타 신경전달물질에 의해 움직인다. 이러한 감정들에는 종종 강한 아이콘택트, 활기찬 표정, 활동적인 몸짓을 포함한 비언어적 표현 등이 있다.

4. 상사가 당신을 대체할 사람이 없다고 생각한다.

축하한다! 많은 사람이 대체 불가능한 사람이 되려고 최선을 다하지만 그 꿈을 이루는 사람은 많지 않다.

상사가 대체할 사람을 찾는 것은 대개 다른 숙련된 직원이 채울 수 있는 자리이기 때문이기도 하지만, 때로는 여러 가지 이유로 부하 직원이 장기간 근무에 따르는 보상을 받는 것을 원하지 않기 때문이다. 만약 당신이 계속해서 뛰어난 성과를 내고 있고 희생적으로 일하고 있음에도 합당한 보상을 받지 못하고 있다면, 설령 상사가 같이 일하기에 즐거운 사람이라고 할지라도 당신은 신뢰하지 않아야 할 사람을 위해 일하고 있는 것이다. 하지만 상사가 당신의 특별한 가치를 인정하고 당신의 가치를 높일 방법을 찾는다면, 당신은 그를 신뢰해도 좋을 것이다.

5. 상사가 주기적으로 당신을 승진시키는 등 보상을 해 준다.

설령 미미한 경우라도, 당신이 주목받고 인정받았다는 의미다. 대개 장래에도 당신의 고용 안정성이 확보되어 있음을 나타내는 강한 신호다. 또한 만약 당신이 중대한 실수를 하더라도 아마도 직장을 잃지 않을 가능성이 높다.

직장에서의 이러한 인정은 다른 직원들에게 당신이 업무를 잘 처리하고 있다는 메시지를 전달해서, 보통 당신에 대한 존중과 배려 그리고 협력을 강화한다. 이 모든 호의는 당신의 장기근속 가능성을 강화하고, 직장에서의 당신의 장기근속은 호의를 강화한다.

6. 당신에게 장기간의 관계를 나타내는 혜택을 준다.

필요에 따라 근무 시간을 조정할 수 있는 자율권을 주는 것도 혜택의 한 예다. 상사는 당신이 제때 일을 해낼 수 있다고 믿기 때문이다. 사무실 인테리어 선택, 넉넉한 휴가 일정, 우수 사원 혜택도 있다. 설령 당신이 높은 급여를 받지 못하더라도 이들 단서는 상사가 당신과 오랫동안 함께할 계획임을 나타낸다. 당신의 상사는 말보다 강력한 행동을 통해 당신과 계속 일하고 싶다는 바람을 표현하는 것이다.

고용될 때 이런 단서들이 나타나기도 하는데, 이는 고용 안정성을 나타내는 좋은 신호다. 때로는 성취에 대한 보상이기도 한데, 이는 훨씬 더 좋은 경우다. 어느 경우든 이들 단서는 상사에게 깊은 인상을 줘야 한다는 긴장감을 덜어 준다. 그리고 보통 고용 불안정으로 인해 억제되는 경향이 있는 창의성을 당신이 발현할 수 있도록 해 준다.

7. 상사가 당신이 세미나, 컨퍼런스, 연수, 대학 수업에 참여하도록 장려한다.

교육 참가 시간이 근무 시간에 포함되는지, 회사가 비용의 일부 또는 전부를 지불하는지를 통해 이 단서에 대해 특히 잘 알 수 있다.

장기근속을 할 것으로 기대되지 않는 사람들에게는 이런 기회를 거의 장려하지 않는다. 힘 있는 상사가 당신의 역량과 지식을 증진하는 데 적극적으로 관여할 때, 이는 당신의 고용 안정을 의미할 뿐 아니라 상사에게 당신이 더 가치 있는 직원이 되며, 또한 상사의 경쟁자들에 비해 상사의 가치가 더 높아지는 기회가 된다. 이는 당신이 힘을 더 가지게 되는 데 도움이 된다.

상사가 교육 참여를 권했을 경우 주저하지 말고 상사에게 감사 편지를 보내라(당신의 어머니가 바른 예절에 대해 알려 주신 대로 말이다).

8. 업무와 관련된 모임에 당신을 포함시킨다.

당신의 됨됨이를 인정하고, 다른 동료들도 당신을 알기를 바란다는 것을 보여 준다. 이 두 가지 의미 모두 당신의 장기근속에 영향을 미친다. 동료 또는 상사가 당신을 조직의 톱니바퀴가 아닌 한 사람으로 생각할 때, 당신에게 문제가 발생해도 더 인내심을 갖고 기다려 준다. 직장 내의 다른 사람들이 당신을 친구로 여긴다는 것을 알게 되면, 직장 사람들은 당신을 훨씬 더 존중하게 된다.

이 단서는 만약 그 활동들이 직위상 당신보다 위에 있는 사람들로 대부분 구성되어 있을 경우 특히 더 중요한 의미를 가진다. 그것은 당신을 일반적인 사원에서 '가족 일원'으로 격상시키는 단서다. 소규모의 직장에서 이 단서는 비교적 흔하며, 사실상 장기적인 관계와 고용을 위한 필요 요건이다.

9. '당신'이나 '나'라는 말 대신에 대개 '우리'라고 말한다.

장기간의 목표나 조직의 미래에 대한 논의 중에 이 단서가 나타나면, 당신에 대한 유대감이 언어로 순수하게 드러난 것이다!

그저 예의상 유대를 나타내는 '우리'라는 말을 사용하는 사람들도 있으므로, 그들이 그런 대명사를 사용하는 사람이 당신 외에 누구인지, 그들이 자신의 미래에서 당신이 일정한 부분을 차지함을 나타내는 다른 어떤 말을 하는지를 살펴보는 것이 중요하다.

또 다른 단서는 사람들과의 관계에서 장기간에 걸쳐 대명사의 사용이 점차적으로 '나'에서 '우리'로 바뀌게 되면, 그동안 그들과의 관계가 깊어졌고 시간의 검증을 견뎌냈다는 의미다. 신뢰를 형성하는 다른 많은 요소들처럼, 당신이 먼저 '우리'라고 말하는 것이 도움이 될 수 있다. 신뢰할 수 있는 사람을 찾을 수 있는 가장 확실한 방법 중 하나는 언제나 그렇듯이 그들을 신뢰하는 것이다.

10. 당신의 진정한 가치와 고마움을 안다.

당신이 오랫동안 일을 잘하면 사람들은 당신이 하는 일이 아마도 쉬울 것이라고 짐작하는 경우가 있다. 안타깝게도 이는 매우 흔한 일로, 이런 잘못된 짐작을 한 번쯤 해 보지 않은 사람이 없을 것이다. 오만함 때문이나 감사함이 부족해서 잘못 짐작하는 것이 아니다. 나 자신 외에 아무도 나를 완전히 이해할 수 없는 것은 인간 본성의 법칙이며, 때로는 나조차도 자신을 이해하지 못한다.

그렇다 할지라도, 우리는 각자 홀로 고통을 겪으면서도 함께 살아남을 수 있다. 그러므로 당신의 성취 하나하나를 전혀 예상을 뛰어넘는 성공으로 생각해 주는 사람이 있다면, 그들을 믿고 당신의 미래를 함께할 수 있다.

여기서 언급한 단서의 대부분을 2018년 아난과의 마지막 접촉에서 발견했다. 앞 장에서와 같이, 나는 각 단서에 순서를 매겨서 당신이 찾아 볼 수 있도록 했다.

나의 가장 오랜 비밀 정보원

아난은 결국 나의 가장 오랜 비밀 정보원이 되었고, 나의 가장 친하고 오래된 친구이자 동료 중 한 명이 되었다. 일부 기업 문화는 동료 간의 감정적 유대관계가 판단을 흐리게 하고 위계질서를 흐리게 할 것을 우려하지만, 나는 인간의 삶에서 가장 강력한 두 힘인 우정과 일이 합쳐지는 것보다 더 만족스러운 것은 없다고 생각한다.

일과 개인적인 이중의 친밀감은 생존과 사랑에 대한 원초적인 본능을 바탕으로 하는 가족의 친밀감에 버금간다. 우정과 일이라는 두 가지 유형의 상호 작용에 성공하려면, 건강하고 의미 있는 관계가 필요하다. 두 가지 관계가 합쳐지면 관계에서 경험할 수 있는 오류가 줄어든다.

그래서 2018년에 아난이 내게 전화를 걸어 도움이 절실히 필요하다고 말했을 때, 나는 그가 어떤 도움이 필요한지 말하기도 전에 즉시, 내가 할 수 있는 최선을 다하겠다고 말했다. 나는 가장 가까운 사람들 사이에는 그래야 한다고 생각한다. 왜냐하면 그것이 일적인 면에서나 개인적인 면에서 최선의 배려이기 때문이다. 가까운 사람의 부탁이 당신이 할 수 없는 일인 경우는 드물다. 상대는 이미 당신이 할 수 있는 일인지 여부를 잘 알고 있기 때문이다.

"내 친구가 집단 총격과 관련해 언론에 잘못 보도되고 있어." 아난은 말했다. 그날 뉴스를 본 다른 사람들처럼 나도 그 사건에 대해 알고 있었다. 끔찍한 사건이었다.

"잘못된 보도가 나오지 않게 도와줬으면 좋겠어. 하지만 자네가 할 수 없다고 해도 이해해." (긍정적인 단서 10)

"도와줄게. 당연하지. 바로 알아볼게." 나는 곧바로 아난의 말을 검증해 보았다. '도베랴이 노 프로베랴이.' 하지만 나는 17년간의 관계를 통해 그의 부탁이 타당할 것임을 거의 확신했다.

미국 역사상 최악의 총격 중 하나를 막 저지른 젊은이의 아버지가 아난의 친구였다. FBI는 아난의 친구인 그 아버지도 조사했는데, 이 총격범이 종교 극단주의자들과 접촉하는 데 아버지의 컴퓨터를 사용했기 때문이었다. 언론은 그 아버지가 조사받았다는 사실을 보도했고, 비극적인 사건으로 이미 가슴이 여러 갈래로 찢긴 아버지는 무죄로 판명되더라도 영원히 그를 괴롭힐 추측에 휘말리게 됐다.

"두 시간 후에 보세." 나는 아난에게 말했다.

그와 나는 오랫동안 같은 식당에서 만나왔기 때문에, 어디에서 만나자고 말할 필요가 없었다. 우리는 심지어 우리가 2002년에 마셨던 것과 같은 분홍색 차를 주문했다. 그 차는 아난이 그 끔찍한 시기에 용기를 내지 않았다면 체결되지 않았을지도 모를 평화협정을 상징하는 기념비적인 것이었다.

나는 즉시 이 사건을 맡고 있는 FBI의 가까운 동료에게 전화했고,

우리의 신뢰 관계가 오래 이어져 온 만큼 그가 확실하게 일해 줄 것으로 믿고 그와 정보를 공유했다(긍정적인 단서 5). 그는 하던 일을 모두 잠시 중지하고 바로 이 일에 대해 알아보겠다고 말했다(긍정적인 단서 6). 동료의 도움과 기존의 자료, 그리고 나의 정보 제공을 통해 아난의 친구는 거의 즉시 유력한 용의자에서 그 사건에 도움이 되는 정보 제공자로 전환됐다. 나는 이 좋은 소식이 아난의 감정을 움직이게 할 것임을 알았기에, 그를 좀 더 친밀하게 만나고자 식당 밖에서 기다렸다.

내 생각이 맞았다. 그는 나를 보자 아무 말도 하지 않고 나를 끌어안았다. 나는 그가 잠시 혼자 그의 친구와 통화할 시간을 주었다. 그리고 우리는 동지애와 함께 아주 편안한 마음으로 식당으로 들어갔다.

그날, 지금은 훨씬 더 안전해진 고국으로 돌아갈 준비를 하고 있던 아난은 예전의 우리 모습이 담긴 액자를 선물로 주었다(긍정적인 단서 6). 우리는 액자를 오랫동안 조용히 바라보았다. 아마도 각자 드는 생각은 달랐겠지만, 느끼는 감회는 똑같았을 것이다.

아난의 회사 투자에 대한 이야기도 나누었다. 아난은 자신이 시작하는 사업에 투자하기를 제안했지만, 나는 거절할 수밖에 없었다. 그의 제안은 아주 좋은 조건이었지만(긍정적인 단서 5), 연방정부의 윤리 문제가 있어서 나는 투자할 수 없었다. 하지만 그는 내가 곧 FBI에서 은퇴할 것이므로, 나중에 투자해도 좋다며 "나중에 함께할 수 있을 거야"라고 말했다.

나는 그가 내 진심에 귀 기울인다는 것을 알고 있었으므로, 그의 사업이 위험하지는 않을까 걱정된다고 그에게 솔직하게 이야기했다. 나는 그의 타고난 낙천주의가 그의 중요한 원천임을 알고 있었지만, 지나치지 않기를 바랐다(지나친 낙천주의로 인해 그는 새로 마련한 집을 잃기도 했다).

내가 투자 제의를 거절했을 때 그는 아무렇지 않은 척했지만, 나는 그가 실망했음을 눈치 챘다. 나는 그의 눈을 바라보며 손을 내밀어 "미안해"라고 말했다. 오래된 친구 사이에 미안함을 전하기에는 그것으로 충분했다. 우리 둘 다 이 사업이 그동안 우리를 결속시켜 온 것과는 다른 상황임을 알고 있었고, 우리 둘 다 신뢰와 제휴는 항상 '완전한 맥락' 즉, 사람과 상황이 교점을 이루는 곳에서 이루어져야 함을 잘 알고 있었다. 사람과 상황, 두 가지 다 맞아야 한다. 사업 상황은 사람보다 훨씬 더 자주 바뀌기 때문에, 사업 상황에서 개인적인 관계를 유지하기란 참 어려운 일이다.

그가 떠나게 될 것을 생각하니 슬펐다. 비록 그에게 있어 내 역할이 바뀌어 가겠지만, 나는 그와 함께 일했던 시절을 그리워하게 될 것이었다. 나는 은퇴 후에도 국가안보를 위해서 많은 일을 할 것이고, 그를 포함해 오랫동안 관계를 이어온 정보원들과도 함께 일할 것이다. 하지만 그때마다 나는 직접 업무를 맡는 지금과 달리 내가 적임이라고 생각하는 사람들에게 해당 업무를 전달하는 역할을 하고 그들이 중요한 결정을 내리도록 할 것이다. 인생에서 가장 끊임없이 일어나는 일이 변화다. 우리는 변화를 피할 수 없다. 변화는 슬프게 느껴질 수 있고, 그래서 우리는 적어도 추억에 대해 기념하는 시간을 가질 수 있다.

역사적인 순간에 큰 용기를 내야 했던 힘들었던 추억들은 순간 반짝이는 영광의 순간처럼 이내 사라질 것이고, 다시는 오지 않을 것임을 아난과 나는 알고 있었다.

"내 은퇴 파티에 올 거야?" 그에게 물었다.

"물론이지! 내 은퇴 파티이기도 하니까."(긍정적인 단서 4)

"자네 가족을 만나고 싶어. 못 본 지 몇 주가 지났네."

범인으로 오인되던 그의 친구에 대한 걱정이 가라앉은 지금, 새로운 현실이 우리를 무겁게 했다. 그는 곧 멀리 떠날 것이다. 그동안 왕래해 온 우리의 아내들과 자녀들 또한 서로 그리워질 것이다.

"오늘 기쁜 소식 고마웠어." 식당에서 나갈 준비를 하면서 그가 말했다.

"그동안, 그리고 오랫동안 고마웠어. 우리 조국을 위해서 일해 줘서." 내가 말했다.

"우리 조국을 위한 일이기도 했지. 자네를 위해서 한 일이기도 했고."

나는 그가 떠나는 것을 지켜보았다.

수사관들은 걱정하지 않는다. 하지만 때때로 눈물을 글썽거리긴 한다.

관계를 오래 지속할 의사가 있는 사람인가?

Sign #2. 관계 지속성

주요 문장: "상대가 당신과의 관계가 오랫동안 이어질 것이라고 생각할 때, 대개 당신에게 잘 대해 준다. 왜냐하면 결국 좋든 나쁘든 어떤 결과를 맞게 될 것임을 알기 때문이다."

주요 메시지: 사람에 대한 정확한 예측은 종종 그들의 성격, 과거의 행동, 의도만큼이나 현재의 상황에 달려 있다. 현재의 상황을 나타내는 중요한 신호 중 하나는 상대가 얼마나 오랫동안 당신과 가깝고 빈번하게 상호작용할 것이라고 생각하느냐다.

요점

1. **시간:** 당신과의 관계를 오래 지속할 생각을 가진 사람들을 찾는 데 가장 문제가 되는 요인은 보통 시간이 오래 걸린다는 점이다. 하지만 시간에 대한 인식은 다양한 행동 기법으로 바꿀 수 있다.
2. **첫머리 효과:** '즉각적인 신뢰'라는 쉽지 않은 속성을 만들어 내는 FBI 용어다. 즉각적인 신뢰는 긍정적인 행동에 대한 기대가 한 사람에서 다른 사람으로, 상호간에 아는 사람을 통해 전달됨으로써 형성될 수 있다. '신뢰의 전이'라고도 한다.

3. **솔선수범하라:** 당신이 먼저 올바르고 친절하게 행동하면, 상대도 그렇게 행동할 것이라는 예측이 가능하다. 시간에 대한 인식을 확장시킴으로써 이 과정을 크게 앞당길 수 있다. 비밀을 공유하거나 상대가 중요하게 생각하는 일을 돕는 등 정서적이고 실용적인 가치가 있는 것들을 주는 것이 현명하고 신중한 접근방식이다.

신뢰 코드: 타인에게 신뢰를 불어넣기 위한 시스템

1. **자의식을 잠시 중단하라.** 자기중심적으로 생각하지 말라. 당신 자신을 더 중심으로 생각할수록, 사람들은 당신을 싫어하게 된다.

2. **인정하라.** 상대가 어떤 사람인지, 왜 그런 행동을 하는지 이해하라. 그러면 상대는 마음을 터놓을 것이고, 그에게서 좋은 점들을 발견하게 될 것이다.

3. **판단하지 말라.** 상대의 생각과 행동에 무조건 찬성하라는 것이 아니다. 이해하라는 의미다. 사람들은 찬성보다는 이해받고 싶어 한다.

4. **이성적으로 행동하라.** 현실을 직시하고 사실을 중시하라. 사람들을 이성적으로 대하면, 대개 그들도 당신을 이성적으로 대한다.

5. **베풀라.** 당신이 하는 모든 일에 서로 윈윈하면, 언제나 성공할 수 있다.

오래 지속될 관계임을 예측할 수 있는 열 가지 긍정적인 단서

1. 당신에게 자신의 장기적인 목표에 참여하도록 자주 권한다.

2. 당신과의 만남에서 기념할 만한 것을 계속해서 만들고 이어가려 한다.

3. 당신을 자신의 모임에 포함시키려고 노력한다.

4. 상사가 당신을 대체 불가능하다고 본다.

5. 상사가 주기적으로 당신을 승진시키는 등 보상을 해 준다.

6. 장기간의 관계를 나타내는 혜택을 준다.

7. 상사가 당신이 교육받을 수 있는 기회를 장려한다.

8. 업무와 관련된 모임에 당신을 포함시킨다.

9. '당신'이나 '나'라는 말 대신에 대개 '우리'라고 말한다.

10. 당신의 진정한 가치와 고마움을 안다.

오래 지속될 관계임을 기대할 수 없는 열 가지 부정적인 단서

1. 상사가 당신의 이름을 자주 잊어버리지만 크게 신경 쓰지 않는다.

2. 당신이 임시 계약으로 고용되어 있는데, 계약 연장에 대해서 언급하지 않는다.

3. 상사가 당신과 업무 외에는 개인적 차원의 대화를 하려고 하지 않는다.

4. 중요한 정보를 비슷한 직책에 있는 다른 직원들보다 당신이 늦게 듣는 경향이 있다.

5. 상사가 당신의 경력에 관한 장기적인 목표에 대해 묻지 않는다.

6. 일과 관련된 모임에 당신이 배제된다.

7. 동료 직원이 당신에게 무례하다.

8. 당신이 자진해서 자신의 역할을 확장하려고 하는데, 상사가 그 제안을 거절한다.

9. 당신의 존재를 환영하지 않는 파벌들이 당신 주위에 있는 것처럼 느껴진다.

10. 상사가 미래에 대해 이야기할 때, 당신을 언급하지 않는다.

5

세 번째 신호: 신뢰성

자신이 말한 대로 해낼 역량과 성실함이 있는가?

2018년 8월
드론을 통한 대량 살상 무기의 위협

미국이 새로운 대량 살상 무기에 대한 위협을 받기 시작했고, 이에 맞서기 위해 FBI에는 태스크 포스팀이 꾸려졌다.

나도 이 팀에 합류하게 되었고, 팀장이 첫 미팅을 소집했을 때 나는 현재의 위험성에 대한 그의 브리핑을 메모하기 위해 태블릿을 꺼내 들었다. 그는 명석함으로 정평이 나 있었고, 따뜻하고 수용하는 자세가 있는 것으로 보여서, 나는 이 쉽지 않은 임무를 맡은 팀의 리더인 그를 신뢰하지 않을 이유가 없었다. 그의 상사들도 확실히 그를 신뢰하고 있었기에, 나 역시 합리적이고 객관적인 이유로 그를 신뢰할 수 있을 것이라 생각했다.

그를(가명인 '조지'로 부르겠다) 신뢰할 수 있겠다는 생각은 행동 예측을 위한 여섯 가지 신호 중 세 가지 분명한 신호에 의해 뒷받침되었다. 그의 역량과 성실함은 과거에 뚜렷이 일관됐고(세 번째 신호: 신뢰성), 함께 일했던 팀원들의 성공도 중요하게 생각한 것으로 알려져 있었다(첫 번째 신호: 동맹). 또한 상황의 엄중함 때문에 그와 나의 관계가 오래 이어질 것 같았다(두 번째 신호: 관계 지속성).

나는 조지에 대한 어느 정도의 간접적인 정보로 그를 좋아하고 존중하게 되었지만, 국가 안보와 관련해서는 아직 그를 완전히 신뢰하기에 충분하지 않았다. 이 같은 중요한 프로젝트를 책임지는 사람이라면, 앞서 언급했듯이 '역량과 성실함'으로 이루어진 자질 면에서 절대적으로 신뢰할 수 있어야 했다.

조지에 대한 의심이 남아 있음에도 나는 과거에 매우 좋은 관계를 촉발했던 나의 낙관적이고 수용적인 마음을 그에 대해서도 가지고자 했다. 물론 많은 사람이 신뢰의 스펙트럼 반대쪽 끝에서 시작하지만, 당신이 부정적이고 경계하는 마음이 있으면 상대는 대개 그것을 감지해서 반격하려 한다. 누군가에 대해 중립적으로 느끼는 마음조차 당신이 중립적인 행동을 취하게 할 수 있다.

태스크 포스팀은 여러 분과에서 온 요원들로 구성되어서, 우리는 각자 5분간 자기소개하는 시간을 가졌고, 대부분의 사람이 그동안 자신이 받은 훈련에 대해 이야기했다. 조지의 차례가 왔을 때, 그는 중대한 도전에 맞선 강인한 남자와 같은 묵직한 분위기를 내며 침착하면서도 자신감 있는 표정으로 자리에서 일어났다. 그가 만든 팀 강령을 반영한 그의 첫마디가 테이블에 앉은 모든 사람의 주의를 끌었다.

"우리는 대량 살상 무기의 위협에 직면해 있습니다. 우리의 임무는 대량 살상 무기를 이해하고, 제한하며, 통제해서, 제거하는 것입니다. 임무를 완수한다면, 역사는 이 순간을 기억할 것입니다. 우리가 해내지 못하는 일은 부디 없어야겠습니다."

우리는 그의 말에 자세를 좀 더 고쳐 앉았고, 조지는 자신의 말에 반응이 있다는 데 흡족한 듯했다.

이어서 그는 손에 들고 있는 메모를 보며 자신이 어떻게 팀장에 임명되었는지를 이야기했다. 그러고는 자신이 그동안 맡은 일 중 가장 성과가 좋았던 일들을 줄줄이 나열했다. 나는 본격적인 이야기가 이제 나오겠거니 하고 태블릿을 내려놓고, 그가 우리의 행동 계획을 소개하기를 기다렸다. 하지만 그는 지원금 확보, 프로세스 창출, 서류 작성 요건에 대한 이야기로 주제를 갑자기 바꿨다.

그것은 나를 멈칫하게 했다. 그는 자극적인 말로 주의를 집중시키며 이야기를 잘 시작했지만, 끝도 없이 지엽적인 이야기만 맴돌았다. 몇몇 수사관은 집중력을 잃은 멍한 표정으로 듣고 있었고, 나는 그의 무의미한 대화를 단지 첫 만남이어서 예민하게 들리는 것이라고 치부했다.

나는 집중력을 유지할 수는 있었지만 커피가 몹시도 필요했다. 문제는 항공모함을 본떠 만들어진 윤이 나는 레드우드 회의 테이블에 음식이나 음료를 올려놓을 수 없다는 것이었다. '국민을 위한 정부가 테이블에는 돈을 물 쓰듯 하고, 수사관들이 대량 살상을 막을 수 있을 거라고 믿으면서도 테이블을 깨끗이 쓸 것이라고 신뢰하지는 않는단 말인가?'라는 생각이 들었다.

나는 시계를 훔쳐 보았다. '오, 이런!' 벌써 40분이나 지났지만 그는 여전히 자신의 경력에 대해서 이야기하고 있었다. 바깥 날씨마저 구름으로 음울했고 그늘이 드리워져 있었다. 나는 대량 살상을 막자는 흥미로운 문제가 어떻게 한낱 사무적인 따분한 일로 전락해서, 내가 그날의 날씨를 평가하고 앉아 있는지 안타까웠다.

좋지 않은 단서였다. 많은 사람이 모인 자리에서 의사소통을 제대로 할 수 없는 사람을 두고 능력이 있다고 보지는 않기 때문이다. 그가 가진 전체적인 능력을 대표적으로 보여 주는 단서이기에, 이런 경우 중요한 프로젝트를 망치는 경우를 나는 적잖이 보아 왔다.

지겨울 정도로 계속해서 이어지는 그의 이야기를 듣다 보니, 그가 사람보다는 기술 분야에 능력이 훨씬 뛰어남이 분명해졌는데, 그 이유는 그가 기술 중심의 FBI 수사 분과에 있었기 때문이었다. 내가 속한 분과에서는 사람이 원동력이다. 우리는 비밀 정보원을 찾아내서 그들을 프로젝트에 참여시킨다. 그것은 마치 우리가 제품을 브랜드화하고, 마케팅해서, 상사들에게 판매하는 것과 같다.

조지의 전문 분야는 감시 분야로, 위험성이 의심되는 봉투와 소포를 은밀히 여는 등의 임무를 다양한 기술을 사용해서 수행하는 것이다. 증거물을 찾고, 암호 장치를 무력화하고, 감시 장비를 설치하기 위해 비밀리에 건물과 방에 잠입하는 임무를 수행하는 FBI의 첩보술 부서와 관련이 있는 곳이다. 감시 장치 중에는 흥미로운 것들도 있는데, 그중에는 녹음과 녹화를 할 수 있는 곤충 모양의 인섹토소프터insectothopter도 있다. 하지만 이 중 어느 것도 사람을 다루는 일과는 그다지 관계가 없다. 하지만 나는 기술 분야 FBI 요원들에 대해 이렇게 말할 수 있다. 그들이 언제나 우리보다 훨씬 더 좋은 장난감을 가지고 있다고.

시간이 흘러가고 배에서 꼬르륵 소리가 날수록 점점 더 조지의 말이 귀에 들어오지 않았다. 그는 여전히 이러저러한 이야기를 시시콜콜하고 있었고, 독단적인 어조로 말하고 있었기 때문이었다. 업무와 관련 없는 정보만 말하는 그 자체로도 충분히 나쁘지만, 업무와 관련 없는 정보를 독단적인 어조로 말하는 것은 더 용서할 수 없다.

기분이 좋지 않았다. 하지만 중요한 임무를 맡는 기쁨이라면 나는 돈도 받지 않고 감당할 것이다.

게다가 나는 미래의 판도를 바꾸는 무기에 대해 미국이 보이는 반응의 진원지에 있었다. 그 무기는 다소 아이러니하게도 드론이었다. 나는 드론을 많은 사람이 생각하는 것만큼 위험하다고 생각하지는 않았지만, 나의 현장 책임자 중 한 명인 더그 웰본Doug Wellborne으로 인해 그 생각을 버리게 됐다.

내가 면허증이 있는 조종사임을 알고 있던 더그는 나를 자신의 사무실로 불러 드론을 사용한 범죄와 테러 활동이 기하급수적으로 증가하고 있으며, 이를 처리하기 위해 무인항공기UAV(드론) 분야의 최고 인재들을 포함한 태스크 포스팀이 꾸려지고 있다고 말해 주었다.

나는 더그의 말을 경청했다. 그는 훌륭한 상사이자 맡은 임무를 반드시 해내려는 사람으로, 능력과 성실함이라는 자질을 모두 가졌기 때문에 나는 그를 믿을 수 있었다. 더그처럼 두 가지 자질 모두를 가지고 있는 사람을 믿고 의지하지 않을 수 있겠는가?

최고 수준의 신뢰성은 진정한 초능력이다. 신뢰할 수 있고 의지할 수 있는 사람들은 매사에 꾸준히 자기 일에서 성과를 내기 때문에, 그들의 상사는 자동적으로 그들에게 중요한 일을 맡기고, 조직의 가장 약한 고리나 비난할 대상, 혹은 인원 감축 대상자를 찾을 때 그는 전혀 고려되지 않는다.

유능하고 성실한 사람들이 대부분 그렇듯, 더그의 상사들도 예외 없이 그를 신뢰하고 인정하며 그가 편하게 일할 수 있도록 지나친 간섭과 감독을 하지 않았다. 그는 성취에 매우 익숙해 있어서, 기술과 땀으로 이룰 수 있는 일이라면 무엇이든 해낼 수 있다고 믿었다. 나는 그를 볼 때마다 내가 해병대에 있을 때 모셨던 대령님이 생각났다. 그의 좌우명은 '절대 안 된다고 하지 말라. 어떤 대가를 치러야 하는지만 말하라'였다.

대량 살상 무기 전문가인 더그는, 미국이 막강한 전투력으로도 중동에 평화를 가져오는 데 실패한 후, 그 전투에 참가했던 다른 요원들이 느꼈던 것과 똑같은 감정을 느꼈다. 드론이라는 대량 살상 무기의 망령에 대한 두려움이었다. 드론이 잘못된 이들의 손에 들어가게 되면, 매우 적은 비용으로도 전 국민을 공포로 몰아넣고 위협할 수 있기 때문이었다.

미국은 테러와의 전쟁에서 최대 약 1미터 크기의 드론을 이미 광범위하게 사용해 왔으며, 미국의 무인기는 약 2,500명의 목숨을 잃게 했다.

하지만 세계에서 가장 큰 드론 제조국인 중국산 무인항공기의 사용이 중동 지역에서 급증하고 있었다. IS와 알카에다가 미국에서 사용하는 대형 드론을 가지고 있지는 않지만, 테러리스트들은 기성품을 사용해 수류탄 크기의 탄약을 탑재한 드론 편대를 매우 효과적으로 운용했다. 이 드론들은 그들이 직접 급조해서 만든 폭발물(사제폭탄을 일컫는 말—옮긴이)만큼이나 효과적이었고, 이는 이라크와 아프가니스탄 전쟁에서 수많은 사상자를 만들었다. 드론은 테러리스트들에게 날개 달린 폭발물이 되었다. 게다가 IS와 알카에다가 많은 양의 생화학 물질과 방사능 물질을 탑재한 무인항공기 공격을 미국 본토에 개시하기 위한 적극적인 조치를 취하고 있다는 언론의 보도는 더 큰 우려를 갖게 했다.

화기, 수류탄, 독극물인 리신을 포함한 유독성 물질을 적재한 드론 떼는 야외 경기장 또는 군중들을 급습할 수 있다. 대형 드론은 방사성 물질을 확산시키는 '방사능 폭탄dirty bomb' 등의 운송 수단이 될 수 있다.

또한 드론은 불량 범죄자들을 테러리스트만큼이나 더 위험한 존재로 만들었다. 범죄조직은 취미용 드론 매장의 드론뿐 아니라 3만 달러에서 5만 달러 정도 하는 무인항공기도 구입할 수 있다. 범죄 카

르텔에게 이 정도는 푼돈에 불과하다. 조지와의 첫 만남 후, 이런 정보에 비추어 나는 내가 그에게 많은 도움이 되어야 한다는 것을 알 수 있었다. 그는 자신에게 익숙한 컴포트 존을 벗어났기 때문에, 그에게는 힘을 실어 줄 신뢰와 지지가 절실히 필요했다.

나는 조지와 거의 같은 연공서열에 있었으므로 팀장 교체를 요청할 수 있고, 내가 팀장을 대신할 수도 있었다. 하지만 권력은 아이러니하게도 집착을 내려놓을 때 오히려 더 크게 주어지기 때문에, 나는 조지를 멋진 팀장으로 돋보이게 하기가 그리 어렵지 않았다.

긍정적인 측면에서 보면, 이제 내가 드론 조종사 자격증을 따고, 테러리스트들이나 범죄자들이 대표적으로 사용하는 DJI 팬텀 4 드론에 1,500달러를 써야 할 이유가 분명해졌다. 아들과 함께 공원에 가서 드론을 날리고 싶은 기대감과 새로운 기술을 익히게 되었다는 만족감으로 나는 조지를 이해하는 첫걸음을 내디뎠다. 그는 기술을 대단히 사랑하는 마음씨 좋은 사람이었다.

신뢰성의 두 가지 요건

많은 경우에 신뢰성은 사실상 믿음과 동의어다.

우리는 누군가를 진심으로 사랑하고, 깊은 비밀을 내보이며 그를 신뢰할 수 있지만, 아무리 신뢰하더라도 그에게 의지하는 것이 불가능할 뿐 아니라 미친 짓일 수 있는 분야는 수없이 많다. 비행기 조종사가 뇌수술을 하거나, 외과의사가 비행기를 조종해도 신뢰할 수 있는가? 이렇게 보면 누군가를 신뢰할 수 있는 분야보다 신뢰할 수 없는 분야가 더 많음을 알 수 있다.

그러니 현실적이어야 한다. 각자가 잘할 수 있는 분야와 할 수 없는 분야가 있다. 그리고 어떤 일을 잘 해내려면 역량과 성실함이 모두 필요함을 간과하지 말아야 한다.

우리는 능력 있지만 성실하지 못하거나, 성실하지만 능력이 없는 누군가를 신뢰하고 의지하고 싶다고 희망할 수는 있지만, 현실적으로는 불가능하다.

신뢰성의 요건 1. 역량

농업과 제조업이 인간의 주된 생존 기반이었던 수세기 동안에는 신뢰성이 쉽게 평가될 수 있는 것이어서, 미국 경제에 있어 이는 지엽적인 문제였다. 신뢰성은 그만큼 쉽게 예상되는 문제였다. 하지만 정보화 시대에는 인터넷을 통해 정보를 조작할 수 있는 수많은 방법이 있기 때문에, 관리자들은 거짓 정보에 지속적으로, 종종 처참할 정도로 속는다.

이 때문에 역량 관리competence management는 최근 전문 분야로 분리되어 일반적으로 인적 자원 부문에서 다루어지고 있다. 하지만 거짓 정보를 거르는 기술이 만들어지면, 이를 비켜 갈 방법도 금세 나온다.

이러한 문제를 해결하기 위해서 역량과 성실함의 단서를 아는 것이 특히 중요하다. 사람들은 여전히 당신에게 거짓말을 하겠지만, 당신은 단서를 통해 거짓말임을 알게 될 것이다.

핵심: 능력을 기대하되, 가짜 능력을 찾아낼 수 있을 만큼 깊이 살펴라. 만약 무능함을 발견하면, 그것이 해결되었는지 확인하거나 그들이 할 수 있는 일에 국한해 업무를 할당하라. 역량을 관리할 팀 또는 전담 직원이 없다면 팀 또는 직원을 구성하라.

또한 오랫동안 변함없이 작용하는 요소가 있다. 소위 '능력의 저주'다. 자신의 능력 때문에 벌을 받는 사람들이 있다. 덜 유능한 동료들이 능력 있는 이들의 성공을 방해하거나, 자신들의 일을 이들에게 떠넘기는 것이다.

능력은 채용되기 전에 판단되어야 하는데, 이력서 검토, 복수 면접, 시험, 추천서 확인으로 이루어진 전통적인 채용 방식이 정확한 과정인 것처럼 과대평가된 부분이 있다. 지원자들은 자신의 역량을 최대한 좋은 면에서 부각시키려 하는데, 자기 인식이 부족해서거나 직장에서 배울 수 있다는 믿음 때문에 자신의 역량을 과대 포장하기도 한다.

채용 과정에 참여하는 고숙련 관리자들이 입사 지원자를 과대평가하는 일도 흔한데, 자신들의 업무 수준이 일반적이거나 혹은 조금만 노력하면 도달할 수 있는 수준이라고 지나치게 낙관해서 지원자들이 입사 후 금방 배울 수 있다고 보기 때문이다.

순수 효과: 능력은 합리적이고 객관적인 방법으로 판단해야 하며,

기존의 방법들로만 평가하면 주관적이고 비합리적인 평가가 될 수 있다.

능력은 단지 기업과 사업에 국한되는 문제가 아니다. 우정을 맺는 초기에는 열정이 있더라도 바쁘고 복잡한 사회에서 살아남는 일에만 자신의 역량을 쏟는다면, 상호간에 관심과 애정을 지속해야 하는 우정 관계에 필요한 능력에는 소홀해진다.

결혼 생활은 우정보다 더 많은 역량을 필요로 한다. 일반적으로 재정, 가사 노동, 육아, 시간 관리, 사회적 관계, 법적 의무와 윤리, 공동의 목표라는 현실적인 문제에 대한 상당한 수준의 파트너십을 요구한다. 그래서 결혼 문제의 원인에 대한 행동학 연구 문헌을 보면 대부분 사랑뿐 아니라 능력에 대한 논의를 주로 다루고 있다.

대체로 결혼이나 사회관계에서 유능한 사람이라면 일에서도 유능한 경향이 있다. 그래서 사람들에게 아이들, 배우자, 직업, 성취, 우정의 다양한 삶의 영역에 대해 물어보면 개인적 관계와 직업적 관계 모두에서 능력을 알 수 있는 가장 좋은 단서를 얻을 수 있다. '현재 직면해 있는 몇 가지 개인적인 문제와 도전 과제에 대해 말해 보세요'라고 묻는 비교적 모호한 질문도 가능하다. 만약 그 사람이 자신의 생각을 머리 굴리지 않고 투명하게 공유하면, 자신의 직업적 능력에 대해서도 훨씬 더 정직하고 정확하게 말할 가능성이 크다. 만약 모호하거나 방어적으로 대답하면, 자신의 일에 대한 능력도 과장해서 말할 수 있다.

역량을 가늠할 단서를 찾기 위해 사람들을 살펴볼 때, 나는 '일관성'과 '일치성'을 본다. 질문을 두 가지 다른 방식으로 해서 진술의 일관성을 살피고, 일과 무관해 보이는 대답을 포함한 모든 답변에서 보이는 그 사람의 역량과 태도가 서로 일치하는지를 보는 것이다.

일을 잘 해낼 수 있는 역량이 되는가가 신뢰 문제에서 중요한 요인이지만, 성실함이 결여된 능력은 우리의 허를 찌를 수 있다. 무언가를 할 수 있다는 것은 실제로 행동에 옮기는가와 전혀 다른 문제다. 그래서 신뢰성이라는 방정식이 가진 결함 중 하나는, 아주 유능한 사람들이 자신의 유능함으로 받는 이득을 누리면서도, 성실함은 능력이 부족한 일벌들의 몫이라고 생각해 자질구레한 일들을 넘기려 한다는 데 있다.

유능한 사람이 이러한 태도로 일한다면 조직원들과 서로 윈윈이 되지 못하고, 분쟁이 만연할 수 있다. 이는 역량의 어두운 면이다.

신뢰성의 요건 2. 성실함

인간은 타이타닉과 같다. 인간은 아주 작은 키로 제어하는 아주 큰 배다. 우리 모두는 최적의 최단 코스로 나아가려고 노력하지만, 보통은 확실하고 꾸준한 안내를 따르기보다는 그저 앞으로만 나아간다.

성실함은 우리가 가진 중요한 키 중 하나다. 성실함은 의심의 나날 동안 우리를 안내해 주고, 우리가 궤도를 벗어날 때 방향을 잡아주며, 신뢰성에서 비롯되고 신뢰성을 반영하는 예측 가능성에 크게 영향을 미친다.

성실성은 주로 다음과 같은 구체적이고 핵심적인 특성들로 이루어진다.

- **끈기:** 힘든 일을 쉽게 할 수 있는 방법은 없다.
- **동기 부여:** 당신의 일에 열정을 다하면, 당신이 죽은 뒤에도 그 일은 당신보다 오래 남아, 세계를 여행할 수도 있다.
- **철저함:** 마무리할 수 없다면 시작하지도 말라.
- **디테일에 대한 주의:** 당신이 벌인 일의 뒤치다꺼리를 하고 싶은 사람은 아무도 없다. 당신의 어머니조차도.
- **뛰어난 직업윤리:** 일은 위대한 평등 장치다. 성실히 일하고 결과에 겸손한 자는 높이 평가되고, 실제보다 높이 평가된 자는 겸손해진다.
- **주요 업무가 아닌 소소한 일이어도, 자신이 맡은 모든 업무에 주의를 기울이는 책임의식:** 이를 '상당한 주의due diligence'라고 한다. 자신이 맡은 업무에 적절한 주의를 기울이는 것은 선택사항이 아니라 당연한due(due라는 단어에는 '충분하다'는 뜻 외에 '당연하다'는 뜻도 있다—옮긴이) 것이다.
- **타인에 대한 배려:** 진정한 사랑은 느끼는 것이 아니라, 사랑'하는' 것이다.

성실함은 종종 능력보다 훨씬 더 중요하다. 성실한 사람이라면 A업무에 능숙하지 않아도 B업무를 배정해 주면 되기 때문이다. 또한 특정 업무에 능숙하지 않더라도 부족한 부분을 채우려는 성실함으로 결국에는 완전한 능력을 갖출 수 있다.

유능한 사람이 성실함의 문제를 극복하는 것보다, 성실한 사람이 부족한 역량을 극복하는 경우가 더 많다.

나는 성실한 사람들과 일하는 것을 좋아한다. 왜냐하면 그들은 대개 특별한 문제를 만들지 않기 때문이다. 그들은 감정 기복 없이 일하고, 시간을 낭비하지 않으며, 마지막 순간까지 작은 문제라도 발생하는 것을 용납하지 않고, 직장 내에서 정치하지 않으며, 책임을 회피하지 않는다.

성실한 사람에게는 감사함을 전하는 것이 중요하다. 감사함을 표했을 때 그가 보이는 반응의 정도를 보면 성실함이라는 자질이 그에게 얼마나 중요한 의미인지 이해할 수 있다. 성실하게 일한 사람에게 그에 따른 보상을 하면, 대단히 감격스러운 반응을 보일 것이다.

보상이 반드시 금전적일 필요는 없다. 성실한 사람들의 주된 동기는 진심어리고 한결같은 다른 사람들의 '존중'이며, 존중이 금전적 보상보다 더 크기 때문이다. 그들을 위한 가장 좋은 보상 방법은 그들의 가치가 매우 소중함을 말해 주고, 그들이 어떤 생각과 의견을 가지고 있는지 듣는 것이다. 그들이 중요하게 생각하는 것에 대해 대화하고, 그들을 판단하지 않고 인정하며, 선택권을 주고, 그의 목표에 동맹하라.

다른 사람들과의 상대적인 성실성을 판단하는 또 다른 방법은 업무 성과가 좋지 않은 사람들의 성실성의 부족을 객관적인 평균치로 살펴보는 것이다. 여론 조사 결과에 따르면, 미국에서 적어도 전체 직원 중 절반이 직장에서 마지못해 일한다. 직장에서 마지못해 일하는 직원들의 근면성 부족은 결근, 낮은 에너지, 열의 부족, 빈둥거리는 것으로 나타난다. 성실하지 못한 많은 근로자가 조용하고 내성적이고, 동료들과 유대감을 형성하지 않으며, 로봇처럼 냉정하게 일하는 경향이 있다.

흥미롭게도, 마지못해 직장을 다니는 근로자들은 대부분 주말과 퇴근 후의 여가 활동에서도 활기 없는 사고방식을 유지하는 경향이 있다.

전체 근로자 중 약 50퍼센트의 근로자들이 업무에 꾸준히 몰입해서 일하고 있고, 30퍼센트는 부분적으로만 몰입하며 일하고, 20퍼센트는 일에 전혀 몰입하지 않는 것으로 추정된다. 이처럼 몰입해서 일하지 않는 사람은 업무 시간에 인터넷 검색이나 온라인 쇼핑 또는 비디오 게임을 하고, 동료들과 어울리고, 소셜 미디어를 보고, 낮잠을 자고, 전화 통화를 하고, 구직 활동을 하고, 간식과 음료수를 먹고 마신다.

이러한 행동 양식은 미국 고용주들에게 미국 국내총생산의 약 2퍼센트에 해당하는 손실을 입히고, 회사는 이러한 사람들의 급여의 약 20퍼센트에 해당하는 금액을 이들을 대체하는 데 사용한다.

내가 상담한 많은 회사가 이상적인 인력을 채용하기가 어렵다고 했고, 그래서 그들은 "해고하지 말고 열정을 불어넣으라!"라고 한 동기부여 전문가 프랭크 패세타Frank Pacetta의 조언에 따라 기존 직원들을 최대한 활용하려고 노력하고 있다.

직원들에게 열정을 불어넣는 것은 그들을 이해하는 것에서부터 시작된다. 그들의 핵심 역량을 파악하고, 성실함을 되살리기 위해 당신이 할 수 있는 일을 하라. 이 두 가지 과제를 위한 가장 강력한 방법 중 하나는 신뢰의 기반을 다지고, 그의 성공을 위해 동맹을 맺는 것이다. 그리고 '신뢰하되 검증하라!' 해낼 수 있어야 하는 업무를 주고, 해내는지 살피라. 신뢰에 기반한 환경에서 의욕을 고취시키는 경험을 하게 하라. 그래도 그들이 열정을 내지 않는다면, 그들은 어디서도 그럴 것이다.

이것이 조지와의 2차 회의에서 내가 조지에게 했던 것이다.

신뢰의 단서들

"좋은 소식이 있어! 우리 팀에 무인항공기 분야에서 가장 뛰어난 사람을 영입할 수 있게 되었어." 내가 조지에게 말했다.

나는 20년 넘게 알고 지내온 지인을 통해 그 사람을 소개받았다. 오래 전에 '도가니'로 불리는 해병대 신병훈련소의 지옥주간을 거칠 때 내 지휘하에 있었던 그 지인은, 지금은 암호화 연구소의 CEO였다. 그 당시 나는 동료 신병을 돕는 그의 사심 없는 행동을 보았고, 그의 성실함, 능력, 관대한 심성이 내 마음에 선명히 남았다. 그래서 나는 그가 추천한 사람이라면 믿을 수 있다는 신뢰의 전이를 바탕으로 그의 추천을 흔쾌히 받아들였던 터였다.

"그에게 연락해서 그가 우리의 기조 연설자가 될 수 있는지 알아 봐." 조지가 말했다.

"그래. 하지만 팀장인 자네가 연락하는 것이 더 나을 것 같아. 자네 가 우리 팀의 리더잖아. 진중함도 갖추고 있고." 아직 사실은 아니지 만, 나는 그가 그런 팀장이 되게 하려 노력하고 있었다.

"그래!" 우리가 신뢰로 사람을 대할 때 그 사람에게서 자긍심이 생 기는 것을 볼 수 있다. 그의 눈이 빛났다.

"그리고 그에게 동료들에 대해 물어봐. 그의 주변에 드론을 다루 는 사람들이 많으니까. 아마 그의 소개로 우리한테 필요한 인력을 다 채울 수 있을 거야."

"좋은 생각이야!" 그가 말했다.

2차 회의의 나머지 부분은 1차 회의보다 훨씬 잘 진행되었다. 조 지는 더 듣고 덜 이야기하면서 우리 팀 요원들과 연결되기 시작했다. 그는 대화할 때 우리의 생각과 의견을 물어보았다. 첫 회의에서보다 더 많은 신뢰의 단서들이 비쳤다.

내가 아는 지인을 연결해서 그를 도우면, 태스크 포스팀에서 나의 영향력이 약화될 것이라고 생각할 수도 있겠지만, 나는 그렇게 생각 하지 않았다. 리더십이란 권력을 공유하는 것이지 강화하는 것이 아 니다. 그리고 리더십이란 팀 내 다른 사람들의 성공을 돕는 것이다. 이를 이해하지 못하는 사람들은 자신이 얼마나 훌륭한지를 모두에 게 알리는 것이 다른 사람들에게 감동을 주는 가장 좋은 방법이라고 생각한다. 그것은 마치 사람들을 데리고 곧 침몰하게 될 타이타닉호에 올라타는 것과 같다.

나머지 회의에서 다룬 내용은 대부분 어떻게 지원금을 받아낼지와 무인 항공 유도 시스템에 대한 세부적인 내용이었다. 나는 드론 관련 강좌를 들은 적이 있어서, 예전보다 훨씬 더 잘 따라갈 수 있었다. 지금은 방송에서 드론을 광범위하게 사용하고 있어서 방송 촬영 기자들이 주로 듣는 강좌였다.

기술에 대한 조지의 애정은 인상적이었다. 그는 과학자적인 사고를 타고난 듯했는데, 아마도 그래서 사람을 대하는 스킬이 과학 기술을 다루는 것만큼 능숙하지 않은 듯했다. 나는 수학이나 과학처럼 지성의 한 주요 영역에 재능이 치우쳐 있으면 스펙트럼의 반대쪽 끝에 있는 언어와 소셜 스킬과 같은 영역의 재능은 부족하다고 본다.

내 성향은 언어와 소셜 스킬을 다루는 사회과학 쪽이다. 솔직히 나는 사회과학이 자연과학보다 더 쉽다고 생각한다. 그래서 나는 대학에서 전공을 항공우주공학에서 정치학으로 바꿨다. 하지만 사회과학은 자연과학에 비해 덜 중요하지 않다. 오히려 인생에서 살아남고 성공하기 위해서는 사람을 대하는 기술이 아마 조금 더 중요할 것이다.

사람들은 인생이 공평하지 않다고 말하지만, 나는 꽤 공평해 보인다. 다만 우리 각자가 가진 능력이 공평하지 않을 뿐이다.

신뢰성(역량과 성실함)을 보여 주지 못하는
열 가지 부정적인 단서

1. 실제적인 도움을 주지도 않으면서 사소한 일까지 시시콜콜 챙긴다.

대부분은 관리자가 작은 일까지 시시콜콜 걸고 넘어지는 것이 문제지만, 종종 부하 직원이 자신이 아주 특수한 업무를 맡으면서 얻었던 전문 지식을 들먹이며 주객을 전도하는 것도 문제다. 어느 경우든 시시콜콜한 관리는 뇌를 마비시키고, 자율성을 빼앗아 직원들의 의욕을 떨어뜨린다.

2. 연락이 잘 안 된다.

이 단서는 매우 흔히 발견되며, 조직에 큰 해를 끼치는 경우다. 이에 대한 일반적인 변명은 너무 바빠서 연락할 수 없었다는 것이다. 하지만 좋은 관리자들은 응답할 시간이 없을 때 바로 알려 주므로, 직원들이 무시당한다고 느끼지 않는다.

이런 사람들과 대면하는 것은 그다지 도움이 되지 않는데, 왜냐하면 그들은 대개 진실하고 투명하게 응하지 않기 때문이다. 바쁘지busy 않은 사람이 없는데(그래서 '일'이 비즈니스bus-i-ness다), 바쁘다는 변명 뒤로 숨는 사람은 자신이 잘 모르는 상황을 회피할 방법을 찾고 있는 것이다.

3. 항상 시간을 지키지 못한다.

이런 사람들은 비행기를 놓치고, 점심 약속과 프로젝트 완료 등 모든 일에 늦으며, 이런 습관을 문제로 인식하기보다는 마치 자신이 정말 바쁘고 중요한 사람이어서 항상 늦는다는 듯이 행동한다. 이는 능력과 성실함의 부족을 동시에 보여 주는 단서로, 결국 신뢰를 잃게 만드는 행위다. 유능한 사람은 시간을 관리한다. 성실한 사람은 시간 관리가 힘든 상황이어도 시간을 관리한다. 어느 경우건, 당신은 이런 사람들에 의지해 일을 해낼 수 있다.

4. 남의 공을 가로챈다.

이들은 직업윤리가 그다지 없는 것이다. 그렇지 않다면 다른 사람의 일을 자신이 한 것처럼 행동할 필요가 없다. 예컨대 팜므파탈 스파이 사건으로 유명한 안나 채프먼의 일에 약 100명의 요원들이 관여했는데, 이들 중 내가 만나 본 수십 명의 요원이 그녀를 검거할 수 있었던 것이 거의 전적으로 자신 때문이었다고 주장했다. 이런 일은 확인해 줄 사람이 적기 때문에 상대적으로 규모가 작은 팀들(다른 팀원들이 주변에 없을 때)에서 가장 많이 일어난다.

자신에게 주어진 일을 완수해서 그에 따른 보상을 받았음에도 남의 공을 가로채는 사람들도 있다. 이런 사람들은 무서운 사람들이다. 이들에게는 훔치고 싶은 욕망이 강박적으로 있다. 이들은 사실상 지적 재산을 훔치는 도벽광이다.

5. 외모나 옷차림에 부주의한 경우가 많다.

이 단서는 후드티를 입은 IT 전문가처럼, 자신이 적절하게 옷을 입고 있다고 진심으로 믿는 사람들에게는 적용되지 않는다.

이는 적합한 외모 관리를 시도조차 하지 않는 사람들에게 해당된다. 부적절한 외모 관리는 다른 사람들에 대한 결례이기도 하지만, 자기 자신과 자신의 일에 대한 예의가 아니라는 것이 더 큰 문제다. 스스로가 일을 잘하고 있다고 생각하지 않기 때문에 간접적이고 무의식적으로 이를 표출하는 것이다. 단정하지 못한 옷차림과 외모는 자기 스스로의 마음가짐이 좋지 않고 주변 사람들에게도 부차적인 피해를 준다.

이것은 미묘한 단서인데, 이런 단서를 보이는 사람들은 대개 자신을 믿을 만한 사람이라고 말하지만, 실제로는 자기 자신에 대한 실망을 드러내고 있음을 깨닫지 못하는 것이다.

이들은 자신의 문제를 직시해서 스스로를 비판적으로 바라보는 대신에, 단정하지 못하거나 더러운 옷을 입고 직장에 오고, 위생에 대한 개념이 없으며, 사무실이 엉망이고, 물건을 잘 잃어버리며, 나쁜 건강 습관을 가지고 있거나, 더러운 차를 운전한다. 이러한 결점들이 무의식적으로 자기 인식을 반영한다는 것을 이해하기 위해 우리가 프로이트가 될 필요까지는 없다. 그들은 그저 '나는 아인슈타인처럼 산만한 천재야!'라고 생각하는 것이다.

6. 자신의 문제들을 다른 사람이 해결하게 만든다.

이는 오만함을 가장한 두려움을 보여 주는 또 다른 좋은 예다. 사람은 자기 자신을 신뢰할 수 있는 사람으로 느끼고 그에 맞게 행동해야 한다. 모든 사람이 모든 일을 잘 해내야 한다는 의미는 아니지만, 스스로 무언가를 해낼 수 있을 만한 자신감이나 열정이 부족한 사람이 있다.

자기 문제를 자기가 해내려는 의식이 부족한 사람은 해결하려는 노력도 없이 문제가 생기면 그냥 밀쳐내는 경향이 있다. 당신의 다양한 지원을 남용하는 것처럼 보이는 사람이 있다면, 그것은 그 사람을 신뢰할 수 없는 여러 가지 단서 중 아주 일부일 수 있다.

7. 새로운 개념을 받아들이는 것을 어려워한다.

이들이 멍청하다는 의미가 아니라, 능력 범위가 좁으며, 능력을 넓히려 노력하지 않는다는 의미다.

예컨대 FBI는 대부분의 큰 조직과 마찬가지로 많은 분야의 훈련 프로그램을 제공하는데, 여건이 갖추어졌음에도 여러 가지 자격증이 부족한 요원은 자신의 능력을 믿지 않거나, 더 잘해 내려는 성실함이 부족하다는 것을 나타낸다.

여러 면에서 한계를 보이는 사람은 대부분 자신의 능력을 가두려 한다. 만약 당신이 이들의 성공에 동맹하고 있다면, 당신 또한 자기 자신의 능력을 제한하는 것이다.

8. 기록을 잘 하지 않는다.

이 단서는 많은 관리자가 간과하고는 한다. 세상이 빠르게 변하기 때문에 기록한 내용이 금방 옛일이 된다고 생각해서다. 때로 기록을 하지 않음으로 누군가가 사실을 은폐할 기회를 주기도 한다.

이 단서가 가장 해롭게 나타나는 상황 중 하나는 회의, 컨퍼런스, 화상 회의에 참여하는 사람들이 기록하지 않는 경우다. 제대로 기록되지 않아 발생한 문제가 위로 드러날 때쯤이면, 보통 다른 많은 문제들 또는 다른 사람들에게 대개 전가된다.

잘 기록하는 사람들은 탁월한 능력에 대한 바람을 드러내는 것이다. 왜냐하면 이들은 대개 자기 자신의 생각뿐 아니라 다른 사람들의 생각을 남기기 때문이다.

기록을 잘 안 한다는다는 것은 상대의 생각과 의견에 무관심하다는 의미이며, 우월감의 표현일 수도 있다.

9. 행동보다 계획에 더 치중한다.

계획은 중요하지만 이는 프로젝트의 시작일 뿐이다. 계획은 분명해야 하지만, 집중력이 부족한 사람들에게는 딱히 그럴 필요가 없다.

이들은 종종 프로젝트 초기의 흥분된 열기가 사라지면 프로젝트에 흥미를 잃는다. 그들은 누군가가 합류해서 힘들고 지루한 일을 실행해 주고 지속해 주기를 원한다.

프로젝트의 일상적인 자질구레한 일을 회피하는 사람들은 때때로 책임감을 잘 위임하는 것처럼 보이지만, 그들은 그저 자신의 일을 분산시키고 충동적으로 그랬을 가능성이 더 높다.

이 단서 뒤에 숨겨진 한 가지 사실은 책임을 회피하는 사람들은 대개 자신의 일을 기록하지 않는다는 것이다. 실패에 대한 책임을 회피할 기회를 주기 때문이다.

처음 FBI에 들어갔을 때 나는 정기 보고서에 내가 수행한 업무를 기록하도록 배웠다. 왜냐하면 그것이 업무의 성공과 실패를 기록하는 가장 좋은 방법이기 때문이다. 내 상사의 모토는 '기록하지 않으면, 일하지 않은 것이다'였다.

그 이후로 나는 계속해서 업무를 기록하는 방식을 지켜 왔고, 내가 운영하는 팀에서도 그렇게 하도록 한다.

10. 자신의 실수를 심각하게 받아들이지 않는다.

이들은 다양한 전략을 통해 비난을 피하려 한다. 다른 사람을 비난하거나, 미리 실수를 방지할 만한 정보를 충분히 듣지 못했다고 주장하거나, 실수가 불가피했던 것처럼 보이려고 세부 내용을 조작하는 등 다양한 전략을 사용한다.

또 다른 매우 흔한 반응은 자신의 실수를 축소하는 것이다. 예컨대 자신이 소수점을 잘못 넣어서 회사에 1,000달러의 손실을 발생시켰다면, 이들은 이를 오자에 지나지 않거나, 대기업에게는 작은 손실에 지나지 않는다고 합리화한다. 사람들이 자기 자신에 대해 지나치게 비판적인 것도 흔하지만, 자신을 제대로 비판하지 않는 것도 흔한 일이다.

책임감이 없어서 자신이 한 실수를 좋은 학습 경험으로 합리화해 버리는 경우도 많다.

....

이 단서들이 조지에게서 발견한 부정적인 단서들이다. 그에게서 이러한 부정적인 단서를 여러 가지 볼 수 있었던 동시에, 그가 자신의 몇 가지 실수를 인정한 것과 같은 긍정적인 단서들도 발견했다.

리더들이 실수를 인정하는 것은 언제나 좋은 일이지만, 애초에 실수하지 않는 것이 더 좋다.

상황이 바뀌면 사람은 변한다, 불신의 행동들

한 달이 지나자, 나는 새로운 팀에서 일하는 것이 좋아졌고, 신뢰할 만한 팀 동료가 되고 싶었다. 내게 익숙한 항공 기술과 인력 관리가 완벽하게 합쳐진 일이었다. 그리고 자주 나는 제한된 시간보다 한두 걸음 앞서가며 내 속도대로 움직이면서 상황을 주도해 가는 것처럼 느꼈다. 신뢰받는 사람들은 종종 이렇게 일이 술술 풀리는 듯한 마법같은 시간을 경험하고는 한다.

자신감과 결의가 만들어 내는 매우 편안한 흐름 속에서, 우리는 미래를 창조하고 있다는 매우 평범한 이유 때문에 실제로 미래를 볼 수 있을 것 같은 느낌을 가지게 된다. 우리가 하는 대부분의 일이 익숙하고 예측 가능하게 느껴지며, 새로운 날도 마치 오래된 친구처럼 맞이할 수 있다.

최고의 리더는 직원들이 믿고 의지함에 따라 구성원들로부터 신뢰받고 있다는 느낌을 자연스럽게 받는다. 그러면 리더는 팀에게 신뢰받는 느낌을 되돌려주면서 뛰어난 기업 문화를 만들고, 모범적인 경영을 충실히 이행한다.

나는 이 프로젝트에서 신뢰받고 있다는 느낌을 자연스럽게 받지 못했다. 아쉽긴 했지만 그래도 괜찮았다. 내가 나의 미래를 스스로 창조하고 있다고 느끼는 일을 할 때는 에너지를 소진하는 것이 아니라 오히려 충족되는 듯하다. 활력과 성취감이 쌓이면서 좋은 아이디어도 솟아나는 것 같은데, 그때가 이런 기분이었기 때문이다.

내가 예고 없이 조지의 사무실에 도착했을 때 기분이 좋았다. 내가 갑자기 다른 사람의 사무실을 방문하는 일은 드물지만, 그와 연락이 닿는 데 어려움이 있었고, 국내에서 범죄 목적의 드론 사용을 통제하고 예측할 수 있는 실용적인 아이디어가 떠올라 그와 공유하고 싶었다.

지금까지 정부는 총이나 다른 군수품들과 마찬가지로, 드론의 구매 단계 중 소매 판매에서 드론 구매를 제한하려고 노력해 왔다. 하지만 나는 테러리스트들이 미국 항공학교에서 훈련을 받았다는 사실과 9·11 테러에 대해 생각해 왔다. 세계무역센터 테러 직전에 한 FBI 요원이 이들의 훈련에 대해 FBI에 알렸고, 우리는 여객기들을 납치할 만한 테러리스트들을 파악하여 테러리스트들이 테러 목적으로 항공 훈련 프로그램을 교육받을 가능성을 막고자 미국에 있는 모든 항공학교들을 조사하는 초기 단계에 있었다. 하지만 우리는 한발 늦었다.

이번에는 제대로 해야 했다. 국내에서 드론 훈련 프로그램을 운영하는 모든 곳에 연락해서 의심스러운 행동을 보고해 달라고 하면 테러리스트가 교육을 받는지 확인할 수 있겠다는 생각이었다.

조지는 자신이 좋아하는 기술이 아닌 사람 중심의 아이디어지만, 이 아이디어를 마음에 들어 했다. 그는 몇 가지 서류작업을 한 후에 그것에 대해 자세히 알아보겠다고 약속했다. 나는 주저할 필요가 없는 안건이라고 생각했지만, 어쨌거나 그가 키를 쥔 상사였다. 그래서 나는 그 이야기는 거기서 멈추고, 전에 그에게 추천한 전문가에 대해 물어보았다. 나는 그와 정기적으로 연락을 주고받고 있어서 조지가 그에게 연락하지 않았다는 것을 알고 있었다.

"걱정 마. 논의 중에 있어." 조지가 말했다. 하지만 난 그 말이 사실이 아님을 알기에 걱정됐다. 그 전문가는 존스홉킨스대학교에서 2개의 박사학위를 받았으며 군에서만 일해 온 전문가였다. 우리에게는 그와 그의 동료들이 꼭 필요했다. 조지는 팀에서 기조 연설자를 찾는 일을 맡았지만, 아직까지 기조 연설자를 찾았다는 말을 한 적이 없었다.

책상 위의 서류와 벽에 걸린 시계를 재빨리 힐끗 쳐다보며 조급한 표정을 짓는 그의 보디랭귀지는 나를 불편해하고 있음을 보여 주었다. 하지만 그는 말로는 전혀 표현하지 않았다. 수동적 공격 성향을 나타내는 비언어적 표현들만이 대신해서 말하고 있었다.

그는 대화의 주제를 자금 조달, 관련 부서로부터의 협조, 일정 등 그가 세운 실행 계획상의 몇 가지 주제로 바꾸었다. 이제 그만 사무실에서 나가 달라는 이야기였다. 그 세부 사항들은 나와는 관련 없는 것들이기 때문이었다.

그는 자신과 동등한 서열의 동료인 나를 자기 위치에 대한 위협적인 존재로 느끼는 듯했다. 그건 좋지 않은 생각이었다. 팀원이 절대로 위협하지 않아야 할 사람이 바로 팀장이다. 그랬다가는 팀에서 쫓겨날 수도 있고 심지어 조직에서 해고될 수도 있으며, 이는 절대로 조직에서 있어서는 안 되는 일이다. 그럼에도 이런 일은 미국에서 하루에 수백만 번 일어나는데, 나는 그로 인한 위협과 두려움을 표출하는 모습을 종종 본다.

미국은 세계에서 가장 안전한 나라 중 하나이지만, 가장 두려움으로 가득 찬 나라이기도 하다. 미국이 가진 부가 큰 만큼 그 부를 잃을 수 있다는 두려움이 존재한다. 이 나라에는 뚜렷한 중간 지점이 남아 있지 않으며, 중간 지점이 나타나게 되더라도 오래가지 못할 것이다.

나는 두려움이 두렵다. 두려움은 모든 악의 근원이며, 두려움은 철학자 한나 아렌트Hannah Arendt가 '악의 평범성banality of evil'(악이 거대한 시스템 속에서 자신의 행동이 일반적이라고 생각하는 평범한 사람들에 의해 행해진다는 개념─옮긴이)이라고 불렀던 적개심의 영역에 있는, 진부한 사무실 정치와 사소한 불평들로 흔히 모습을 드러낸다. 조지가 사악했다는 말이 아니다. 나는 단지 우리가 살면서 하는 일은 다른 사람들에게 영향을 미치며, 만약 우리가 사람들에게 긍정적인 영향을 미치려고 의식적으로 노력하지 않는다면, 우리의 행동은 매일 더 악화되는 고통의 악순환을 쉽게 일으킬 수 있다는 평범한 이야기를 하고 있는 것이다.

조지가 보인 행동은 내가 그를 처음 만났을 때 그가 보여 준 세 가지 신뢰의 신호를 이미 부정하고 있었는데, 그것은 상황이 바뀌면 사람은 변한다는 것을 다시 한 번 일깨워 주었다.

나는 여전히 조지를 좋아했지만, 그가 사람을 다루는 데 있어서는 무능하며, 따라서 그가 자신이 맡은 역할을 완수할 능력이 없다는 생각이 들기 시작했다. 그는 성실하거나, 다른 사람들에게 도움을 청해서 자신의 부족한 능력을 보완하려는 시도조차 하지 않았다.

내가 떠나려고 일어났을 때 그는 정말 따뜻하게 배웅해 주었다. 그게 무서운 부분이었다. 그는 비록 악의는 없었지만, 우리에게 필요한 것을 해 줄 수 없고, 게다가 종종 시도조차 하지 않는 많은 사람

중 하나였다. 그래서 나는 그를 더 이상 신뢰할 수 있을지 알 수 없었다. 적어도 이 프로젝트와 나 자신의 미래를 그에게 믿고 맡길 수는 없었다.

신뢰성(역량과 성실함)을 보여 주는 열 가지 긍정적인 단서

1. 진정한 자신감을 가지고 있다.

자신감을 속이기는 쉬우므로, 행동분석가들은 진정한 자신감을 확인하는 방법을 찾아냈다. 진정한 자신감을 가진 사람들은 자랑하지 않고, 변명하지 않으며, 자기 자신보다 자신의 일을 먼저 생각하고, 맡은 일을 완수한다. 이들은 차분하고, 예의 바르며, 간결하게 말하고, 수용적이며, 합리적이고, 믿을 만하다. 이 모든 것은 이들의 비언어적 표현, 사용하는 언어, 이들이 가지고 있는 관계, 행동양식, 장기적 목표에 대한 집중을 보여 준다.

최고위 경영자들에 대한 한 연구는 진정한 자신감이 그들의 성공에 중요한 요소였음을 보여 주었다. 성공하기에 앞서 이들은 진정한 자신감을 가지고 있었다. 이 연구는 또한 '매력 자본erotic capital'(런던정치경제대학 사회학과 교수를 지낸 캐서린 하킴이 한 말로, 매력이 곧 능력이며 경쟁력이라는 것이다. 유머감각이 있고 활력이 넘치며 세련되고 편안하게 상대를 대하는 기술 등 사람들로부터 호감을 얻을 수 있는 자질과 능력을 말한다—옮긴이)이라고 불리는 현상을 확인했는데, 이는 대단히 매력적인 사람이 자신의 매력을 세상에서의 성공으로 승화하는 사람들이 가지는 자신감이다.

- **요점:** "이룰 때까지 이룬 척하라 Fake it, till you Make it"는 말은 잊으라. 대신, 당신이 이미 가진 긍정적인 자질에 집중해서 '이룰 때까지 자신의 긍정적인 자질을 느끼라 Feel it, till you Make it'. 나는 스스로 선택한 이 진정한 느낌을 '수량화할 수 있는 자신감'이라고 부르는데, 나는 대부분의 사람이 노력하면, 자신이 가지고 있는 긍정적인 자질을 자신감으로 승화할 수 있음을 알게 되었다.

2. 구체적으로 말한다.

그들은 혼란스러운 대화 대신에 진정한 소통을 한다. 그들의 말은 명확하고, 간결하며, 기억에 남고, 동기부여가 되며, 카리스마를 만들어낸다. 이들이 중요한 직업적 대화나 발표에서 하는 말들은 자신의 가치를 드러내고 싶어 안달인 허풍쟁이가 가득한 이 사회에서 크게 대비되며 확연히 눈에 띈다. 허풍쟁이들의 말은 에둘러 하는 말, 지나친 전문용어와 수식어의 사용으로 가득 차 있어서 대단히 지루하다.

우리가 가장 신뢰하고 존경하는 사람들은 그런 식으로 말하지 않는다. 대부분의 사람은 허풍떠는 사람을 신뢰하지 말아야 함을 본능적으로 안다. 이들의 말이 도대체 어디까지 진실인지 모르고, 그들의 말을 아예 이해하지 못할 때도 있기 때문이다. 허풍떠는 사람들의 말은 그들을 예측할 수 없게 만들며, 따라서 신뢰할 수 없게 만든다.

3. 자신의 약점과 실수에 대해 솔직하다.

이들은 실패를 성공으로 포장하지 않는다. 자신의 약점이 강점인 것처럼 꾸미지 않으며, 방어적이지 않다. 대부분의 사람이 이런 사람들과 일하는 것을 좋아한다. 장점과 약점이 분명해서 예측 가능하기 때문이다.

신뢰할 수 있는 사람은 자신감 없는 사람이 말할 때 주는 공허감을 느끼게 하지 않는다. 우리는 자신감 없는 사람이 스스로 방어적이라는 사실조차 모르고 있다는 것을 자연스럽게 알게 된다. 이들은 그저 좋은 인상을 주려고 애쓰고 있을 뿐이다.

우리는 이들이 뭔가를 숨기고 있다고 생각하지만, 그것이 얼마나 나쁜 일인지 종종 과소평가한다.

4. 힘든 일과 부담되는 마감일을 기꺼이 받아들인다.

신뢰할 수 있는 사람은 힘든 일을 자신의 능력을 보여 줄 수 있는 좋은 기회로 삼는다. 이들은 자신이 신뢰할 만한 사람임을 충분히 자각하고 있으며, 이를 증명하기를 좋아한다. 또한 자신을 계속해서 증명할 필요가 있음을 알 정도로 현실적이다.

신뢰할 수 있는 사람들은 집중력, 이타심, 열정을 가지고 몰입 상태에 빠지는 경향이 있으며, 열심히 일하는 것이 힐링이 되기도 한다는 것을 알고 있다.

또한 이들은 책임져야 할 일을 맡게 되는 것이 그동안 맡은 일을 잘해 왔다는 것을 보여 주는 것이라고 생각한다. 따라서 이들은 책임 있는 일을 맡게 되는 것을 좋아한다.

5. 맡은 일을 열정적으로 빠르게 시작하고 더욱 속도를 낸다.

유능하고 성실한 사람들은 일을 처리하는 과정을 알고 있고, 완수할 수 있는 방법을 알고 있으며, 긴박감을 느끼기 때문에 일을 빨리 해낼 수 있다.

성실한 사람들이 느끼는 빠른 일처리의 장점 중 하나는 자신의 일을 먼저 마치고 다른 사람들을 도울 수 있다는 것이며, 이는 그들을 기분 좋게 하는 일이다.

일은 물론 잘 완수해야 하지만, 속도도 항상 중요하다. 속도는 조직이 경쟁자들을 앞지르게 하고, 신뢰할 만한 사람들을 끌어들이며, 구성원들을 기민하게 움직이게 하며, 일정을 원활히 움직이게 하고, 회사 경비를 절감시키며, 대개 새로운 기준이 된다.

빠른 것이 좋은 것이다. 양질의 결과를 내면서 신속하게 마무리된 프로젝트는 신뢰성을 객관적으로 측정할 수 있는 최고의 기준 중 하나다. 시계는 거짓말하지 않는다.

6. 호기심이 강하다.

호기심은 배움이라는 불에 불을 붙이는 불꽃이며, 창의성의 영혼이다. 신뢰할 수 있는 사람들은 자신의 직업, 다른 직업들, 산업 전반에 대해 많은 호기심과 질문을 가진다. 이들은 호기심을 통해 쌓아가는 지식으로 자신의 업무 과정에서 최적의 효율성을 내려 한다.

질문하지 않는 사람들은 대체로 일에 관심이 없거나, 자신의 질문이 불명확해 보이거나, 무능해 보일까 봐 두려워한다.

신뢰할 수 있는 사람들은 구직을 위해 면접을 볼 때, 종종 질문에 대답하는 것만큼 많은 질문을 한다. 이들은 무모하게 구직에 매달리지 않으며, 자신이 정말 행복하고 만족할 만한 곳에서 일하고 싶어 한다. 그래서 이들은 근무 일정, 승진, 복지 혜택, 회사 문화, 업무 환경, 자신의 만족도와 확신에 영향을 미치는 기타 문제들에 대해 정중하고 투명하게 묻는다.

또한 이들은 당신과 당신의 동료들에 대해 알고 싶어 한다. 동맹을 통해 서로의 이익을 증진할 수 있는 상황을 찾기 때문이다. 그래서 우리는 사람들을 예측하기 위한 여섯 가지 신호가 서로 중첩되어 있음을 다시 한 번 알 수 있다.

7. 비판을 정중히 받아들인다.

이들은 자신을 포함해서 어느 누구도 완벽하지 않다는 것을 알고 있다. 완벽한 척하는 사람들은 대개 자신이 하는 일에 그다지 능숙하지 않고, 완벽주의로 치장한 겉모습 뒤에 있는 자신의 불안을 감추려고 노력하는 사람들이다.

하지만 이는 상황을 더 악화시킬 뿐이다. 왜냐하면 완벽주의자가 되려고 노력한다고 해서 자신이 완벽하다는 느낌을 가지게 되는 것은 아니기 때문이다. 완벽한 사람은 없으며, 완벽주의는 사람들로 하여금 오히려 자기 자신을 능력이 부족한 사람으로 느끼게 한다.

신뢰할 수 있는 사람은 누군가가 자신을 비난할 때 좀처럼 침착함을 잃지 않는다. 거의 항상 마음 깊은 곳에 호의를 품고 있고, 자신이 비판에 넘어지지 않고 열심히 할 것임을 알기 때문이다. 이들은 비판을 배우고 노력할 수 있는 기회로 받아들인다.

8. 희생이 아니라 생산성으로 자신이 기여한 정도를 측정한다.

이들은 언급해야 할 특별한 이유가 없는 한은 자신이 얼마나 고생하고 노력했는지에 대해서 말하지 않는다. 이들은 휴가 기간을 포기하거나, 피하고 싶은 사람들을 만나거나, 관심 없는 프로젝트를 맡는 것에 대해 불평하지 않는다. 이들은 이런 문제들이 자신의 문제이고, 모든 사람은 각자의 문제를 가지고 있기 마련임을 안다.

신뢰할 수 있는 사람들 중 많은 사람이 더 열심히 일하는 것보다 더 똑똑하게 일하는 것이 옳다고 생각하지만, 이들 대부분은 더 똑똑하고 더 열심히 일하는 것이 옳다고 생각한다.

이들은 자신이 거둔 성과들을 잘 인식하고 있지만, 단지 만족감을 느끼기 위해서이며, 우수사원 표창장을 받을 경우, 굳이 자랑스럽게 전시하지 않는다.

9. 스트레스와 긴장되는 일이 많을 때에도 안정적이고 긍정적인 비언어적 표현을 보인다.

힘든 시간은 능력과 근면함을 볼 수 있는 최고의 척도다. 비언어적 표현은 숨기기 힘들고 속이기는 더 힘들기 때문에, 말이나 글보다 훨씬 더 많은 것을 드러내기도 한다.

힘든 시기에 대부분의 사람은 직장 내 괴롭힘, 다른 사람들과의 반목 같은 공공연한 좋지 않은 행동들을 삼가려 한다. 요즘 대부분의 직장에서는 이런 행동을 삼갈 것을 요구한다.

하지만 크게 신뢰할 만한 사람들은 땀, 근육 긴장, 과호흡, 배탈, 심장박동 수 증가, 손발이 차가워지는 것과 같이, 우리가 통제할 수 없을 것 같은 스트레스에 대한 신체적 반응도 통제할 수 있다. 이는 결코 쉬운 일이 아니다. 이 반응들은 모두 자율신경계의 투쟁, 도피, 경직 반응에 의해 일어나므로, 원래 조절하기 힘든 반응들이다.

하지만 신뢰할 수 있는 사람들은 신체적 반응을 통제할 수 있다. 위기 상황에서도 이들은 자기 자신과 신체적 반응을 통제한다. 이들은 차분하고 합리적이며, 신체적으로 이완되어 있으며, 집중할 수 있다. 이들의 반응은 자신이 절대로 파괴될 수 없다는 망상에 근거한 것이 아니다. 이들은 다른 사람들과 똑같이 힘든 상황에 직면해도 자신이 힘든 고비를 넘길 수 있다고 확신하며, 대개 실제로 이겨낸다.

이들의 성공이 아이러니한 이유 중 하나는 자신이 성공해야 한다고 느끼지 않기 때문이다. 이들은 지는 것을 좋아하지 않지만, 성공과 실패로 자신을 평가하지도 않는다. 이들은 자신의 역량과 성실함으로 스스로를 측정하며, 결과에 상관없이 최선을 다한다.

10. 적이 없다.

이들에게는 적이 필요 없다. 대개 자기 자신이 최고의 적이기 때문이다. 자신을 계속해서 점검하기 때문에 자신 이외의 적은 단지 자기 자신을 대신할 뿐이다. 유능하고 성실한 사람이라면, 어떤 일에 실패했다고 해서 좀처럼 자책하지 않는다. 최선을 다했기 때문이다.

우리가 더 이상 적에게 집착하지 않을 때 적은 사라지지만, 적이 우리에게 준 교훈은 여전히 남는다. 우리는 교훈을 안고 계속해서 노력하며 살아갈 수 있다.

동맹하지 않기를 선택

드론 회의가 한 달밖에 남지 않았고, 나는 그나마 조지에 대해 가지고 있던 작은 믿음마저 잃어가고 있었다. 그는 기술이 차지하는 비중이 크지 않은 팀을 운영할 만한 역량, 적성, 훈련, 기질을 가지고 있지 않았다. 그의 잘못이 아니었다. 그는 그저 이런 일에 익숙하지 않았다.

나는 그에게서 신뢰성을 발견할 단서를 기대하며 많은 기회를 주었지만, 그로부터 단서를 거의 찾을 수 없었다. 회의에서 구체적으로 말하지 않는 것(긍정적인 단서 2), 자신의 약점에 대해 투명하게 말하지 않는 것(긍정적인 단서 3), 많은 질문을 하지 않는 것(긍정적인 단서 6), 마감일을 정하지 않는 것(긍정적인 단서 5), 문제가 지적되었을 때 책임을 지기를 거부하는 것(긍정적인 단서 7) 등 회의에서 그의 긍정적인 단서들을 발견할 수 없었다. 또한 그는 자신의 말을 뒷받침할 만한 정보들을 적게 가지고 있어서, 나는 그에 대한 믿음과 동맹 관계를 끊기로 했다.

내게 아주 드문 일은 아니다. 전에도 많은 사람과 동맹하지 않기로 선택한 적이 있었다. 사람들을 신뢰하려고 노력하지만, 종종 그에 부응하지 못하는 사람들을 만나기도 한다. 그들이 형편없는 끔찍한 사람들이어서가 아니다. 단지 믿을 만하고 예측할 만한 사람이 아니라는 신호를 지나치게 많이 보였던 것이다.

조지는 불신을 일으키는 증거들과 함께, 객관적인 몇 가지 부정적인 단서들을 보여 주었다. 그와 제대로 이야기할 수 없는 상황이 자주 벌어져서 나를 짜증나게 만들었고(부정적인 단서 2), 약속 시간을 분명히 정했음에도 언제나 늦었다(부정적인 단서 3). 회의에서 그는 실제적인 도움을 주지도 않으면서 사소한 일까지 시시콜콜 챙겼다(부정적인 단서 1). 나는 그의 성공에 도움이 되기 위해 열심히 노력했고, 그를 쉽게 포기하지 않았다. 하지만 내가 노력해야 하는 기간이 너무 길어져 버렸다.

나는 태스크 포스팀을 떠나고 싶었지만, 내 인생에서 중요한 임무를 결코 그만두지는 않았다. 만약 내가 그만뒀다면 그리고 그것이 다른 팀원들의 이탈을 촉발시켰다면, 조지의 경력에 중대한 감점 요인이 됐을 것이다. 그것은 또한 드론 위협에 대한 미국의 대응을 지연시킬 수도 있었다.

늦은 여름, 나는 조지에게 마지막 기회로 내가 추천한 전문가에게 전화해서 그의 동료들이 연설할 수 있는지 알아볼 수 있게 했다. 조지는 이 일을 잊었고, 나는 그에게 '또 다른' 마지막 기회를 주었다. 그리고 그 때문에 나의 사직 결정은 여름에서 가을로 지연됐고, 나는 그에게 '정말' 마지막 기회를 주었다. 하지만 나는 여전히 낙관적이었다. 왜냐하면 내가 낙관적인 시각을 불독처럼 고수하기 때문이기도 하지만, 현실적이기도 하기 때문이다. 나는 합리성을 긍정적인 시각만큼 중시한다.

"로빈, 내 친구!" 나는 그의 사무실을 다시 한 번 갑자기 찾아갔다. "잘 왔어!" 그가 진심으로 한 말이었다. 나는 지난주에 내가 찾은 전문가에게 그가 연락하지 않으면 내가 직접 연락해 보고서 좋은 소식을 알려 주겠다고 말한 바 있었다.

나는 그 전문가와 그의 동료들의 동의를 얻었고, 그 기쁜 소식을 전할 생각이었다. 하지만 그러면서도 나는 프로젝트가 제대로 진행

될 수 있을까 걱정하고 있었다.

그의 어지러운 책상은 조지의 조직력에 대한 나의 불신을 키웠다. 마치 책상 위에 휴지통을 쏟아 놓은 것 같았다. 먹다 만 바나나가 책 갈피처럼 꽂힌 서류가 내 눈길을 붙잡았다(부정적인 단서 5).

나는 조지에게 기조연설의 대략적인 개요와, 연설에 동의한 동료들의 명단을 포함한, 해당 전문가에게서 받은 몇 장의 서류를 건넸다. 나는 그들 중 일부가 국가 안보체계에 속해서 오랫동안 컨설턴트 역할을 해 주기를 바랐다.

이들 중 일부는 내가 제안했던 프로젝트에서 즉, 드론 비행 학교에서 정보를 수집하는 비밀 정보원이 되어 같이 일할 수도 있겠다고 생각했다.

"아는 이름이 있어?" 그에게 물었다. 몇몇 사람은 드론 규정 분야에서 이름이 꽤 알려진 사람들이었다. 나는 ABC 뉴스 프로듀서들과 함께한 훈련 프로그램에서 이들 중 한 명을 만나기도 했다.

조지는 고개를 저었다. 그가 이 문제에 대해 아직 숙지하지 않았음이 분명했다(부정적인 단서 7). 아마도 여전히 실행 계획과 자금 지원에 집중하고 있었기 때문일 것이다. 나는 놀라지 않았다. 그때는 더 이상 그의 어떤 행동도 놀랍지 않았다.

나는 연설자 예비 명단 중 가장 위에 있는 네 명의 이름을 가리키며 물었다. "이들에 대해서 간단하게 읊어 줄까?"

"물론이지."

나는 설명을 시작했지만 곧 멈출 수밖에 없었다. 그는 어떤 메모도 하지 않아서(부정적인 단서 8), 나는 시간을 더 낭비하고 싶지 않았다. 나는 그때 우리의 관계가 끝났음을 알았다.

"자네는 이 프로젝트에 그다지 관심이 없는 것 같아." 나는 가능한 한 부드럽게 말했다. 나는 적을 만들고 싶지도 않고, 평소에 적을 만들지 않기 때문이었다.

"당연히 관심이 있지." 그가 항변했다. "하지만 우리 팀에는 그런 일을 할 수 있는 팀원들이 이미 있어. 문제없을 거야!"(부정적인 단서 9) 이쯤에서 나는 이 일에서 빠지고 싶었다.

"로빈, 자넨 정말 일을 잘해. 하지만 나는 자네가 어떤 문제들은 과대평가하고, 어떤 문제들은 과소평가하고 있는 것 같아."

나는 동의하며 고개를 끄덕였다. 그의 말이 어떤 의미든 간에 품위 있는 마무리를 짓기 위해서였다.

그는 말했다. "내가 먼저 얘기했어야 했는데, 우리 팀에도 연설할 사람들이 있어."

나는 잘못 생각하고 있었다. 그는 나를 놀라게 할 수 있었다.

"하지만 15분 정도는 자네가 알아본 친구가 연설하게 할 수도 있을 거야. 그를 기분 상하게 하고 싶지는 않으니까." 그가 말했다.

"그에게 물어볼게." 하지만 실제로는 전문가에 물어보지 않을 작정이었다.

나는 전문가에게 전화를 걸어 사정을 모두 솔직하게 설명하고 깊이 사과했다. 통화가 끝날 무렵, 나는 내가 아는 사람 중 가장 안정적이고 예측 가능한 사람 중 한 명과 또 하나의 신뢰 관계를 맺었다.

나는 태스크 포스팀을 너무 조용히 그만둬서, 나조차도 내가 그만둔 것이 맞는지 느끼지 못할 정도였다. 그만두긴 했지만 나는 그 프로젝트가 걱정이 됐다. 그 프로젝트에는 많은 일이 필요했고, 여전히 많은 일을 필요로 하고 있다. 하지만 나는 내게 더 나은 곳이 있음을 알고 있었다.

그 프로젝트의 위기는 해결되지 못하고 있었다. 해결되지 못할 수밖에 없었다.

자신이 말한 대로 해낼
역량과 성실함이 있는가?

Sign #3. 신뢰성

주요 문장: "우리는 누군가를 진심으로 사랑하고, 깊은 비밀을 내보이며 그를 신뢰할 수 있지만, 아무리 신뢰하더라도 그에게 의지하는 것이 불가능할 뿐 아니라 미친 짓일 수 있는 분야는 수없이 많다."

주요 메시지: 신뢰성은 사실상 긍정적인 태도와 동의어로, 역량과 성실함이 합쳐져서 생겨난다.

요점

역량: 업무에 필요한 기술, 지식, 경험
1. 역량 부족과 역량을 빠르게 키울 수 있는 능력 부족은 업무를 성공적으로 수행할 수 있을지를 예측하는 데 중요한 요인이다.
2. 역량은 일반적으로 정확히 측정될 수 있다.
3. 대부분의 사람은 자기 전문 분야에서만 유능하다.

성실함: 능력을 행동으로 보여 주는 추진력, 책임의식, 강한 직업윤리 등과 같은 성격적 특성
1. 누구나 충분히 노력하면 성실할 수 있다. 하지만 성실함은 능력보다 측정하기 어렵고 속이기 쉽다.
2. 행동과학 연구에 따르면, 대략 50퍼센트의 사람들은 성실함이 부족하다.

3. 성실함이 부족한 사람들은 잦은 결근, 낮은 생산성, 무관심, 무기력, 소극적인 태도로 자신의 신뢰성을 손상시킨다.

신뢰성(역량과 성실함)을 보여 주는 열 가지 긍정적인 단서

1. 진정한 자신감을 가지고 있다. 자신이 무엇을 하고 있는지를 알기 때문이다.
2. 구체적으로 말한다. 명확하고, 간결하며, 기억에 남고, 동기부여가 되는 말을 한다.
3. 자신의 약점과 실수에 대해 솔직하다.
4. 힘든 일과 부담되는 마감일을 기꺼이 받아들인다. 힘든 일을 자신의 능력을 증명해 보일 수 있는 좋은 기회로 삼는다.
5. 빠르게 일하고, 완수를 중요시 여기며, 시간은 곧 돈임을 안다.
6. 호기심이 강하다. 이들의 호기심은 많은 가치를 만들어 낸다. 많은 질문으로 문제의 발생을 막는다.
7. 비판을 책임 있는 자세로 받아들인다. 핑계 대지 않고, 좀처럼 침착함을 잃지 않으며, 비판을 배우고 노력할 수 있는 기회로 받아들인다.
8. 생산적이다. 이들은 시계를 보는 대신, 자신이 얼마나 생산적인지를 본다.
9. 힘든 일을 맡는 동안에도 안정적이고 긍정적인 비언어적 표현을 보인다.
10. 누군가에게 원한을 품지도, 복수를 꾀하지도 않는다.

신뢰성(역량과 성실함)을 보여 주지 못하는 열 가지 부정적인 단서

1. 실제적인 도움을 주지도 않으면서 사소한 일까지 시시콜콜 챙긴다.
2. 고의로 연락이 잘 안 된다.
3. 만날 늦는다. 성실성과 능력 부족이 합쳐진 결과다.

4. 남의 공을 가로채며, 종종 은밀하게 슬쩍 가져간다.

5. 외모나 옷차림에 부주의한 경우가 많다. 단정하지 못하거나 더러운 옷을 입고 직장에 오거나, 사무실이 엉망이다.

6. 자신의 문제들을 다른 사람들이 해결하게 만든다.

7. 새로운 개념을 느리게 배우고, 느리게 배우는 문제를 심각하게 여기지 않는다.

8. 잘 기록하지 않으며, 기록에 소홀함을 사실을 숨길 수 있는 기회로 사용하기도 한다.

9. 실천보다 계획 세우는 것을 더 좋아한다.

10. 자신의 실수를 심각하게 받아들이지 않는다. 때때로 이들은 실수했는지를 깨닫지도 못한다.

6

네 번째 신호: 행동 패턴

지속적으로 긍정적 행동 패턴을 보이는가?

첫 번째 규칙, 스스로 일을 망치지 말라

나는 최근 어떤 작전을 계획하고 승인을 요청했지만, 내 상사는 이를 거절했다. 나는 제시에게 푸념했다. "저를 믿어 주는 사람이 없는 것 같네요."

무엇을, 어떻게 해야 할지 알 수 없었다.

제시에게 내 불안한 감정을 털어 놓아도 그가 내 감정에 휘둘리지 않을 것을 알기에 편하게 이야기했다. 그가 같이 고민해 주고 새 상사를 찾는 데 도움을 주거나, 현재의 상사에게 더 나은 방법으로 접근하라는 조언을 줄 것이라 기대했다. 하지만 즉답을 기대하지는 않았다. 내 상황이 정확히 어떤지, 내가 어떤 기분인지 알기 전에는 그가 어떤 의견도 주지 않을 것임을 알고 있었다.

제시는 사견 없이 이성적인 질문을 하는 행동과학 기법인 '발견 질문discovery questions'을 하기 시작했다. 발견 질문이란 방어적인 태도, 추측, 불안 등의 여러 층을 걷어냈을 때 내면에 자리잡고 있는 지혜와 현실감각을 향해 나아가도록 사람들을 이끄는 질문 기법이다.

이 층들은 모두 두려움에 기반하고 있지만, 완벽주의, 의심, 사회적 지위 추구 등 각기 다른 이름으로 포장되어 드러난다. 이에 대한 유일한 해결책은 현실적인 생각으로 돌아가는 것인데, 정작 실제 현실은 생각만큼 그렇게 힘들지 않다. 인생에서 어두운 시간을 만나면, 우리 뇌에서 두려움을 관장하는 영역인 편도체가 다양한 시나리오를 만들어 내지만, 실제 현실은 그렇게까지 위협적이지는 않기 때문이다.

제시는 현실을 있는 그대로만 본다면 우리 삶이 보다 나아질 수 있다고 생각했다. 그래서 그는 사람들에게 상대가 듣고 싶은 말만 해 주지 않고, 상대가 처한 상황에서 자신이라면 어떻게 할지를 말해 주는 손쉬운 화법도 택하지 않았다. 사람들은 보통 상대방이 듣고 싶은 말을 해 주려고 한다. 왜냐하면 결국은 자기 일이 아니고, 자칫하다간 주제넘고 잘난 체하는 것으로 보일 수 있어서다.

제시는 사람들의 머릿속을 들여다보는 듯했고, 그 사람의 시각에서 봤을 때 무엇이 그에게 최선인지 알 수 있을 정도로 상대의 말을 경계했다. 주의 깊게 들어주는 것만으로도 사람들은 크게 좋아한다.

사람들은 자신의 말에 동의해 주는 것도 좋아하지만, 이해받기를 훨씬 더 좋아한다. 제시는 사람들이 감정의 동요가 진정되어야 최선의 이익에 맞는 일이 무엇인지 인지할 수 있고, 그렇게 행동했을 때라야 다른 사람들로부터 신뢰받을 수 있음을 알았다. 그래서 제시에게 이야기를 다 털어놓을 즈음이면 대개 자신의 실제 감정뿐만 아니라 생각을 알게 되고는 했다.

감정과 생각은 함께 어우러져야 하지만, 종종 그렇지 못하다. 감정은 거의 항상 생각에 연결되어 있지만, 생각이 만들어 내는 감정이 지나치게 환상에 치우쳐 있고 덧없으면 이성적인 생각은 증발할 수도 있다.

이와는 대조적으로, 인지적 사고라는 내구성 좋은(감정보다 훨씬 더 내구성이 좋다) 산물은 이성적인 사람들이 어떤 행동을 취할지 예측할 수 있게 하는 주요 예측 변수다. 왜냐하면 당연히 사람들은 대개 자신에게 최선의 이익이 되는 일을 하기 때문이다.

자신에게 최선의 이익이 무엇인지 아는 것이 쉬운 일처럼 들릴 수도 있지만, 나는 오래 전부터 생각과 감정이 잘못 연결되어 있을 때는 이를 알아채기가 쉽지 않다고 믿어 왔다. 불행히도 인간은 자신에게 가장 최선인 것에 대해 생각하기 시작할 때 착각에 빠지기 쉽다. 우리는 종종 지나치게 공상에 빠지면서 낙천적이라고 하거나, 지나치게 두려움에 빠지면서 신중하다고 말한다. 그리고는 조급하게 선택하고, 조급한 선택은 문제를 키우고 상황에 대한 이성적인 관리를 포기하게 만든다.

사람들은 종종 플랜 A가 효과가 없을 때 주변 사람들뿐만 아니라 자신에 대한 불신에 깊이 빠져들곤 한다. 그때가 바로 자기 자신을 망치기 시작하는 때이다. 사람들로부터 의심받고 소외받을지 모른다는 두려움은 자신에게는 매우 분명하게 그런 일이 벌어질 것처럼 보이게 만들지만, 실제로는 의심받거나 소외당하지 않으며, 어쩌면 아무도 당신을 의심하거나 소외시키지 않을지도 모른다. 스스로 만든 고립감이 그렇듯 불신은 혼자 살아나 자신을 괴롭히는 성격상의 결함이다.

조심성이 많은 사람은 주변 사람들의 행동을 정확하게 예측할 수 없을 때 안전하지 않다고 느껴서 자신을 위한 최선의 이익을 추구하지 못한다. 이들 중 일부는 자신이 이기적이거나, 통제적이거나, 무능하게 보일까 봐 두려워하고, 또 어떤 사람은 한때 동맹이라고 생각했던 사람들에게서 받은 상처에 지쳐 있다.

더 안타까운 것은 수백만 명의 사람들이 자신의 최선의 이익과 가족, 친구, 동료들의 최선의 이익이 무엇인지 알고 있음에도, 자신의 소중한 마음의 평화를 근거 없는 두려움, 유혹, 정신적 압박감에 내맡긴다.

이럴 때 사람들은 자기 자신뿐 아니라 가까운 사람들의 최선의 이익 추구라는 단순하지만 신성한 권리를 대개 행사하지 않는다. 자신의 희생이 사람들과 세상에 도움이 될 것이라고 생각해서다.

나는 이런 행동을 비판하려는 것이 아니다. 왜냐하면 대부분의 사람은 좋은 마음으로 이런 희생을 한다. 하지만 그 희생이 효과가 없으면 이들의 가슴은 굳어지고, 영혼은 죽고, 몸과 마음은 지칠 수 있다. 이런 때 이들에게는 원점으로 돌아가 한때 매우 중요했던 목표를 다시 추구할 수 있도록 도와줄 누군가가 필요하다.

하지만 하고 싶은 대로 행동할 수 없는 것처럼, 당신이 가장 원하는 것을 결정하기란 간단하지 않다. 당신이 하는 일은 대개 주변 사람들에게 영향을 미치고, 만약 그 일이 그들에게 해가 된다면 아마도 적이 생기거나 적어도 부정적인 반응을 얻을 것이다. 그러면 상황이 정말 힘들어진다. 그렇기 때문에 발견 질문이 매우 효과적일 수 있다. 발견 질문은 사람의 마음을 교묘히 움직이며 조종하려는 목적의 수사학적 질문이 아니라, 일반적이고 진심어린 질문들이다. 발견 질문의 목적은 이성적인 행동으로 가는 방향을 알려 주기 위한 것이다. 대부분의 문제에 적용할 만한 일반적인 발견 질문은 다음과 같다.

최악의 시나리오는? 그렇게 했을 때 싫어할 사람들은 누구인가? 그들은 어떻게 반응할까? 지금까지 나는 무엇을 시도했는가? 그러한 행동들이 궁극적인 목표를 이루었는가, 아니면 당면 목표만 이루었는가? 다른 사람들이 도와주려고 했는가? 상황을 더 악화시킬 행동들은 무엇인가?

"대체 주변에 누가 자네를 믿지 못한다는 거야, 로빈?" 제시가 물었다. 진심어린 칭찬이 내포된 발견 질문이었다.

"제 상사요. 그리고 그의 상사도요."

"왜 그렇게 생각하는데?"

"제가 제안한 작전을 계속 승인하지 않아요. 이번 건도 포함해서요."

"이유가 뭐지?"

"너무 위험하다고요."

10개에서 20개 정도의 간단한 질문을 던진 제시는 나의 전체 맥락을 이해했다. '맥락'이란 앞서도 언급했듯이 그 사람과 상황에 대한 합리적이고 정보에 근거한 이해를 말한다.

"자네는 이미 할 수 있는 최선을 다했어."

"전 아무 것도 안 했는데요."

"그건 소심한 듯해도 사실은 자신의 감정을 상하게 하는 아주 공격적인 생각이야. 특히 화가 나거나 두려울 때 그런 생각을 하지. 감정이 만들어 내는 허튼소리는 전쟁터에 낀 안개 같은 거야. 어떤 일을 하기 전에는 감정이 내는 허튼소리를 걷어 내야 해. 그러고 나서 행동에 나서. 행동에 나서기에 앞서 감정을 다스리려면 규칙을 세워야 해. 첫 번째 규칙은 자책해서 스스로 일을 망치지 말라는 거야. 일을 망치는 건 다른 사람에게 맡겨. 자네 일을 자네만큼 잘할 수 있는 사람은 없어. 결국 자네에게 최고의 적은 자네 자신인 거지."

"뭔가에 최고가 되는 것은 좋은 일이죠."

그가 웃었다. 큰 맥락을 볼 수 있을 때 유머는 쉽게 나온다.

그는 잠시 생각에 잠기더니 이어서 말했다.

"자네에게는 새로운 상사가 필요해. 내가 이미 아는 사람이 있어. 자네도 아는 사람이지. 잭, 잭 존슨 말이야! 우리는 새로운 작전을 세우고, 그 작전에 잭과 자네의 현재 상사를 참여시킬 수 있어. 자네는 두 사람을 다 잘 활용할 수 있을 거야.”

　기억하겠지만 잭은 관료적인 부분을 깨고, 제시가 가끔 ‘제3차 세계대전 방지 작전’이라고 부르는 아난과 나의 첫 작전을 승인해 준 관리자였다.

　“좋은 분이죠. 하지만 제가 선배님과 함께하지 않았다면 잭은 아난 작전을 수행하도록 허락하지 않았을 거예요. 그분이 저를 믿을 거라고 생각하는 이유가 뭔가요?”

　“우선, 그가 자네의 작전을 승인해 주었기 때문이야. 명백한 사실을 간과해서는 안 돼. 그리고 그가 나를 붙인 건 자네를 믿지 않아서가 아니야. 그의 상사를 신뢰하지 않았기 때문인 거지. 잭의 상사는 위험 요인을 거의 허용하지 않기 때문에 본부에서 승인을 받으려면 경험이 많은 요원을 붙여야 한다는 것을 그는 알고 있었어. 잭은 자네에게 완벽한 상사가 될 거야. 그의 좌우명은 ‘야수(원하는 것을 계속 줘야 하는 거대한 시스템—옮긴이)에게 먹이를 주라’인데, 조금 위험하더라도 그는 계속해서 본부에 작전 계획을 올려. 그는 자신이 맡은 작전도 잘 수행하지만, 임무를 중심으로 생각하고 요령 피우지 않아. 열심히 하려다 보니까 기존의 체계를 좀 벗어나기는 해도 희생양을 만들지는 않고. 윗선에서는 그를 신뢰해. 왜냐하면 그는 자신의 핵심 가치를 지키기 때문이지. 그리고 그게 바로 그를 매우 예측 가능하게 해. 믿고 살 수 있는 상품이란 거지. 믿고 살 수 있는 상품이 그래서 잘 팔리는 것 아니겠어?”

　“그럼 그분이 이 새로운 작전에 찬성할 거란 말씀이신가요?”

그는 고개를 끄덕였다. "잭은 야수에게 쉽게 먹이 주는 방법을 알고 있어. 사람들이 말하는 것을 찬찬히 살핀 후에 공개된 정보, 가급적이면 숫자와 비교해서 확인해. 거의 독심술사 수준이야. 그렇게 그는 상사의 마음을 잘 읽고 움직이는 사람이고, 자네에 대해서도 그렇게 할 거야."

"그렇군요." 나는 다소 조심스럽게 말했다.

"아, 게다가 그는 로또(작전 성공)에 열여덟 번이나 당첨됐어."

대단했다! 일주일 만에 잭은 윗선에서 우려한 위험 요인을 완화시키면서 내 작전을 다시 설계하면서도 나를 여전히 작전을 주도하는 요원으로 유지해 놓았다. 나를 포함해 모든 사람을 만족시키는 뛰어난 솜씨였다. 그는 이전 작전에서 내가 어떻게 임무를 수행했는지 잘 기억하고 있어서, 결정적으로 과거의 나의 행동 패턴을 이해함으로써 새로운 역할에 대해서도 나를 신뢰하는 마음을 가지게 됐다.

좋은 행동이든 안 좋은 행동이든, 다른 무엇보다도 행동이 중요하다. 말과 감정보다 훨씬 더 분명하고 정확하게 당신을 정의하는 것은 바로 당신의 행동이다. 아무리 골치 아픈 말과 감정들이 오고 가더라도, 실제로 일을 그르치는 것은 안 좋은 행동을 했을 때다. 다른 어떤 형태의 자기표현보다 행동이 일의 성사를 판가름하는 요인이다. 행동은 생각에 머무는 것이 아니라 생각을 실현하는 것이다.

또한 행동은 큰 변화를 일으킬 수 있다. 과거의 행동은 가끔 현재에 영향을 미치지만, 현재의 행동은 대부분 현재에 영향을 미친다.

나는 내가 계획한 작전이 국제적으로 중요한 영향을 미칠 것이라고 생각했다. 제시는 내 의견을 마음에 들어 했고, 잭 또한 그랬다. 앞서 거절당한 작전은 소심한 윗선들 때문에 다른 상사가 맡아서 진행했다.

우리의 작전은 뛰어난 해병대 대령이었던 미국인 비밀 정보원의 도움을 받아 전직 소련 장군이었던 러시아인을 포섭하는 것이었다. 그들은 둘 다 공인이기 때문에, 그들의 과거와 현재의 행동 패턴에 대한 정보들은 대체로 공개되어 있었다. 나는 대령과 잠간 이야기를 나눈 적이 있고, 러시아 장군과는 대화를 나눈 적이 전혀 없었지만, 정보를 살피고는 이미 두 사람을 잘 아는 듯한 기분이 들었다.

공교롭게도 그 포섭 대상자는 러시아와 미국 간의 외교에서 중요한 역할을 하고 있었다. 블라디미르 푸틴이 '현대판 차르'처럼 보이기 시작한 시기에 그 장군을 포섭한다면 정말 엄청난 성과였다.

무엇보다도 장군과 대령은 오랜 친구 사이였다. 이런 작전이 어떻게 거부될 수 있겠는가?

사람에 대한 예측을 쉽게 만드는 인성

과거부터 일관되게 해 오던 것을 포함해서 사람의 행동은 그에 대한 예측 가능성을 크게 높인다. 행동은 가장 중요한 원칙과 가치로 구성된 인성(또는 성격)의 핵심 가치를 밖으로 드러내는 것이기 때문이다.

인성은 많은 원칙과 가치들로 구성되는데, 대부분의 사람은 인성의 어떤 요소가 다른 요소보다 더 중요하다고 생각하며, 그래서 사람들마다 특정 인성 요소를 다른 요소에 비해 더 많이 가지고 있다. 예컨대 어떤 사람들은 겸손보다는 정직에 더 신경쓰고, 진실함보다는 친절함에 더 중점을 두기도 한다.

나는 사람들이 소중히 여기는 가치들, 즉 핵심 가치를 읽으려고 한다. 핵심 가치는 그 사람의 내면을 들여다보는 창이고, 다른 사람들에게 영향을 미칠 가능성이 가장 높은 특성이며, 상황이 변해도 이는 변함없이 유지되기 때문이다.

한 사람의 성격은 자신만의 성격 체계를 만드는 시기, 특히 종종 사춘기 혹은 성년기 초기에 택한 철학적이고 도덕적인 가치들에 의해 형성되는 경우가 많다. 그러므로 어떤 의미에서 사람들의 행동은 오래 전 선택들에 의해 결정된 것이다. 뛰어난 스토아 철학자 에픽테투스는 "당신에게 강요하는 것은 당신의 신념이다. 즉, 선택은 선택을 강요한다"고 말했다. 그렇기 때문에 최근의 행동 양상과 더불어 그 사람의 인생 전체를 보고 평가하는 것이 중요하다. 대체로 우리는 자신이 오랫동안 의도해 왔던 사람이 된다.

인성을 중요하게 생각하는 것은, 정서적으로 건강한 사람은 대개 자신의 최선의 이익을 따라 행동한다는 개념과 매우 비슷한데, 왜냐하면 최선의 이익 추구는 거의 자신의 행동강령을 준수하며 이루어지기 때문이다. 자신의 행동강령을 어기면 사람은 죄책감과 후회가 들고, 자신의 성장과 자존심뿐 아니라 다른 사람들에게 인정받지 못할까 봐 두려워한다. 이러한 인성에 대한 애착은 사람에 대한 예측을 훨씬 더 쉽게 만들고, 따라서 우리의 앞날과 관련해 그들을 신뢰하기 쉽게 만든다.

여러 종교나 철학에서도 도덕에 대해 이야기하는 경우가 많고, 그 대부분이 보편적인 인성 요소들을 포함한다. 예컨대 정직, 신의, 친절, 겸손, 존중, 청렴 등이다.

이러한 인성 요소들이 귀하고 소중함은 논쟁의 여지가 없다. 따라서 인성 요소들은 신뢰성을 평가할 때 고려하는 일차적이고 때로는 유일한 요소들이다. 어떤 사람들은 특정 종교의 믿음에 기초해서 상대를 신뢰함으로써 신뢰하는 과정을 단순화시킨다. 특히 종교적 믿음을 공유하는 경우에 그렇게 하는데, 이는 위험한 결과를 낳을 수도 있다. 왜냐하면 단지 특정 종교를 믿는다고 해서 자동적으로 좋은 인성이 부여되는 것은 아니기 때문이다. 그럼에도 상대에게서 이러한 기본적인 인성 요소들을 찾으려는 것은 우리가 그 사람을 정확하게 평가하고 바른 평판을 형성하고자 하는 근본적이고 기본적인 자세 중 하나다. 여러 가지 단점이 있지만, 인성은 신뢰성을 평가하고 사람들의 행동을 예측하는 데 유효한 지표 중 하나다.

어디에나 예외와 모순은 있듯이 행동과학에서도 이 규칙은 예외와 모순이 많다. 인간의 행동은 언제나 두 가지 견고한 진리로 되돌아온다. 1) 우리는 인간일 뿐이고 2) 완벽한 사람은 아무도 없다. 따라서 자신이 세운 인성의 원칙들에 대한 개념과 실천의 정도는 사람마다 다르며, 인성 요소는 특히 핵심 인성의 범주에 속하지 않을 때 놀라울 정도로 쉽게 외부로부터 영향을 받는다.

행동과학의 연구결과에 따르면 과거에 흠잡을 데 없는 행동을 한 사람들이 종종 이전에 못 미치는 행동을 한다. 사람은 자신의 핵심 인성을 자주 바꾸지는 않지만, 우리가 세심하게 살펴보지 않는다면 원칙이 없는 것처럼 보일 정도로 다르게 행동한다. 세심하게 살펴보면, 사람들은 종종 자신의 환경이 바뀌어서 그에 적응하려 한다는 것을 알게 된다. 대부분의 환경이 끊임없이 변하기 때문에 사람들의 행동도 자주, 그리고 빠르게 변할 수 있다.

앞서 언급했듯이, 성격에 가장 영향을 미치는 변수는 위협과 유혹인데, 이 두 가지는 때때로 동시에 다가온다.

사람들이 익명성으로 인해 어떤 행동에 빠져들거나, 결과에 대한 책임으로부터 자유로울 수 있다고 믿으면, 정직과 공정성을 보였던 과거의 패턴이 허물어진다는 연구 결과도 있다. 그리고 이런 현상이 권력을 중심으로 돌아가는 두 가지 직업인 정치인과 기업 경영진에게서 반복적으로 일어나는 것을 우리는 쉽게 볼 수 있다. 이러한 일반적 현상을 '권력의 역설'이라고 한다.

이와 반대로, 자신의 행동에 대해 자신이 책임을 지게 될 것임을 아는 사람들은 과거의 긍정적인 행동 패턴을 고수할 가능성이 가장 높다. 하지만 상황이 바뀌면 그들 역시 행동의 변화를 일으킬 수 있다. 이러한 현상은 한때 신뢰받았으나 횡령자가 되는 사람들, 또는 법을 피해갈 줄 아는 변호사들에게서 심심치 않게 볼 수 있다.

좋은 인성 요소 중에서 자주 회자되는 것 중 하나가 신의다. 하지만 신의는 단지 처세를 위해 편의상 내세우는 포장용 윤리로 사용되고는 한다.

정직은 강한 인성과 신뢰성을 나타내는 가장 가치 있는 지표 중 하나로 대개 여겨지지만, 사람들은 정직이란 말을 아주 쉽게 사용하고는 한다. 많은 전문직 종사자들이 사실 전달에 능숙하지만, 고객에게 있는 그대로 모든 사실을 말하지는 않는다.

정직은 무기로도 사용될 수 있는데, 예컨대 "그냥 솔직하게 말해주는 거야"라고 운을 떼며 상대방을 공격하는 경우가 그렇다.

청렴은 좋은 품성 중 하나지만, 정직과 마찬가지로 파괴적인 목적으로 사용될 수 있다. 사람들은 종종 자신이 반대하는 사람을 공격하기 위해 청렴이라는 도구를 휘두른다.

진정성 또한 소중한 자질이지만, 사람들은 거짓으로 진정성을 호소하며 부적절하게 이용한다. 다른 사람에게 "진정한 나 자신이고 싶다"라면서 분노의 방식으로 자신의 진정성을 강조할 때도 진정성이 부정적으로 이용될 수 있다. 하지만 인성과 관련한 이 모든 부정적인 측면에도 불구하고, 대부분의 사람은 자신의 핵심 가치를 고수하기 위해 대단히 노력한다.

요점: 행동 패턴(특히 오랜 기간에 걸쳐 형성된)은 그 사람의 인성을 밖으로 드러내 보이며, 인성은 불완전한 척도이기는 하지만 중요한 역할을 한다. 그렇기 때문에 행동은 사람을 평가하기 위한 여섯 가지 단서 중 하나다.

오랜 기간 동안 자기 자신에게 도덕적 선택을 '강요'하며 인성을 쌓아 온 사람들에게 관대하라. 그런 신념과 애착이 없었으면 인성이 의심스러운 행동을 보였을지도 모른다. 반면, 조심하라. 인성은 부정적으로 사용될 수도 있다. 훌륭한 평판을 가진 사람들 또한 조심하라. 상황이 바뀌면 행동도 바뀔 수 있다.

도베랴이 노 프로베랴이, 신뢰하되 검증하라!

행동 패턴에 대한 열 가지 부정적인 단서

1. 과거가 투명하지 않다.

과거의 업무 이력 일부를 언급하지 않거나, 취업 면접이나 일반적인 대화에서 특정 질문들을 피하거나 숨기고 싶어 하는 경우가 있다. 그들이 말하는 시간과 정보가 사실과 차이가 클수록 중요한 비밀이라는 의미이며, 중요한 비밀을 가진 사람들은 예측 불가능하므로 신뢰할 수 없다. 하지만 사람들이 자신의 과거에 대해 솔직한 경우, 예측과 관련한 수많은 문제가 해결된다.

2. 권력이 있는 사람을 대우하고 권력이 없는 사람을 무시한다.

이런 사람에게는 유일하게 일관된 면이 있다. 바로 권력이 없는 사람들에게 무례하다는 것이다. 아첨꾼은 함께 일하는 모든 사람에게 위험하니 아첨꾼을 조심하라. 이들은 상사의 종이 되기 위한 행동을 자주 하며, 피도 눈물도 없이 당신을 희생양으로 삼을 것이다.

3. 이력서에 사실이 아니거나 과장된 정보가 있다.

결정적인 문제 요인 같지만, 가끔은 그렇지 않다. 기업 문화에서 종종 이력서를 좋게 보이려는 노력을 어느 정도는 용인하기 때문에, 일부 지원자들은 자신의 가벼운 허위기재가 그저 최선을 다하려는 노력 정도라고 생각한다.

두 가지로 지원자를 판단하라. 잘못된 정보의 정도, 그리고 허위기재에 대해 질문했을 때 그가 어떻게 반응하는가다. 이 중 한 가지 또는 두 가지 모두에서 괜찮다면, 너그럽게 봐주되 그에 대한 주의를 놓지 않아야 한다.

4. 경쟁자를 적으로 간주하고, 언제든 틈이 보이면 공격한다.

결정적인 중요 요인이다. 예컨대 오로지 승부만 생각하는 경영자가 이러한 행동 패턴을 보일 수 있다. 사업에는 언제나 위기가 도사리고 있기 때문이다. 하지만 나이가 들면서 버렸어야 할 어린아이 같은 모습이다. 정당한 경쟁을 위해서는 공격성을 가져서는 안 된다. 이런 사람들이 당신에게 쉽게 화풀이할지도 모른다. 선천적으로 적대적인 사람들에게는 지배가 중요하다.

경쟁자를 적으로 간주하는 사람들 대신, 업계 전반에 걸쳐 여러 친구를 둔 사람들을 가까이하라.

5. 사생활에 불규칙한 행동 패턴을 가지고 있다.

예컨대 여러 번의 이혼, 가족 간의 불화, 여러 법적 또는 윤리적 문제, 수없이 깨진 우정 관계 등이 이에 해당한다. 이런 사적인 문제들은 예전에는 고용주가 알기 어렵던 업무 외적인 문제들이었지만, 지금은 소셜 미디어에 완전히 노출되어 있다.

문제가 없는 사람은 없지만, 다른 사람들보다 유독 많은 문제를 안고 있는 사람들이 있다. 사적인 문제가 많다는 것은 종종 예측 불가능성을 보여 주는 지표다.

6. 가깝고 오래 만난 사람인데도 그에 대해 잘 모르겠다.

그에 대한 정보가 그의 개인적인 핵심 성격을 전혀 반영하지 못하는 것일 수도 있지만, 여전히 당신에게는 정보가 부족하다. 정보(직관이나 호의가 아닌)는 모든 예측 가능성의 토대다. 꼬치꼬치 캐묻거나 비난하는 식이 아니라, 그에게 정보를 얻을 수 있는 구체적인 질문을 하라. 분명한 대답을 얻을 수 없다면, 그의 행동을 결코 알 수 없을 것이다. 위험한 상황이며, 달갑지 않은 경험을 하게 될 수도 있다.

7. 과거의 동료들에 대해 입을 꾹 다문다.

무언가를 숨기고 있는 것인데, 그게 무엇이든 간에 그로 인해 당신이 그에 대해 제대로 알 수 없다는 것이 중요한 문제다. 사람들을 예측하기 위해서는 그들에 대해 아는 것이 제일 중요하다. 만약 그가 다른 사람들이 자신에 대해 어떻게 생각하는지 당신이 알기를 원하지 않는다면, 결코 그의 행동을 예측할 수 없을 것이다.

아마도 그는 예전 동료들을 신뢰하지 않기 때문에 그들에 대해 말하고 싶지 않을 것이다. 하지만 그들이 신뢰할 만한지는 당신이 판단할 일이지, 그가 판단할 일이 아니다.

8. 동료의 사생활에 대해 비판적이다.

남이 뭘 하든 대개는 우리와는 상관없는 일이므로, 이는 좋지 않은 신호다. 회사를 이미 떠난 사람들을 비난하는 경우는 더욱 좋지 않은 신호다. 언젠가 그가 당신에 대해 다른 사람들에게 뭐라고 말할지 궁금해질 것이다. 감정이나 소문이 아닌 사실 그대로를 중시하고, 무엇이 중요하고 무엇이 중요하지 않은지 아는 사람들과 의견을 모을 필요가 있다. 그가 말하는 동료에 대한 이야기가 흥미를 유발한다고 해도, 들어주지 말라. 때때로 소문은 소문일 뿐이다. 소문에 현혹되지 말라.

9. 행동에 종종 일관성이 없다.

매우 중요한 단서다. 일관성은 예측 가능성을 만들고, 예측 가능성은 신뢰와 효율성을 만들어 내기 때문에 이것은 나쁜 단서다. 일관되지 못한 행동은 때론 여유 있고 낙천적인 것처럼 보일 수도 있지만, 고도의 긴장이 요구되는 때라면 이는 최악의 특성이다. 위기 상황에서 일을 완전히 그르칠 수 있다.

10. 실수(특히 중대한)를 한 경우에 책임을 쉽게 받아들이지 않는다.

이런 행동은 아주 흔히 일어나며 안타까운 일이다. 책임을 온전히 회피할 수는 없기 때문이다. 하지만 이러한 행동은 자신의 자리가 위태로울 수 있다는 불안한 마음에서 나오기 때문에, 안심할 수 있고 실패에 대한 책임을 문책하지 않는 문화를 조성하면 종종 해결된다.

만약 당신이 직원들이 안심할 수 있는 분위기와 동료들로부터 인정받을 수 있도록 최선을 다해 주었는데도 여전히 방어적인 태도를 고수하는 직원이 있다면 조심하라. 그는 당신을 신뢰하지 않는 것이고, 따라서 당신도 그를 신뢰할 수 없다.

FBI 비밀 작전,
야수에게 먹이 주기

나는 잭에게서 외교 작전을 허가받고 나서, 러시아 장군의 성격과 과거에 대한 이해에 필요한 행동 패턴을 찾기 위해 그를 관찰하기 시작했다. 그가 현재 가장 중요하게 생각하는 것들이 무엇인지, 그에게 접근할 수 있는 최적의 환경이 무엇인지, 대화의 물꼬를 트기에 가장 좋은 것이 무엇인지 알기 위해서였다.

나는 그가 푸틴과 푸틴의 독재체제보다는 미국과 서방과 함께했을 때 자신과 가족의 미래가 더 밝다는 것을 깨닫기를 바랐다. 나는 그가 그렇게 생각할 것이라고 보았지만, 내가 만든 맥락에서 나온 것이므로 그의 생각은 다를 수도 있다. 작전을 개시하기 전까지는 그가 어떤 생각을 가지고 있는지 알 수 없다. 경기도 직접 뛰어 봐야 결과를 알 수 있다.

솔직히 말해서 그 작전은 성공할 것 같지 않았다. 대부분의 FBI 작전은 로또처럼 아주 드물게 성공한다. 그런 점에서 FBI 작전은 아이디어, 연구, 지적 자산, 기타 무형의 제품과 서비스를 중심으로 하는 많은 산업과 대단히 비슷하다. 그래서 우리는 단지 훌륭한 작전을 짜는 것만으로도 성공적이라고 보아야 했다. 만약 우리가 매번 로또를 맞아야 한다는 부담이 있다면, 절대 아무것도 못할 것이다.

우리가 첩보 활동에서 할 수 있는 것이라곤 마치 도박장에 입장권을 내고 들어가 자리에 앉아서 주사위를 굴리면 어떤 결과가 나오는지 보는 것과 같다. 그것이 합리적인 태도이긴 해도, 우리가 합리적인 결정을 내리고 합리적인 행동을 해야만 그런 태도를 가질 수 있다. 그럼에도 이 작전은 내가 로또 복권을 긁을 수 있는 마지막 기회일 수도 있었다.

만약 내가 장군을 포섭하는 데 실패했지만 그가 포섭 시도에 대해 침묵을 지킨다면, 나는 평판에 타격을 받지 않을 것이다. 하지만 만약 장군이 포섭 시도를 러시아 측에 알려 그들이 문제 삼게 되면, 나와 잭의 평판은 끔찍한 타격을 받을 수 있었다. 대부분의 직업에서 그렇겠지만, 첩보 활동에서 요원의 평판은 곧 브랜드다.

나는 그저 러시아 장군과 미국 대령의 유대가 안 좋은 결과를 막아 주기를 바랐다. 하지만 러시아에도 먹이가 필요한 야수가 있었다. 분명 그 야수는 문제가 터지는 것을 좋아했다.

나는 민첩한 요원들 몇 명과, 예전에 한동안 나와 함께 러시아 쪽 일을 했던 비밀 정보원의 도움을 청했다. 그들은 모두 나의 공격적인 속도를 잘 받아들여서 우리는 빠르게 일을 진행했다. 우리가 장군에 대해 알면 알수록 나는 포섭 가능성에 대해 더욱 낙관적으로 생각하게 되었다. 그는 러시아 군사정보국인 GRU 소속이지만, 유능한 외교관이자 전투병과 출신의 장성이기도 했기 때문에 전형적인 경우가 아니었다.

비록 영화에서는 국제적 스파이 활동의 관료적 측면을 묘사하지는 않지만, 일반적인 러시아 군사정보국 장교들은 대기업의 출세주의자와 매우 유사하다. 출세주의자들은 높은 지위에 도달해서 희생양, 돈, 관례로 자신을 보호할 수 있을 때까지 생존에만 집중하며, 위험을 피하려는 경향이 크다. 그리고 위로 갈수록 이들은 훨씬 더 위험을 회피하려 한다. 자신이 누리는 것들을 잃고 싶지 않기 때문이다.

또한 이들은 부하들이 자신만큼 조심스럽지 않다고 믿어서 세부적인 일까지 시시콜콜 챙긴다.

출세주의자들(정부에서건, 기업에서건)의 또 다른 특징은 성과를 도출해 내기보다는, 시계를 들여다보며 하루가 빨리 끝나기만 바란다는 것이다.

출세주의자들은 또한 자신의 안위와 승진을 위해 윗선에는 아부하고, 아래로는 가혹한 것에 도가 터 있으며, 필요할 때 희생양을 바로 바칠 수 있도록 미리 준비해 둔다.

이들은 또한 유명 인사의 이름을 잘 아는 사람인 양 들먹이기를 잘하고, 공은 자신에게 돌리고 비난은 피하는 데 능숙하다.

이들은 심지어 자신감을 연출하는 데도 능한데(특히 불안감을 느낄 때 그러한데, 사실 이들은 거의 항상 불안해한다), 그래서 사무실 벽면을 중요 인사들과 함께 찍은 사진과 공로패들로 장식해 '에고의 벽'으로 만드는 경향이 있다.

회사에 충성하는 출세주의자들은 회의에서 다른 사람들이 논쟁이 될 만한 아이디어를 제시할 때 침묵을 지키다가, 상사가 그 아이디어를 승인하기만 하면 열성주의자로 변해 버린다.

대체로 출세주의자들은 예측할 수 있지만, 긍정적인 관계를 발전시킬 만한 사람들이 아니다. 이들은 끈질기게 피라미드의 꼭대기까지 올라가고, 그곳에서 불안감, 태만, 비밀, 내분으로 부하 직원들의 삶을 망가뜨린다.

장군에 대한 여러 가지 정보가 쌓여 갔지만, 나는 그에게서 이런 단서들을 전혀 보지 못했다. 또한 미군 대령의 인성에서도 이런 단서는 없었다. 그래서 나는 이들이 어떻게 친구가 됐는지 알 수 있었다.

미군 대령은 뼛속까지 애국자였고, 나는 그와의 여러 번의 접촉과 만남에서 그가 무력 분쟁과 영웅적인 행동들을 했던 옛 시절을 그리워하고 있고, 러시아에 대한 방첩 활동에서 항상 위험 요인이 따르지만, 그럼에도 뭔가 중요한 일을 몹시 맡고 싶어 한다는 느낌을 받았다.

대령의 군 기록을 통해 그가 해병대 소총수처럼 주어진 임무에 충실하면서도, 유럽대사관에서 군 외교관으로 복무하는 마지막 해를 보내면서 외교 매너에 대해서도 교육받았음을 알았다. 대령이 유럽대사관에서 근무할 때 러시아 장군도 자국 대사관에서 근무했기에 그들은 여러 국제 행사에서 만났고, 정치적 이득보다는 개인적인 명예와 세계 안정을 성취하는 데 더 주력하고 동맹하며 우호적인 경쟁자가 되었다.

이런 성격 특성은 직업군인들 사이에서 비교적 흔하다. 전 세계 각국의 장교들은 고국을 떠나 외지에서의 모임에서 침공, 무역 전쟁, 조약, 연합의 형성과 쇠퇴, 대통령의 이취임 등 각종 역사의 변화를 잘 헤쳐 나가며 같이 축배를 들고, 같이 이야기를 나누며, 그러는 가운데 종종 자국 정책에 대한 절대적인 고수와 충성이 흐릿해지기도 한다.

그 러시아 장군과의 만남을 주선해 줄 수 있는 사람은 미군 대령 외에 아무도 없었다.

한 달 정도 관찰한 후에 우리는 조만간 장군이 일보다는 휴가 성격이 강한 시찰을 위해 아내와 함께 라스베이거스로 여행할 것임을 알게 되었다. 나는 라스베이거스가 우리의 만남에서 시작점이 되길 바랐다.

우리가 만든 시나리오는, 대령 또한 공교롭게도 러시아 장군과 같은 시기에 라스베이거스에서 휴가를 보내게 되어 거기서 우리와 만남의 장을 마련하는 것이었다. 넓고도 좁은 세상이지만 장군이 의심하지 않을 정도로 좁지는 않았다. 우리는 장군이 대략 눈치를 채서 선택지들을 생각해 보고, 긍정적으로 선택해 주기를 바랐다.

우리는 이들의 짧은 여정이 끝나갈 무렵, 대령과 장군이 늦은 오후에 만남을 가진 뒤 부인들과 함께 저녁 식사를 하는 등 같이 시간을 보내도록 계획했다. 저녁 식사를 마칠 즈음 대령이 뉴욕의 추수감사절 퍼레이드를 아주 가까이서 볼 수 있게 해 줄 친구가 있다고 운을 떼고, '대령의 친구'인 나는 대령을 초대하면서 다른 친구들도 같이 초대하는 것으로 구상했다.

우리는 장군이 숨은 의미를 해독할 만큼 똑똑할 것이라 생각했다.

나는 잭과 팀 전체에 모든 조치를 취했다. 우리 팀은 완벽하게 움직였고, 모두가 훌륭하게 각자의 역할을 했다. 서로 현명하게 토의했고, 신나게 열심히 일했으며, 잭이 상부에 승인받는 과정 또한 완전히 투명했다.

잭의 직급상, 그가 진행하는 작전의 승인은 워싱턴 D.C.의 J. 에드거 후버 빌딩에 있는 FBI 본부에서 이루어져야 했다. 그래서 승인받기가 더 까다롭다. 왜냐하면 워싱턴의 화려함과 권력은 사람들을 탐욕스럽게 만들고 인성을 망치기 때문이다. 하지만 잭은 그로 인한 고충에 대해서는 전혀 언급하지 않았고, 권력의 화려함에도 관심이 없었다.

잭은 거의 매일 나에게 신뢰의 단서를 건네서 나의 사기는 치솟고 있었다. 그는 내가 만족스럽게 일하고 있다는 것을 알았고, 그 역시 더 열심히 일했다. 전체 팀도 마찬가지였다. 제시는 계속해서 내게 조언해 주었고, 내가 '황야의 7인'이라고 부른 우리 팀원들은 무척 잘 따라 주었다. 잭이 이 작전의 지휘를 맡으면서 드디어 나는 제대로 된 곳에서 제대로 일하고 있다고 느꼈다.

이 작전에 관계된 모든 사람의 행동 패턴이 정교하게 짜인 모자이크처럼 합쳐지고 있었다. 로또에 당첨될 것 같은 예감이 들었다.

행동 패턴에 대한 열 가지 긍정적인 단서

1. 다른 사람들이 당신을 비이성적으로 비난할 때에도 당신과의 의리를 지킨다.

먹이 사슬의 최상위층에 있는 사람들에게 충성하기는 쉽지만, 그것은 진정한 충성이 아니라 생존을 위한 처세일 뿐이다. 만약 당신 편을 들었을 때 자신의 입지가 힘들어지는 상황에서도 당신 편을 들어주는 사람이 있다면, 그는 깊은 내면에 있는 핵심적인 인성 요소를 당신에게 내보인 것이다.

그런 그가 당신이 왜 부당하게 비난받고 있는지 객관적으로 평가해 준다면 당신에게 큰 힘이 될 것이다. 현실적으로 보면, 당신에게 반대하는 사람은 대개 상당히 타당한 이유를 든다. 받아들이기 힘들더라도 만약 당신이 그 비판을 받아들인다면, 갈등이 크게 줄게 되어 놀라게 될 것이다. 세상에는 오로지 파괴적인 성향을 가진 사람들도 있는데, 그들과 함께 일하고 싶은 사람은 아마 없을 것이다. 그래도 그들의 비판 속에서 자신에게 도움이 되는 부분을 새겨듣는다면 성장할 수 있다.

그들의 비판을 수용한다고 해서 당신이 호락호락한 사람이 되는 것은 아니다. 합리적이고, 긍정적이며, 유능한 사람들의 특징인 이성적으로 생각하는 사람이 되는 것이다.

2. 문제에 대한 세부사항이나 자료를 요구하면 즉시 제공한다.

많은 사람이 시간을 끌면서 자신에게 유리한 정보만 주려고 한다. 그들은 유리한 자료를 찾기 위해 기록을 샅샅이 뒤진다. 변명이 될 수 있는 자료를 찾기도 한다. 만약 답이나 자료 제출이 지연된다면 좋지 않은 신호다. 자료를 받지 못해서 내용을 파악하지 못하면 예측하기가 어렵다. 예측할 수 없을 때는 훨씬 더 큰 문제가 생긴다.

3. 자신에 대한 이야기나 행동에 대해 이야기할 때마다 내용이 달라지지 않는다.

내용의 주요 요소들을 바꾸는 사람이라면 아마도 매우 정직하지 않은 사람이다. 법 집행관과 국가 안보 담당자들은 보통 진실 여부를 결정하는 데 있어서 이 단서를 주의 깊게 살핀다.

일관성은 곧 예측 가능성이며, 예측 가능성은 신뢰의 중심에 있다.

4. 대화가 다른 사람 험담으로 빠지면 그 대화에서 빠진다.

다른 사람에게 도움이 되고 신뢰할 수 있는 사람은 다른 사람들의 문제를 즐거워하지 않는다. 반면에 마음이 불안한 사람들은 자기 자신에 대한 의심과 불만족 때문에 간접적인 분출구를 찾는다. 자신이 부족하거나 충분하지 못한 사람이라는 두려움을 깊게 가지고 있어서, 다른 사람의 약점을 들으면서 즐거움을 느끼는 것이다.

좋은 동맹자들이 주변 사람들에게 바라는 것은 단지 건강하고 행복한 관계다. 그런 관계에서는 설령 대단히 신나는 관계는 아니더라도 좋은 친구를 사귈 수 있고, 서로에게 도움이 되는 정보를 주고받을 수 있다.

5. 비판할 만한 이유가 충분하다고 해도 가족 구성원들을 비난하지 않는다.

내가 결코 이해하지 못하는 흔한 행동은, 자신의 배우자를 깎아 내리면서 자신을 그보다 나은 사람처럼 보이려는 것이다. 배우자를 깎아 내리면 배우자와 결혼해서 같이 사는 본인은 뭐란 말인가?

다른 사람에 대한 가장 잔인한 평가 중 하나가 비난이며, 비난은 긍정적인 상황을 해치는 독이다. 그런 사람을 보면 그가 자신은 어떻게 비난할지 궁금하고 두렵게 만든다.

만약 배우자를 거리낌 없이 비난하는 사람이라면, 그에게는 누구든 좋은 비난 대상이 된다.

6. 잘 모르는 사람들과는 정치나 종교 문제에 대한 이야기를 피한다.

이것은 내가 앞서 언급했던 '맥락 찾기'라는 매우 중요한 긍정적인 행동 원리를 보여 준다. 우리 모두는 복잡하고 다면적인 문맥을 가지고 있는데, 상대방의 문맥을 이해하는 사람은 대개 그 사람을 이해한다. 문맥을 이해하지 못하면 상대방을 이해할 수 없고, 비판이 시작되며, 충성은 사라진다.

그래서 바르게 처신하는 사람들은 잘 모르는 사람과 함께 있을 때 민감한 문제를 요령 있게 피한다. 그들의 목표는 사람들과 유익하고 건강한 관계를 갖는 것이고, 그것은 사람들로 하여금 편안하고 공감받는 느낌을 주는 것에서부터 시작된다.

7. 직장에서 보이는 성격이 가정에서 보이는 성격과 같다.

다른 자명한 진리들과 마찬가지로, 이것 또한 마땅히 지켜져야 할 진리지만 자주 간과된다. 서로 양립되는 핵심 가치는 있을 수 없다. 자아는 둘로 나뉠 수 없다.

일관성 = 예측 가능성 = 신뢰 = 성공

8. 비즈니스 상황에서 정직과 공정성 등 도덕적 의무를 때때로 언급한다.

돈보다 더 중요한 것이 있음을 아는 사람은 대개 신뢰할 만하다. 이런 사람일수록 성공하는 경향이 있는데, 이는 사람들에게 신뢰받기 때문인 이유도 한몫 한다. 이에 대해 아이러니하다고 생각하는 사람들도 있지만 나는 그렇게 생각하지 않는다.

9. 소셜 미디어에 올린 게시물이 직장에서와 동일한 성격을 반영한다.

개인적인 생활에서의 모습과 직장에서의 모습이 일관되는지를 인터넷을 통해서 볼 수 있다. 고맙게도 우리는 인터넷을 통해 언제 어디서든 사람들의 일관성 여부를 확인할 수 있다. 예전 게시물을 통해 과거에서부터의 일관성도 확인할 수 있다.

소셜 미디어는 지금 시대의 거짓말 탐지기다.

10. 신입 사원이 채용시에 할 수 있다고 말한 업무 능력을 채용 후 확인해 보니 실제로 가지고 있다. 상사가 신입 사원을 채용한 후에 그가 말한 대로 실천한다.

정직한 행동 패턴보다 더 좋은 신뢰의 단서는 없다. 채용 후에 신입 사원으로부터 "생각했던 것보다 이 업무에 대해 제가 잘 몰랐던 것 같습니다. 하지만 저는 뭐든지 빨리 배울 수 있습니다!" 이런 말을 듣고 싶어하는 상사는 없다. 마찬가지로 상사로부터 채용 직후에 "자네의 근무 시간과 책임 범위를 재조정해야 하네" 이런 말을 듣고 싶은 사원은 없다. 특히 채용 직후의 이런 말들은 상대방이 그동안 거짓말하고 있었음을 의미하기 때문에 매우 실망스럽게 만든다. 그때쯤이면 이미 채용이 끝

이제 자신에게 물어보라. 당신의 상사와 부하 직원에게서 신뢰를 주는 이런 행동 단서들을 본 적이 있는가?

러시아로 날아간
힐러리의 리셋 버튼

돌이켜 보면 라스베이거스 작전은 믿을 수 없을 정도로 훌륭한 결과를 낳았다. 비록 원래 의도했던 결과는 얻지 못했지만, 인간의 행동에 대해 알면 알수록 나는 돈이나 정치적인 목표를 이루는 것뿐 아니라 좋은 사람들과의 제휴로도 결과를 측정할 수 있음을 더 크게 깨닫게 된다. 나는 팀을 통해서, 로또를 맞는 것보다 훨씬 더 확실한 이득을 얻었다. 이후에도 나는 대부분의 핵심 팀원들을 곁에 두었고, 우리는 몇 가지 중요한 작전을 함께 성공시켜 나갔다. 이 중 몇 명은 심지어 행동분석센터까지 나를 따라와 함께 일했다. 로또를 맞는 것과도 바꿀 수는 없는 것이었다.

작전 진행 과정과 결과를 짧게 요약하면 이렇다. 계획대로 대령은 퍼레이드를 같이 보러 가자고 장군에게 제안했고, 장군은 하룻밤 동안 생각해 보겠다고 말했다. 다음 날 그는 대령에게 "살면서 퍼레이드는 충분히 많이 봤습니다"라고 답했다. 퍼레이드에 전혀 관심이 없다는 뜻으로, 오직 러시아에 대한 충성심을 암시하는 응답이었다. 그들은 악수하고 헤어졌다.

나는 그 후 몇 주 동안 혹시 불어 닥칠지도 모를 후폭풍을 기다렸다. 하지만 후폭풍은 없었다. 러시아 장군은 조국에 밀고하지 않았다. 조국에 대한 충성도 중요했지만 그는 친구에 대한 의리를 지켰다(긍정적인 단서 1). 그래서 나는 위로상은 받을 수 있었다. 우리는 성공적인 임무 수행의 한 요소로 여겨지는 확실한 실패 방지 메커니즘을 갖추고, 쉽지 않은 작전을 수행해 낸 것이었다.

나는 그 후 몇 년 동안 잭과 더 많은 작전을 수행했고, 대서양 연안에 있는 체서피크만의 FBI 노퍽 지부에서 근무할 기회가 생겼다. 내게는 꿈같은 근무지였다. 뉴욕에 있을 때는 교외에서 맨해튼까지의 출퇴근길 교통 정체로 가족과 함께 많은 시간을 보낼 수 없었다. 아이들은 해변 근처에서 사는 것과, 예전보다 훨씬 많은 시간을 나와 함께할 수 있다는 데 기뻐했다. 나는 잭이 내가 근무지를 옮기는 문제에 찬성할 것이라 예측했다. 왜냐하면 잭에게도 자녀가 있었고, 그가 직장에서 모든 사람에게 보여 주었던 것과 똑같이 헌신적인 자세로 아이들을 보살폈기 때문이었다(긍정적인 단서 7).

하지만 가정에 최선을 다했음에도 잭은 나와 비슷한 어려움을 겪어 왔고, 아이들은 불만을 나타내고 있었다. 그중 한 아이가 크게 문제를 일으켰지만, 잭은 아이를 비난하지 않았다. 그 대신에 그는 가족이 더 즐거운 시간을 보내는 데 훨씬 도움이 되도록 워싱턴D.C.의 FBI 본부로 근무지를 이동했다(긍정적인 단서 5).

몇 년 후, 잭은 자신이 새롭게 맡은 팀에서 내게 꼭 맞는 자리를 제의했다. 나는 미국 법 집행의 핵심에서 일하기를 바랐기에 우리 가족은 워싱턴으로 이사했다. 그리고 새 근무지에서 새로운 작전에 대해 고민하기 시작했다.

나는 가슴 뛰는 작전을 하나 생각해 냈다. 분명 로또를 맞을 수 있는 작전이었다. 러시아의 가장 부유한 유력 정치인 중 한 명이 미국에서 비자 문제를 겪고 있었는데, 푸틴에 대한 정보를 직접적으로 아는 인물이었다. 그의 비자 문제를 해결하도록 도울 생각이었다.

하지만 잭은 그리 긍정적이지 않았다. 워싱턴에서의 그와는 분명히 달랐다. 자신의 의견에 대한 고집을 줄였고, 더 보수적이고 덜 유연하게 느껴졌다. 그는 여전히 나와 즐겁게 마주했지만 예전보다는 소원했다. 가끔 점심식사를 함께했지만 실질적인 교류는 그다지 없었다. 대체로 예전보다 적었다. 그는 나 외에도 사람들과의 만남 자체를 삼가고 있었기 때문에 일관된 모습이기는 했다(긍정적인 단서 9).

예전과는 정반대여서, 나는 그 이유를 알 수 없었다.

그러던 어느 날, 힐러리 클린턴 국무장관은 양국 관계를 새롭게 개선하고 싶다는 미국의 열망을 상징적으로 보여 주는 빨간 색깔의 '리셋' 버튼을 들고 러시아로 향했다. 같은 날, 잭은 내가 제안했던 작전이 지난 몇 주 동안 그가 이미 알고 있던 데탕트(긴장 완화─옮긴이) 움직임과 반대되었다는 자세한 설명을 내게 보냈다.

감사한 설명이었지만 우리 팀에게 좋은 소식은 아니었다.

나는 다음 날 그의 사무실을 방문했고, 그는 전날 보낸 글과 일치하는 설명을 다시 해 주면서, 그동안 리셋 버튼에 대한 비밀을 지켜야 했다고 말했다(긍정적인 단서 3). 그는 새로운 업무를 맡게 되면 가장 힘든 부분이 매일 함께 일하는 거의 모든 사람에게 기밀을 숨겨야 하기에, 하는 수 없이 팀 내에 설명해 줄 수 없었다고 말했다. 그리고 그런 상황이 마치 팀원들에게 거짓말하는 것 같았다고 말했다(긍정적인 단서 8). 나는 기밀 유지의 필요성을 분명히 이해한다고 그에게 말했다.

잭은 본부에서 일하면서 유일하게 좋은 점이, 서로에게 불쾌하게 하지 않으려 주의한다는 것이고, 그래서 영화와는 달리 적어도 후버 빌딩 안에서는 쓸데없는 소문이 적다고 말했다(긍정적인 단서 6, 4).

그가 비밀을 유지할 수밖에 없었다고 말했듯이, 나도 그동안 뭔가 느껴지던 거리감이 불편했는데 이제 상황을 이해했으며 그의 정직한 설명에 감사한다고 말했다(긍정적인 단서 10). 두 스파이가 나누는 이상한 대화처럼 들릴지 모르지만, 20세기의 스파이 활동과 방첩 활동은 비즈니스에서의 업무 활동과 크게 다르지 않다(실제로 민간 산업에도 많은 스파이 활동이 이루어지고 있다).

나는 잭의 핵심 가치들이 예전과 그대로이고, 그가 변하지 않았음을 깨달았다. 그는 단지 FBI가 아니라 국무부와 백악관으로 이루어진 훨씬 더 전체적인 상황에서 새롭게 짜인 맥락 속에 있었던 것이었다. 그는 자신을 보호함으로써 자신 밑에 있는 부하들을 보호했고,

또한 우리 자신으로부터 우리를 보호하고 있었다. 나는 인간의 행동을 선과 악의 이진법으로 판단하는 것의 한계를 다시 한 번 분명히 깨달았다.

한편, 몇 년간 러시아 쪽을 맡아 온 나는 FBI에서의 경력이 1미터 정도 되는 높이의 과속 방지턱에 부딪힌 것처럼 느껴졌다. 그러던 차에, 잭은 행동분석센터에 중요한 자리가 났다고 말했다. 바로 센터장이었다.

"그 자리 한번 맡아 볼 텐가?" 그가 물었다.

지속적으로 긍정적 행동 패턴을 보이는가?

Sign #4. 행동 패턴

주요 문장: "좋은 행동이든 안 좋은 행동이든, 다른 무엇보다도 행동이 중요하다. 말과 감정보다 훨씬 더 분명하고 정확하게 당신을 정의하는 것은 바로 당신의 행동이다."

주요 메시지: 사람은 상황에 따라 자주 변하기 때문에 사람의 행동을 예측하기 위해서는 그의 과거와 현재의 행동을 객관적, 체계적, 합리적으로 분석해야 한다.

요점

1. **행동 패턴:** 사람들은 권력, 부, 익명성으로 더 이상 책임을 지지 않아도 되는 상황이 되면, 정직함과 공정성을 보이던 과거의 행동 패턴에서 벗어나기도 한다.

2. **인성:** 행동은 사람의 인성을 가장 분명하게 관찰하고 측정할 수 있는 지표다. 행동이 행동 예측을 위한 여섯 가지 신호 중 하나인 이유다.

3. **도덕성:** 강한 도덕성은 예측 가능성을 높이지만 시간이 흐르면서 변할 수도 있다.

행동 패턴에 대한 열 가지 긍정적인 단서

1. 다른 사람들이 당신을 비이성적으로 비난할 때에도 당신과의 의리를 지킨다.
2. 자료를 요구하면 즉시 제공한다.
3. 이야기할 때마다 내용이 달라지지 않는다.
4. 험담에 끼지 않는다.
5. 가족에 대해 불평하지 않는다.
6. 대립을 초래할 수 있는 화제를 피한다.
7. 직장에서 보이는 성격이 가정에서 보이는 성격과 같다.
8. 비즈니스 상황에서 때때로 도덕적 의무에 대해 언급한다.
9. 소셜 미디어에 올린 게시물이 직장에서와 동일한 성격을 반영한다.
10. 채용 과정에서 말한 것과 채용 후가 일치한다.

행동 패턴에 대한 열 가지 부정적인 단서

1. 과거가 투명하지 않다.
2. 권력이 있는 사람을 대우하고 권력이 없는 사람을 무시한다.
3. 이력서에 사실이 아니거나 과장된 정보가 있다.
4. 경쟁자들을 적으로 간주한다.
5. 사생활에 불규칙한 행동 패턴을 가지고 있다.
6. 가깝고 오래 만난 사이인데도 그에 대해 잘 모르겠다.
7. 과거의 동료들에 대해 입을 꾹 다문다.
8. 동료의 사생활에 대해 비판적이다.
9. 행동에 종종 일관성이 없다.
10. 실수한 경우에 책임을 쉽게 받아들이지 않는다.

7

다섯 번째 신호: 언어

말 속에 신뢰할 만한 단서가
보이는가?

**마음을 움직이는
이메일 속 언어**

내가 탄 비행기는 샌프란시스코만 위를 낮게 선회했다. 날이 저물 무렵이어서 트랜스아메리카빌딩의 뾰족한 첨탑만 여전히 금빛으로 반짝이고 있었다. 돈을 좇아 샌프란시스코에 온 나를 반기는 듯한 빛깔이었다.

몇 주 후면 FBI에서 은퇴하므로, 은퇴 후 일할 기회를 찾으러 샌프란시스코에 온 것이었다. 나는 정보기관에서 오랫동안 쌓은 전문 지식과 경험을 활용해서 일할 곳을 찾던 중, 샌프란시스코에 본사를 둔 유명 보안 회사의 부서장으로부터 이메일을 받았다. 며칠간 컨설팅해 달라는 요청이었는데, 정식 채용을 염두에 두고 나에 대해 알아보기 위해서인 듯했다.

컨설팅 보수는 꽤 큰 금액이었지만 나의 흥미를 더 끌었던 것은 다른 데 있었다. 부서장의 이메일이 꽤 인상적이었는데, 내가 FBI 행동분석센터에서 오랫동안 일하면서 따랐던 원칙들과 상당히 일치하는 부분들이 있었기 때문이다. 나는 그 원칙들을 바탕으로 사람들을 평가하고 파악하는 시스템을 발전시켜 왔다.

길지 않은 메일에서 그는 긍정적이고, 합리적이며, 신뢰할 만한 행동의 가장 기본적인 틀을 다음과 같이 보여 주었다.

- **그는 내 생각과 의견을 중요시했다.** 이메일 전반에서 그는 나의 관점에서 바라봤다. 요컨대, 사람들은 대부분의 문장을 '나'로 시작하는 경향이 있다. 그러나 그는 모두 '당신'으로 시작했다.
- **그는 나의 맥락을 인정했다.** 그는 자신과 비슷한 분야에 몸담은 내가 일하는 방식을 이해한다고 말했다. 남을 이해한다는 것은 매우 강력한 자질로, 단순한 아부와는 다르다. 아부는 적절하지 않은 내용으로 다른 사람을 교묘히 조종하지만, 인정은 공통된 의견을 찾으려는 노력과 그에 대한 분명한 의사 표명에서 나온다.
- **그는 나를 중심으로 이야기했다.** 그는 나의 최대 관심사가 무엇인지, 그리고 자신의 회사를 위해 일하는 것이 내게 이득이 되는 일인지 물었다.
- **그는 내게 선택권을 주었다.** 그는 시간, 협의 사항, 향후 관계에 대해 내게 선택권을 넘겼다. 훌륭한 의사소통의 본질은 자신이 아닌 상대방

에게 집중하는 것이므로, 그의 의사소통 방식은 대단히 만족스러웠다.

- **그는 이성적이며 합리적이었다.** 이 두 가지 말은 동의어 같지만 꼭 그렇지는 않다. 우리는 불합리한 무언가를 매우 이성적으로 제안할 수 있다. 이는 자신의 생각을 뒷받침하기 위해 사실을 조작하는 '합리화'라는 부정적인 결과를 낳는다. 그러나 그는 그렇지 않았다. 그는 사실을 왜곡하려 하지 않았다.

또한 그의 언어 표현은 내용에 담긴 태도와 서로 일치했다. 태도와 말의 일치는 내가 말하는 신뢰의 언어에 부합한다. 신뢰할 수 있는 언어는 언제나 내게 큰 울림을 준다. 그는 신뢰할 수 있는 완벽한 상사로 보였다.

상사를 이해하고 신뢰하기

당신이 자신의 생각과 욕망, 경제적 계획을 두고 신뢰할 만한 상사가 있다면, 당신은 어떤 일이든 훌륭하게 해낼 수 있다. 그러나 당신이 믿고 존중하지 않는 폭군같은 상사거나, 당신을 믿고 존중해주지 않는 상사를 견디기란 서서히 자기 경력을 망치는 것과 같다.

현실적으로 당신을 평가할 위치에 있는 사람을 절대적으로 신뢰하기에는 너무 위태로운 부분이 많다. 우리는 상사가 우리보다는 자신의 복지를 더 걱정하고, 자신의 안위를 더 챙긴다는 것을 안다. 그런 상황에서 그가 당신을 신뢰하지도 않는다면, 서로 신뢰할 수 없는 관계가 되는 것은 너무나 자명하다.

당신이 상사를 신뢰하지 않으면, 아무리 감추려고 노력해도, 상사에 대한 당신의 의심은 자기 충족적 예언(self-fulfilling prophecy, 미래에 대한 기대와 예측에 부합하기 위해 행동하여 실제로 기대한 바를 현실화하는 현상—옮긴이)처럼 결국 그렇게 된다. 대부분의 상사는 부하가 자신을 신뢰하지 않는 것을 자신을 무시하는 처사라고 생각한다. 이때부터 본격적으로 문제가 시작된다.

당신이 이성적 판단에 의해 그의 행동을 평가한다면, 인식을 가리는 감정을 걷어 낼 수 있게 된다. 그러면 당신은 그를 정말로 신뢰하게 된 자신을 볼 수 있게 된다. 상사를 신뢰할 수 있게 되면 서로에게 이익이 되는 유익한 관계를 만들 수 있는 튼튼한 토대가 마련된다. 그렇게 되면 상사는 단순한 상사가 아니라 멘토이자 진정한 동료가 될 수 있다.

상사의 지도와 보살핌을 받으며 성장해 나가면, 당신은 자연스럽게 상사처럼 상황을 전체적으로 보는 시각을 가지게 될 것이다. 그렇게 되면 회사를 위해 열심히 일하라는 상사의 말에 감정적으로 흔들리지 않고 이해하고 행동할 것이다.

물론 현실에는 고약한 상사들이 많다. 자신의 승진을 목적으로 부하의 공적을 가로채고 당신을 희생양으로 삼으며 부하의 성공을 고의로 누르기도 한다. 이런 상사에 대한 부하의 반응은 대개 저항, 도망, 겁먹기 등이다. 이는 투쟁 도피 반응(스트레스 상황에서 교감신경계가 활성화되어 맞설 것인지 피할 것인지 빠른 대처를 할 수 있도록 신체를 준비시키는 것을 말한다—옮긴이)의 결과다.

하지만 당신은 다르게 반응하기를 선택할 수도 있다. 당신이 이 성적으로 상사의 한계를 한계로 인정하고 그를 믿을 만하고 너그러운 사람으로 받아들이면, 상사의 한계와 문제점은 미리 알기에 어떤 일에도 놀라지 않고 침착함을 유지할 수 있다. 감정적으로 반응하지 않고 성숙하게 대응하면 부정적인 결과 대신 많은 긍정적인 결과가 따르게 된다.

실리콘밸리, 미스터X를 만나다

동부에 있던 나는 동이 트자마자 프레젠테이션으로 하루를 시작했다. 그리고 곧바로 샌프란시스코로 향하는 비행기에 탑승했고, 도착하면 회사에서 나를 위해 예약해 놓은 고급 호텔로 우버를 타고 이동해서 룸서비스로 비싼 저녁을 먹은 뒤 곯아떨어지기를 기대했다.

공항 게이트를 나서는데 한 남자가 내 이름이 적힌 플래카드를 들고 있었다. 그는 부서장이 도로변에 주차한 차 안에서 기다리고 있다고 했다. 기분이 좋았다. 부서장이 직접 마중 나와서 나를 호텔에 데려다 줄 만큼 신경 쓰고 있다는 뜻이었다.

부서장은 차에서 내려 환하게 웃으며 나를 맞았고, 아주 적당한 악력과 리듬으로 내 손을 두 손으로 잡고 흔들며 악수했다. 백 달러에 비할 만한 작지만 기분 좋은 비언어적 표현이었다. 적어도 그가 노력하고 있음을 말해 주는 행동이었다. 그의 차는 고급 차였다. 남성미가 느껴지는 외양의 수십만 달러짜리 메르세데스 AMG였다.

그는 말쑥한 외모에 아르마니 캐시미어 코트와 비슷한 가격대의 청바지를 입고 있었다. 돈은 돈을 끌어오기 때문에 기업 첩보 활동을 하는 첩보원들은 회사 안팎에서 비싼 옷을 입고 비싼 차를 몬다. 최고의 민간 보안 회사에서는 고급 시계를 차고 고급 정장을 입은 사람들을 항상 볼 수 있다. 요즘에는 영앤리치임을 보여 주기 위해 넥타이와 재킷 대신에 수십만 달러짜리 스니커즈를 신고 디자이너 셔츠를 입는 경우도 많다.

내가 차에 올라타 한숨 돌리자, 그는 자신을 그냥 이름이나 별명으로 편하게 불러도 좋다고 말했다. FBI에서 익명의 국가를 에레원(Erehwon, '어디에도 없는'이라는 뜻의 'nowhere'를 거꾸로 한 것)이라고 부르는 것처럼, 프라이버시 보호를 위해 여기서는 그를 미스터X라고 부르겠다.

"어떤 부서를 맡고 계신지 제게 아직 말씀해 주지 않으셨습니다." 내가 말했다. 나는 인터넷에서 그에 대한 정보를 아무것도 찾을 수 없었다. 그는 자신에 대한 정보가 안전하게 지켜지고 있다는 것에 만족하는 듯 푸근한 미소를 지으며 '살인과 암살murders and assassinations'라고 말했다. '인수합병mergers and acquisitions'이라는 의미라며 자신의 직책이 최고보안책임자라고 밝혔다.

그에 대한 정보를 찾기 어려웠던 이유였다. 그 당시 블록버스터급 국제적 인수합병이 이루어지고 있었다. 그는 자신이 여기에 관련되어 있다는 것을 내가 먼저 알아내기를 원했을 수도 있고, 아니면 못 밝히기를 원했을 수도 있다. 합병에 관련된 회사는 널리 알려진 기업들은 아니지만, 최근 초대형 합병을 한 아마존과 홀푸즈마켓보다 모두 규모가 큰 기업들이었다.

모든 포춘 500대 기업에는 회계자료와 기업 정보를 세밀히 분석하는 인수합병 분석팀이 있지만, 기업에 소속된 회계사들이 부리는 마술에 의해 탄생한 재무제표 수치들은 신뢰하기 힘들다. 그래서 다국적 기업들은 인수합병 대상인 회사의 손톱 밑에 낀 때를 찾으려는 목적으로 인수합병 부서를 위한 기업 보안전문가들을 고용한다.

그의 부서가 하는 일은 인수합병을 계획하는 회사의 숨겨진 약점이나 강점을 원자료와 정보 수집을 통해 알아내는 일이었다. 하지만 유용한 정보일수록 잘 숨겨져 있기 때문에, 그는 상대방이 정보를 제공하고 있다는 것을 인지하지 못하게 하면서 정보를 얻는 '유도 질문'을 활용해 수십 명의 임원들에게 전화 영업을 하는 첩보술을 활용하고 있었다.

지적 재산에서부터 시작해 급여, 의료보험, 퇴직연금, 주차 공간 등 공개된 기업 정보에는 비교적 명확하게 드러나지 않는 요소들까지, 자산과 부채의 재무 상태나 회사의 장부 가치와 차이를 보이는 모든 정보를 알아내는 일이다. 요직에 있는 사람들은 종종 거짓말을 한다. 이는 권력이 있지만 책임감이 부족한 사람들이 비윤리적이고 부정직한 행동을 하는 '권력의 역설' 가운데 하나다. 그리고 때때로 기업들은 다른 기업에 대한 정보를 알아내려고 한다. 중국 회사들은 미국 회사들의 지위를 약화시킬 수 있는 방법을 알아내기 위해, 미국 회사를 인수하려는 척하기를 잘했다. 중국 회사들은 지나치게 낮은 가격의 인수 제안가를 제시하면서 최대한 많은 자료를 수집했다.

전 세계에서 보안 관리팀을 둔 기업이 있는 나라 중 상위 40개국에서 일하는 총 기업 보안 담당자들의 수는 이들 국가의 경찰 수보다 많다. 미국에는 경찰과 보안관만큼이나 많은 기업 보안요원이 있다.

전 세계적으로 약 2,000만 명의 기업 보안담당자들이 있고, 이들이 사는 국가의 문화와 법규보다 많은 기업 문화와 회사 규정이 있으며, 이들 보안 전문기업 전체의 매출은 약 2,000억 달러에 달한다.

그래서 그가 멋진 차를 모는 현실이 아주 쉽게 이해가 됐다. 나도 그런 멋진 차를 하나 구입하고 싶다는 생각도 들었다. 나는 이 남자를 정말 좋아하고 싶어졌다. 정확히 말하자면, 이 남자를 신뢰하고 싶었다.

나는 차 안에서 그로부터 회사에 대한 충분한 설명을 들었다. 각 부서장들이 모든 채용 결정을 자율적으로 내린다는 것, 최고의 인재들을 뽑는다는 것, 직원들이 예컨대 약 2만 명의 직원을 가진 부즈 앨런 해밀턴Booz Allen Hamilton이나 이스라엘의 정보기관인 모사드에 뿌리를 둔 훌륭한 국제 기업인 블랙 큐브Black Cube와 같이 훨씬 더 규모가 큰 회사들로 이직할 수 있음에도 회사에 남으려 한다는 것을 알게 되었다.

은퇴한 내가 안착할 수 있는 모든 기업 중에서 아마도 가장 좋은 조건이었다. 하지만 어떤 직업이든 마찬가지지만 모든 일은 '상사를 신뢰'하는 데서 시작하므로, 그가 신뢰할 만한 사람인지가 내가 며칠 동안 살펴볼 일이었다. 기업 첩보원의 머릿속을 사흘 동안 들여다보는 일이 불가능하게 들릴 수도 있지만, 나의 신뢰 평가 시스템으로는 가능한 일이다.

나는 그의 모든 비밀을 알 필요가 없었다. 나는 단지 그가 내게 한 말이 사실인지, 특히 나와 내게 주어질 일과 관련해서 한 말이 사실인지 확인하면 됐다. 나는 미스터X가 진심으로 내게 관심이 있는지, 아니면 단지 정보를 끌어내려 하는 것인지 알 수 없었지만, 내가 확인하고자 하는 것에 중요한 영향을 미치지는 않았다. 그에게는 그의 계획이 있고 나에게는 나의 계획이 있으므로, 그와 내가 같은 방향을 바라보는지 확인하는 것이 나의 목표였다. 만약 방향이 같다면, 우리는 아마도 서로의 성공에 동맹하고 싶어 할 것이다.

부드러운 가죽 시트에 앉아 있으니 승차감이 매우 부드러워서 마치 구름 위를 떠가는 것 같았다. 그래서 나는 비행기를 타고 오기 약 18시간 전 동부에서 잠에 빠졌던 것처럼 스르륵 잠이 들었다.

나는 아주 편안하고 평화롭게 몽상에 빠져들었다. 거의 30년 동안 나는 모든 것을 바쳐서 나라를 위해 일하고 신뢰에 대해 연구했고, 이제는 나와 내 가족을 위해 일할 때였다. 샌프란시스코에서 앞으로 어떻게 상황이 전개될지는 전혀 알 수 없었다. 내가 아는 건 그저 어떤 식으로든 내가 뭔가를 알게 될 것이라는 것뿐이다. 나는 어렵지 않게 알게 되길 바랐다. 하지만 그 순간만큼은 삶이 참 손쉽게 느껴졌다.

수사관처럼 체계적으로 듣는 방법

언어의 기본적인 목적과 목표는 상대방에게 무언가를 말하는 것이기 때문에, 언어 자체가 '하나의 긴 단서'이고, 따라서 여섯 가지 신호 중 가장 투명하고 쉽게 이해할 수 있는 신호다.

FBI 요원을 포함한 거의 모든 수사관처럼 체계적으로 듣는 방법을 안다면, 예측 불허의 행동, 기업에서 사용하는 특수 용어 또는 은어, 숨은 의도, 차별적 언어에 숨겨진 메시지 속에서도 흥미로운 사실을 알아낼 수 있다. 내가 당신에게 알려 주는 시스템은 정보기관에서 사용되는 시스템만큼이나 뛰어나다.

속임수와 신뢰를 가리는 가장 일반적인 방법이자 가장 쉬운 방법은 말과 글에서 어휘, 표현, 전달 태도, 내용 등을 분석하는 것이다.

상대방이 주는 메시지의 내용이 가장 중요한 요소지만, 내용을 전달하는 방식 즉 어휘, 어투, 분위기, 수식어, 보디랭귀지처럼 때때로 무의식적으로 선택해서 나오는 것들이 내용과 다른 숨겨진 감정을 보여 줄 때가 있다. 그러면 본래 의도를 더 잘 읽을 수 있게 된다.

비언어적 표현은 또 다른 형태의 언어이기 때문에 언어를 평가할 때 특히 중요한 요소다. 정확하게 해석할 수만 있다면, 비언어적 표현으로 모순을 읽고, 말뿐인 약속을 간파하고, 진실성을 정확하게 측정할 수 있는 최고의 단서로 삼을 수 있다.

우리가 집에 있거나 친구들과 있을 때는 분위기가 훨씬 더 편안해서 투명하고 의미 있는 대화를 더 쉽게 나눈다. 하지만 직장에서는 언어를 정확하게 파악하기가 어렵다.

직장에서의 의사소통은 거의 모든 사람이 똑같이 돈벌이라는 직접적인, 혹은 간접적인 목표를 가지고 있기 때문에 복잡하다. 회사 밖에서의 의사소통은 더 어렵다. 종종 과열되고 빠르게 돌아가는 직업 세계에서 가장 힘든 업무 중 하나는 전화 영업이다. 멀티태스킹과 초연결 시대에 힘들고 하기 싫은 일인 전화 영업은 단지 영업사원뿐 아니라, 모르는 다른 회사 사람들과 연락해야 하는 모든 사람에게 해당하는 일이다. 그래서 전화 영업은 신뢰할 수 있는 사람을 식별하고, 사람들을 신뢰하게 만드는 능력을 발견하는 좋은 시금석이다. 이 두 가지는 관계가 만들어지고 깊어질수록 동시에 이루어져 시너지를 낸다.

하지만 종종 전화 영업은 약 1분간만 지속되며, 거절에 대한 두려움을 낳는 것 외에는 그다지 좋은 성과를 내기 어렵다. 전화 영업은 계약으로 이어지기가 쉽지 않으면서 전화 영업을 하는 사람들의 시간과 노력, 그리고 잠을 뺏는다.

또한 많은 사람이 자신이 가진 핵심 역량을 키울 때만큼 전화 영업에 대해 연구하고 고민하지 않기 때문에 의사소통에 능숙하지 못하다. 사회복지사나 영업사원 등 사람을 상대로 하는 직업에 종사하는 사람들 사이에서는 이런 경향이 덜 하지만, 과학 기술 분야에서 일하는 사람들 사이에서는 이런 경향이 상대적으로 더 크다. 그래서 점점 더 기술 중심의 경제가 되어 감에 따라, 교육받을 필요가 있는 수백만 명의 사람들이 의사소통 훈련을 받지 않았다는 점을 유념해야 한다.

링크드인의 CEO인 제프 와이너는 최근 CBS 방송에서, 미국의 비즈니스에서 요구하는 역량과 현재 직원이 보유하고 있는 역량의 차이가 가장 크게 드러나는 부분이 바로 이 의사소통 능력이라고 했다. 차이가 생기는 이유 중 하나는 수많은 사람이 자신의 말이 효과적인지 아닌지를 모르고, 다른 사람의 말에 귀를 기울일 줄 모르며, 자신의 능력을 과신하기 때문이다. 이런 분석이 맞는 듯하다. 많은 사람이 자신을 중심으로 생각하기 때문이다.

하지만 상대하기에 무서운 사람들은 이런 사람들이 아니다. 왜냐하면 이들이 의사소통을 하는 태도가 너무 나빠서 소통을 못한다는 사실을 쉽게 알아차릴 수 있기 때문이다. 진짜 무서운 사람은 앞에서는 번지르르하게 말하고 뒤에서는 칼로 등을 찌르는, 사람의 심리를 교묘히 이용하는 사람이다.

말과 모순되는 비언어적 표현들

"로빈!" 차를 타고 가는 도중에 미스터X가 나를 불렀다.

하루 동안의 긴 여행으로 피곤했던 차에 편안한 좌석에 앉아 가면서 반쯤 잠이 들었던 나는 그가 부르는 소리에 깜짝 놀라 정신이 들었지만 놀란 모습을 들키고 싶지 않았다. 그는 피로를 잘 모르는 사람이라는 느낌이 강하게 들었다. 그는 자신이 읽었던 경영 이론들을 줄줄 읊었다. 내가 이해하기에는 벅찼지만 깊은 인상을 받았다. 나는 그만큼 경영 서적들과 사업에 대해 잘 아는 사람을 만난 적이 없었다.

하지만 그의 말은 너무 빨라서 내가 뭔가를 배운다는 느낌은 들지 않았는데, 그가 의도적으로 그러는 것은 아닐까 싶기도 했다. 상대방이 뭔가에 대해 직접 말하기 전까지는 알 수 없다. 말은 이메일보다 훨씬 더 많은 것을 드러낸다. 왜냐하면 이메일은 본래가 불완전하고, 전달하려는 내용이 많이 생략되며, 내용을 수정하면서 쓸 수 있기 때문이다.

또한 그렇기 때문에 문자메시지가 이메일보다 훨씬 더 위험할 수 있다. 기존의 문화와는 다른 어떤 의사소통 방법들은 지나치게 빠르고 편리한 것 같다.

"조 내버로와 크리스 보스 아시죠?" 그의 질문에 나는 고개를 끄덕였다. 나는 두 사람과 함께 FBI에서 일한 적이 있고, 지금 그들은 컨설턴트와 작가로 성공적인 경력을 쌓고 있었다. "두 분이 저희 회사에 오신 적이 있어요." 그러고는 더 이상 그들에 대한 말은 없었다. 서로가 아는 사람들을 언급함으로써 내가 편한 느낌이 들게 하려 했거나, 아니면 거꾸로 내게 맡기려는 일을 할 만한 다른 경쟁자를 언급해서 나를 불편하게 하려는 건가 싶었다. 내가 아는 사실은 이틀간의 컨설팅 제안을 받았다는 것이고, 그조차도 대부분 미스터리였다.

나는 남의 말을 열린 마음으로 들으려고 노력하고, 열심히 귀를 기울인다. 종종 나는 몇 분 만에 상대가 신뢰할 만한 사람인지 알 수 있다. 하지만 미스터X는 비교적 속내를 읽기 힘들었다. 포춘 500대기업 경영진을 만날 때 공통적으로 그런데, 특히 정보 보안 기업의 경우가 그렇다.

그가 또 다른 지인을 언급하며 이렇게 말했다. "좋은 분이지만 이해력이 굉장히 느리죠." 나는 그 의견에 동의했지만 중립적으로 반응했다. 그가 말한 사람에게 그런 문제가 있긴 했지만, 내가 상관할 바가 아니었다. "그렇게 생각하지 않으세요?" 그가 동의를 재촉했다. 질문은 아니었으므로 그냥 미소만 지었다. 미소는 놀라울 정도로 많은 문제를 해결한다. "알겠어요"라고 그가 말하자 나는 다시 미소를 지었다.

"오늘 저희 회사 주식이 어떤지 한번 봐 주시겠어요?" 그가 물었다. 나는 핸드폰으로 확인한 후 그에게 6퍼센트 올랐다고 말해 주었다. "아주 좋아요! 제 두 달치 월급이네요!" 그가 말했다. 자신의 회사 주식에 대한 언급은 그게 다였다. 그가 자신의 급여를 알려 주려 했거나, 아니면 그냥 기분이 좋아서 나온 말일 것이다. 이야기와 데이터가 쌓여야만 어느 쪽인지 알 수 있을 애매한 표현이었다.

"왜 저희 회사로 모셨는지 짐작하나요?" 그가 불쑥 물었다. 나는 어깨를 으쓱였다.

"제 부하 직원들에게 신뢰에 대해 알려 주세요. 그게 당신이 가진 특별한 재능이잖아요."

그러고 나서 그는 다시 사업에 대해 적극적으로 이야기해 나갔다. 그는 유도 질문, 관계 구축, 신뢰, 영향 등 내가 가장 자주 다룬 분야에 대한 나의 경험과 지식을 탐색했다. 그가 내게 보냈던 이메일에서처럼 내 생각과 의견을 구하는 모양새였지만, 이번에는 내가 그를 위해 무엇을 할 수 있는가가 중요하게 다루어졌다.

하지만 이는 흔한 경우여서 신경 쓰지 않았다. 100년 전부터 이어져 온 여러 연구에 따르면 우리가 하는 모든 대화 내용의 약 40퍼센트에서 50퍼센트가 우리 자신에 관한 것이었다. 모든 것이 더 단순했던 과거의 사람들은 자신에게만 관심을 두는 경향이 덜했을 것 같지만, 아마도 이는 어느 시대에나 볼 수 있는 보편적인 행동인 듯하다.

내가 최근에 읽은 행동에 대한 연구 결과에 따르면, 사람들이 다른 사람에게 자신에 대해 이야기할 때 도파민, 세로토닌, 오르가즘을 느낄 때 나오는 옥시토신과 같은 행복 호르몬이 분비되어 뇌의 쾌락 중추에 불이 켜진다. 또한 연구자들이 실험에 참가한 사람들에게 상대방의 이야기를 하면 돈을 주겠다고 제안했음에도 대부분은 자신에 대한 이야기를 많이 했다. 그리고 실험 참가자들이 상대방에게 상대방 자신에 대해 말하도록 했을 때는 상대방의 뇌가 바로 행복해했다.

남성이 여성보다 훨씬 더 대화를 독점하려 하고, 대화에서 자신의 지위 확대에 주로 집중한다는 연구 결과도 있다. 여성들은 남성들에 비해 유대감과 인간관계에 대해 더 많이 이야기하지만, 여전히 대화의 내용은 대부분 자기 자신과 관련되는 것으로 밝혀졌다.

또한 사람들은 간결하게 말하는 사람일수록 가장 신뢰할 수 있고 현명하다고 여기는 것으로 밝혀졌다. 왜냐하면 이들은 자신의 생각을 상대방에게 억지로 납득시키려고 애쓰지 않는 것처럼 들려서 듣는 사람들이 이들의 말을 더 쉽게 받아들이기 때문이다.

연극계에서는 상대방에게 단지 어떤 느낌을 전하는 것에 그치지 말고, 느낌을 불러일으키라는 개념으로 "관객이 연기하게 하라"는 말을 쓴다. 이는 "구매자가 판매하게 하라"와 "독자가 글을 쓰게 하라"라는 말로 이어진다.

어느 순간, 나는 미스터X의 말을 듣는 것이 그다지 편하지 않다는 것을 깨달았다. 그의 말과 모순되는 비언어 표현이 너무 많이 보여서다. 특히, 이상하게도 그는 신경성 안면 경련을 보이면서 그의 말로는 그가 고개를 끄덕여야 하는 내용인데 고개를 저었다.

그는 계속해서 내게 질문했다. 질문은 다른 사람의 의견에 대한 관심을 보여 주는 전형적인 표현이다. 하지만 내가 특정 상황에 대해 어떻게 생각하는지 의견을 말할 때마다, 그는 내 의견을 반박하고는 했다. 그는 마치 내가 무슨 말을 하든 동의하지 않을 것처럼 반사적으로 행동했다. 아마도 그가 다른 사람들을 통제하려고 할 때 사용하는 방법일 것이다.

팔로알토 근처의 20층 건물 앞에 차가 멈췄을 때 그가 말했다. "에스키모인들을 보러 가시죠!"

"에스키모요?"

"제 부서원들이요. 저는 제 부서원들을 에스키모라고 불러요. 그들이 하는 일은 전부 전화 영업('전화 영업'이 영어로 'cold call'이다―옮긴이)이기 때문이죠. 우리가 조사 중인 회사에 대한 정보를 알아내기 위해서입니다. 당신이 해 주셔야 할 일은 직원들에게 15분 안에 사람들로부터 신뢰받을 수 있는 방법을 가르치는 겁니다!"

"왜 15분인가요?"

"우리의 진짜 의도를 알아챌 만큼 똑똑한 임원들은 통화할 시간을 단 15분만 내주니까요. 그것도 운이 좋은 경우예요."

차에서 내리고 보니 호텔이 아닌 것이 분명했다. 그가 근무하는 회사 건물이었고, 곧바로 내가 일을 시작해야 할 분위기였다. 나는 그에게 이틀 동안의 컨설팅 비용만 청구했는데, 도착한 날은 쉬는 것이 관례이기 때문이다. 하지만 그는 반나절을 추가해 주길 원하는 듯했다. 긴 여행으로 피곤했기 때문에 '젠장'이라는 소리가 속에서 저절로 나왔다. 하지만 적어도 그가 원래 이야기를 나눈 것보다 더 많은 것을 얻고 싶어 하는 유형의 사람이라는 사실은 알게 되었다. 그에 대한 정보를 하나 더 알게 됐으니 아주 나쁘진 않다. 하품이 나오려고 했지만 참았다.

신뢰의 언어를 나타내는 열 가지 긍정적인 단서

1. 성급하게 결론 내리지 않는다.

이들은 자신의 의견을 말하기 전에, 당신을 완전히 이해하기 위해 충분히 질문하면서 접근한다. 갈등을 피하려고 성급하게 결론을 내리면 오히려 더 많은 갈등을 일으킬 수 있지만, 안타깝게도 사람들은 성급히 결론에 도달하곤 한다. 이런 성급한 결론은 두려움에서 비롯되며, 이는 오히려 더 많은 두려움을 일으켜서, 친근한 관계를 가로막고, 감정적으로 휘둘리게 만든다. 다툼, 언쟁, 불화 등을 가리키는 가장 흔한 동의어 중 하나가 '오해'인 이유가 있다(misunderstanding에는 오해라는 뜻 외에도, 언쟁, 불화 등의 뜻도 있다—옮긴이).

2. 상대방의 기분을 좋게 하는 말을 한다.

이들은 호감을 얻을 수 있는 가장 강력한 열쇠를 알고 있다. 상대방의 기분을 좋게 하는 말은, 자신을 어필해서 상대방이 자신을 좋게 보도록 하는 것이 아니라, 상대방을 좋아 보이게 하는 것이다. 누군가가 당신에게 자신이 지적이고, 이해심이 많으며, 중요하고 영향력 있는 사람이라고 자화자찬하면, 당신은 그들과 같이 있기를 견딜 수 있는가?

누군가가 진심으로 당신을 지적이고, 이해심이 많으며, 중요하고 영향력 있는 사람처럼 느끼게 한다면, 당신은 그를 좋아할 수밖에 없을 것이다. 상대방의 기분을 좋게 하는 말은 당신의 삶을 바꿀 수 있는 특별한 방법이자, 적어도 사람들과 대화를 잘할 수 있는 방법 중 하나다.

3. 당신과의 다른 점보다는 닮은 점을 더 많이 이야기한다.

만약 그렇다면 그는 대부분의 사람이 대부분의 일에 일반적으로 동의한다는 것을 이해하는 사람이다. 우리는 사실상 대부분의 일에 동의한다. 인간은 기본적으로 같은 것들을 필요로 하고, 동일한 기본권을 가지고 있기 때문이다. 모든 사람은 하나같이 좋은 사람으로 인식되고 좋은 사람처럼 행동하기를 원한다. 우리 모두는 고통받고, 기쁨을 느끼고, 이기기도 하고, 지기도 한다.

우리가 다른 사람과의 차이점을 찾으려고 들면 얼마든지 찾을 수 있다. 가장 쉬운 방법은 상대방이 당신의 생각에 동의하지 않는다고 가정하는 것이다. 또 다른 방법은 그들에게 당신과 의견이 다른지 물어보는 것이다. 하지만 굳이 그럴 필요가 있는가? 다른 사람과의 차이를 드러낼 때마다 부정적인 결과가 현실화될 위험성만 커진다.

다른 사람과 대화할 때는 먼저 동의로 시작하고, 필요하다면 의견 차이를 완곡하게 표현하라. 모든 사람은 같은 생각으로 하나되고 싶은 마음을 가지고 있다. 다른 점에 집중할 때마다 당신은 자신을 중요하지 않은 존재로 만드는 것이다.

4. 말할 때 당신에게 집중한다.

이들은 말하면서 허공을 응시하거나, 핸드폰을 들여다보거나, TV를 힐끔힐끔 보거나, 당신의 눈길을 피하지 않는다. 왜냐하면 이들은 말하는 내용에 대한 당신의 반응이 궁금하기 때문이다. 생각과 느낌은 말로만 전달되지 않으며, 설사 그렇다 하더라도 상대는 당신이 자신을 보지 않으면 무시당하고 있다고 느낀다. 당신이 대화하고 있는 상대방은 귀도 열어 놓고 있지만, 눈도 뜨고 있다.

5. TV 토론 진행자처럼 드라마틱하게 말하지 않는다.

각종 미디어들이 첨예하게 경쟁하는 시대에 TV 토론 진행자들은 시청자들이 듣고 싶어 하는 말을 하려고 하고, 시청자들은 이런 사람들을 훌륭한 진행자라고 생각한다. 이들은 사실을 제시하지 않고 그저 주장과 논쟁만 할 뿐이다. 실질적인 토론을 하는 것이 아니라, 비난과 어려운 질문으로 상대방을 괴롭히는 것이다. 이런 진행 방식은 '활기찬' 진행으로 여겨진다. 심각한 문제다. TV에서 드라마틱한 토론은 시선을 끌며 효과를 낸다. 하지만 우리 일상의 의사소통에서 드라마틱한 대화는 부정적인 효과를 낸다.

6. 거의 논쟁에서 이기려 하지 않는다.

논의가 논쟁으로 변질되고 나서 승패가 결정되는 단계까지 이르렀다면, 결국 양측 모두 진 게임이다. 당신은 논쟁에서 당신에게 '진' 사람이 분해하고, 앙심을 품고, 기분 상해하지 않게 '이겨' 본 적이 있는가? 논쟁을 멈추는 자가 진정으로 승리하는 사람이다. 이것은 철학 사상이 아니라, 우리 인생이 그런 것이다. 당신이 어떻게 생각하든지 간에, 논쟁에서 이기는 것만이 능사는 아니다.

만약 다시는 싸우고 싶지 않을 만큼 무수히 져 주면, 사람들은 '진 사람'의 심정을 충분히 느끼면서 왜 자신이 다른 사람을 이기려고 그토록 많은 시간을 허비했는지 의문을 가지게 될 것이다.

7. 생각을 이해하기 쉽다.

명료하게 자신의 생각을 전달하는 것이 쉬워서가 아니다. 그건 이들에게도 쉽지 않은 일이다.

생각을 명료하게 전달하면 결국 생각이 잘 드러나기 때문에, 좋은 생각을 갖는 것이 무엇보다 중요하다. 생각을 복잡하게 전달하는 것은 생각을 은폐하려는 것이고, 생각을 정리해서 심플하게 전달하는 것은 생각을 드러내려는 것이다.

생각을 피상적이고 복잡하게 전달하지 말고, 깊이 있고 단순하게 전달하라.

8. 도덕적 내용에 대해 정치적 차원이 아니라 도덕적으로 옳은 것에 대해 훨씬 더 신경 써서 말한다.

마음이 충분히 넓고 양심적인 사람이라면, 자신이 얼마나 너그럽고 세상의 흐름에 밝은지를 굳이 나서서 광고하려고 하지 않는다.

조직화된 종교가 쇠퇴하면서 도덕과 윤리의 문제가 정치적 활동으로 들어 왔다. 오늘날 이는 희생과 헌신 차원에서 사회적 약자들을 돕는다기보다는, 그저 좋은 매너 수준이다.

9. 자신보다 당신에 대해 더 많이 이야기한다.

긍정적인 단서 2(상대방이 자기 자신에 대해 좋게 느끼도록 하는 것의 중요성)와 다소 비슷하지만, 여기에는 다른 목표가 있다. 자신의 성공에 당신이 동맹하도록 하거나, 또는 반대로 당신의 성공에 자신이 동맹하기 위해서다.

만약 상대방이 당신을 대화의 중심에 두려고 한다면, 당신이 자신과 비슷한 목표를 가지고 있는지 보기 위함일 수 있다. 당신이 자신과 비슷한 목표를 가지고 있다고 생각되면, 상대는 아마 당신과 함께 뭔가를 하고 싶어 할 것이다. 왜냐하면 대다수의 사람은 주로 자기 자신에 대해 이야기하기 때문이다. 그래서 이것은 비교적 드문 행동이지만, 신뢰의 행동을 보여 주는 최고의 단서 중 하나다.

10. 부자에게든 가난한 사람에게든 똑같이 말한다.

이들은 모든 사람을 동등하게 존중한다. 거의 모든 사람이 자신이 사람들에게 공정하고 친절하게 대한다고 믿지만, 종종 망상에 지나지 않는 경우가 있다. 모든 사람을 똑같이 대한다는 것은 매우 어려운 일이며,

대부분의 사람이 때때로 그런 이상적인 생각과는 다르게 행동한다. 설령 상대가 당신을 직접적으로 차별하지는 않더라도, 누군가에게 이기적이고, 거들먹거리고, 다른 사람들을 차별하는 사람을 신뢰하기는 어렵다.

신뢰와 사랑은 '쟁취'할 수 없다

그의 회사에 도착한 후 나는 건물 로비에서 커피를 마시면서 피로를 떨쳐버렸고, 그를 따라 그의 부서로 갔다. 직원들이 많을 것이라고 예상했지만, 부서 전체 인원은 10명도 채 되지 않았다. 보안팀이 기밀을 좋아하기는 해도, 소수의 사람들이 전체 층을 다 쓴다는 것은 회사에서 이 팀이 가지는 위상을 인상적으로 보여 주는 것이다.

미스터X는 팀원 모두를 모이게 했다. 그 넓은 사무실에는 중간에 기둥도 거의 없어서 마치 주차장처럼 크게 느껴졌고, 360도로 사방을 볼 수 있는 구조였다. 모든 창문을 통해 세계에서 가장 영향력 있는 도시의 경치가 펼쳐졌다.

개방형으로 배치된 사무실은 민주적인 분위기를 고취시키려는 의도로 보였다. 이런 배치는 구글 등에서 채택하는 트렌디한 형태였다 (하지만 상사를 봐서는 민주주의가 가능할지 의문이었다).

미스터X는 특유의 쇼맨십 감각으로 끝없이 늘어선 캐비닛들 가운데 하나를 열어 서류철을 꺼냈는데, 그 많은 캐비닛 속에는 온통 붉은 갈색으로 된 얇은 소책자들이 들어 있었다. 나는 세계 최고의 관료주의의 정점에서 일했지만, 그렇게 많은 서류를 본 적은 없었다. 마치 멸종 위기종을 보는 듯했다.

"이게 뭔가요?" 나는 깜짝 놀라서 물었다.

"저희 대본입니다." 미스터X가 자랑스럽게 말했다. 나는 무슨 말인지 알아듣지 못했다.

"전화 대본이요! 전화 영업 대본!"

그가 내게 그 중 하나를 건네주었는데, 이런 내용이었다.

좋은____(아침, 오후입니다), _____.

_____(님)! 저는 _____이고, 시간 내주셔서 정말 감사드립니다. 오늘 하루 어떠셨나요?

"음, 프로들은 대본을 작성하지 않아요." 무심결에 내가 말했다. 누군가 전화로 핸드폰을 판촉하는 상상을 해 봤다. "아마추어 대본이군요." 그 말을 내뱉는 동시에 '아차' 싶었다. 외교적 수완에서 나온 말이 전혀 아니기 때문이었다. 하지만 사실이긴 했다.

내 말에 나와 가까이에 있던 직원들이 시선을 바닥으로 떨구었을 때, 미스터X는 이렇게 말했다. "〈와이어드〉지(IT전문 매체—옮긴이)에 그렇게 말해 주세요!"

"그러죠." 나는 어깨를 으쓱해 보이며 말했다. 나는 그가 〈와이어드〉지의 어느 기사 또는 칼럼과 관련해서 그 말을 한 건지 알 수 없었지만, 어쨌든 대화를 꼬이게 한 것은 나였다.

부서원 몇 명이 조심스럽게 공감하는 표정을 지으면서 고개를 들고 힐끗 우리를 보았다.

"이런 대본이 몇 개나 있죠?"

"3,000개요."

그러고 나서 그는 한 직원에게 근처의 고급 레스토랑에서 저녁을 테이크아웃해 오도록 했다. 그가 그렇게 주문했을 때 아무도 놀라지 않는 것으로 보아 분명 야근이 일상인 듯했다. 상사가 지칠 때까지 쉬지 않고 일하는 것 같았다.

그는 서류 한 뭉텅이를 들고 나를 컴퓨터가 놓인 책상으로 부르며 빨간 펜을 건넸다. 빨간 펜을 오랜만에 쥐었다.

그가 말했다. "당신의 기준에 맞게 마음껏 고쳐 보세요."

대화 대본은 심리를 조종하기에 적절한 것처럼 보였지만, 나에게는 고쳐야 할 부분들이 보였다. 대화의 기본적인 목적은 그저 전화 받는 사람의 의견, 생각, 목표를 뒤집어서 바꿔놓는 것이다. 아마 당신은 이미 이 책에서 당신도 할 수 있을 만한 예시들을 충분히 보았을 것이다.

휴게실에 비치된 고급 커피의 카페인에 힘입어, 나는 저녁 식사가 도착하기 전에 10개의 대본을 수정할 수 있었다. 수정할 내용이 비교적 똑같기 때문이었다.

내게는 짧은 전화 통화조차도 신뢰에 기반해서 관계를 구축하는 매우 가치 있는 일이다. 완전히 새로운 의사소통 방식을 만들 필요는 없다. 단지 상대방을 대화의 중심에 놓으면 된다.

이런 말을 처음 들은 사람들은 그럴 경우 대화에서 주도권을 잃게 될 것이라고 생각한다. 하지만 이는 환상이다. 끌려가고 싶은 사람은 아무도 없고, 우리가 통제하려고 시도하는 순간, 사람들은 저항하기 시작한다. 대부분 통제하려는 시도를 불쾌하게 느낀다.

요컨대, 다른 사람들이 성공하고 영감을 갖도록 도움을 주는 사람이 진정으로 오래 지속되는 리더십을 가진다. 다른 사람이 지향하는 목표를 이해하고, 그 방향으로 그들을 이끌어 줄 수 있다면, 당신에 대한 신망은 높아질 수 있다. 그리고 높아진 신망이 당신의 힘을 빠르게 강화해 준다.

미스터X가 대접한 저녁식사는 정말 굉장했다. 별 다섯 개를 줄 만했다. 마치 내가 백악관 주방장이 만든 음식을 즐기면서 고급스러운 근무 공간에서 저녁까지 고생스럽게 일하는 미국 대통령처럼 느껴졌다.

부서원들은 매우 친절해서 미스터X에 대한 신뢰가 커졌다. 왜냐하면 경영진의 자질은 그와 같이 일하는 사람들의 태도로 평가할 수 있기 때문이다. 나는 부서원들에게 수정된 대본을 나눠 주며 부서원들로부터의 피드백을 통해 가장 중점적으로 고쳐야 할 부분들을 확인할 수 있었다. 이를 반영하면서 점점 더 대본 수정 속도를 올릴 수 있었다. 대부분의 작업이 단지 '나'를 '당신'으로 바꾸고, 마지막에 물음표를 붙이며 상대방의 의사를 묻는 것으로 바꾸면 됐다. 신뢰의 언어는 이렇듯 간단하다.

피로감도 들지만 집중도와 결과물이 동시에 최고조에 달하면서 나오는 엔돌핀으로 인해 희열감을 느끼면서, 내가 미국 기업의 커뮤니케이션 스타일에 혁명을 일으킬 수 있다는 생각이 들기도 했다. 시간이 흐르고 어느덧 나는 체력적인 한계에 부딪혔다. 나는 비행기 조종석처럼 생긴 미스터X의 업무 공간으로 무거운 몸을 끌고 가서 말했다.

"온몸의 진이 다 빠졌어요."

그는 마치 내가 가벼운 뇌졸중이라도 일으킨 것처럼 세심하게 반응하면서 내가 바로 호텔 스위트룸으로 갈 수 있도록 준비해 주었고, 내 짐은 방에 있고 근사한 디저트와 와인이 준비되어 있으며, 아침에는 내가 원하는 시간에 모닝콜을 해 줄 것이라고 말했다. 내게 인사하기 위해 부서원들이 모였을 때, 그는 나를 '콜드 콜 킹Cold-Call King'이라고 불렀다. 상대방을 기분 좋게 해 주는 말이었고, 나로 하여금 미스터X를 좋아하게 만드는 말이었다.

나가는 도중에 그는 내가 능숙하게 수정한 대본으로 부서원들이 15분 안에 '신뢰를 쟁취할 수 있을 것'이라고 확신한다고 말했다. '신뢰를 쟁취하다'라는 말은 내가 그에게 했던 말도 아니고 내가 전혀 사용하지 않는 표현이다. 신뢰를 얻는 것은 게임이 아니므로 '쟁취하는' 신뢰는 '쟁취하는' 사랑처럼 호응이 안 되기 때문이다. 물론 신뢰와 사랑 모두 공짜로 얻을 수 있는 것은 아니다. 오랫동안 나는 신뢰와 사랑 둘 다 '쟁취'하려고 했지만, 심적 고통만을 얻었을 뿐이었다.

신뢰의 언어를 나타내지 않는 열 가지 부정적인 단서

1. 상대에게 들키지 않고 자신을 자랑할 수 있다고 생각한다.

대화하는 가운데 자기 홍보를 할 수 있는 순간을 기다리는 사람들이 있다. 단순한 정보로, 적절한 예로, 또는 즐거운 추억을 회상하는 척하면서 이들은 슬쩍 자기 자랑을 한다. 상대방이 자신이 원하던 칭찬을 해주면, 이들은 겸손한 척 칭찬을 사양한다.

이들은 또한 자신이 얼마나 대단한지를 상대방이 기억하도록 하기 위해, 격려를 가장해서 당신에게 자신보다 훨씬 더 잘할 수 있을 것이라고 말하며 자신감을 북돋기도 한다. 이들은 유명 인사를 잘 아는 사람인 양 들먹이면서도, 마치 자신이 출세주의를 전혀 모르는 양 이름이 알려지지 않은 사람들을 언급하는 가운데 자신이 아는 유명인을 슬쩍 끼워서 말한다.

2. 두 사람이 함께 아는 사람을 비판하며 당신의 기분을 좋게 하려고 한다.

당신이 그 사람보다 낫다는 것을 넌지시 비치려는 것이다. 그렇지 않았다면 그런 생각을 털어놓지 않았을 것이다. 마치 그런 비판이 유대감의 건강한 형태인 것처럼, 이들은 당신이 그 사람에 대한 불만을 표출할 기회를 준다. 그럴 때 당신은 '내가 없을 때 이 사람은 나에 대해 다른 사람들한테 뭐라고 말할까?'라는 생각이 들 수밖에 없다.

3. 방어적이다.

위험한 특성이자, 사람들이 가장 흔히 보이는 특성 중 하나다. 많은 사람은 자신이 무언가를 부정하면 그렇게 확정된다고 생각한다. 그래서 이들은 자신에 대한 사람들의 비판을 우스갯소리로 치부해 버리거나, 말도 안 되는 모욕적인 발언이라며 자신을 방어한다.

이들은 입을 삐죽 내밀며 기분 상해하고, 수동적 공격 성향을 보이고, 화제를 바꾸고, 자신들에게 씌워진 '혐의'를 왜곡하고, 자신이 했던 말을 취소한다. 이렇게 이들은 방패를 세우며 방어한다.

4. 토론을 벌인다.

이것은 중요한 문제이기 때문에, 앞서 나는 이에 대해 언급한 적이 있다. 나는 이성적인 생각의 교환에 대해 말하는 것이 아니다. TV 프로그램에서부터 정치적 토론에 이르기까지 모든 부분에서 있을 수 있는 서로 다른 의견을 논쟁거리로 만드는, 지나치게 감정적인 싸움에 대해 말하는 것이다.

토론 전략은 놀랄 만큼 효과적으로 사람들의 심리를 교묘히 조종하는 일련의 속임수에 불과하다. 최악의 토론 전략 몇 가지를 예로 들면, 상대방의 생각이 아니라 상대방 자체를 공격하기, 빗대어 말하며 빈정거리기, 두려움 이용하기, 비꼬고 무시하기, 희생양 만들기, 주제 바꾸기, 현실을 과장하거나 축소하기, 다른 사람에게 책임 전가하기, 낙인찍기 등이 있다.

5. '항상'이나 '절대'와 같은 단호한 표현을 사용해 말하는 경우가 많다.

다른 많은 문제를 일으키는 또 다른 의사소통 방식이다. 절대적인 의미를 가진 강조의 표현은 자신의 관점을 뒷받침하기 위한 것이지만, 대개 사실이 아니며 상대방으로부터 부정과 반대를 쉽게 일으킬 수 있다. 상대방이 "넌 한 번도 날 칭찬한 적이 없어"라고 말한다면, 그는 그저 당신이 "아니야! 칭찬했던 기억이 나는데!"라고 말해 주길 바라는 것이다.

당신은 상대방이 내용을 과장하고 있다는 것을 알아도, 상대도 자신이 과장하고 있음을 자각하고 있는지는 알기 어려울 수 있다. 단호한 표현들은 이의가 제기되지 않으면 사실로 왜곡될 수 있다.

신뢰할 수 있는 사람을 찾을 때는 '대개는', '흔히', '아마도', '거의', '가끔'과 같이 과장된 의미를 완화하는 표현을 사용하는지 들어보라. 당신은 이 책이 이런 단어들로 가득하다는 것을 알아차렸을 수도 있다. 이들 단어는 사소한 언쟁을 예방하는 마법에 가까운 능력을 가지고 있다.

6. 비판하기 전에 언짢아하지 말라고 먼저 말한다.

"내가 하는 말이 기분 나쁠 수도 있겠지만, 넌 정말 최악이야." "기분 나쁘게 하려는 건 아닌데, 전에도 말했지만 넌 정말 최악이야." 이런 식의 말이다.

이는 행동 분석에서 '프레임 무효화negating the frame'라고 불리는데, 상대방의 충격을 완화시키는 효과가 있는 비열한 언어적 속임수 중 하나다. 이들은 이처럼 예고하는 말을 먼저 하고 비판한다.

7. 말을 많이 하지만 실속 있는 내용이 없다.

대개 무언가를 숨기려고 하거나 단지 할 말이 없기 때문이다. 그래서 이들은 특히 '마이너스 성장', '쏘트 리더thought leader' 또는 흔히 들을 수 있는 진부한 유행어인 '전략적 계획'과 같은 비즈니스 전문 용어를 사용해서 질적인 대화 대신 양적인 대화를 하려고 한다.

이와는 대조적으로, 천부적인 연설가이자 전시에 사람들에게 힘을 북돋아 줬던 수상이며, 노벨문학상 수상자이기도 했던 윈스턴 처칠은 영국의 경제주간지 〈이코노미스트 *The Economist*〉에서 "짧은 표현이 가장 좋고, 짧은 표현 중에서는 친숙한 표현이 가장 좋다"고 했다. 비즈니스 커뮤니케이션 전문가 브록만L. J. Brockman도 이와 비슷한 생각을 가졌으며, 그는 성공적인 커뮤니케이션의 네 가지 주요 특징으로 명확하고, 간결하며, 기억에 남을 만하고, 동기를 부여해 주는 대화를 꼽았다. 솔직한 대화, 간결한 의미 전달, 좋은 매너를 사용할 수 있음에도, 많은 사람은 자신이 대화를 주도하지 못하거나, 다른 사람의 생각을 무너뜨리기 위해 비난하지 않으면, 자신이 상황을 통제하지 못한다고 생각해 불안해한다.

8. 말과 비언어적 표현이 다르다.

비언어적 표현은 은연중에 진실을 드러낸다. 나는 특히 사람의 얼굴이 진실을 가장 잘 말해 준다고 생각한다. 자신이 말하는 내용이 뭔가 진실이 아님을 나타내는 몇 가지 스트레스 신호들은 다음과 같다. 이러한 신호들을 발견한다면, 상대가 뭔가 숨기려고 하는 것은 아닌지 살펴보는 것이 좋다.

- **미소**: 진실한 미소와는 달리, 입꼬리가 올라가지 않고 뒤로 당겨진다. 얼굴 전체로 웃지 않는다. 이마는 자주 찡그린다.
- **머리 각도**: 머리가 어느 한쪽으로 치우치지 않고 약간 뒤로 젖혀져 있고, 당신을 얕잡아보듯이 내려다본다.
- **눈**: 신뢰할 수 있는 사람이 크게 눈을 뜨는 것과 달리, 이들은 눈이 반쯤 감겨 있고 별다른 움직임 없이 당신에게 고정된 경향이 있다.

만약 이렇게 몸으로 드러나는 표현들이 비교적 자주 보인다면 뭔가 분명히 숨기고 있다는 의미지만, 이런 모습이 가끔 보인다면 이런 신호를 나타내지 않는 때와 비교해 상대방이 실제로 어떤 생각을 가지고 있는지 다른 단서들로 분석해 보아야 한다.

9. 사과하는 방법을 모른다.

사과하기란 매우 쉽다. "미안해." 이것으로 끝이다. 하지만 사람들은 필요할 때 제대로 사과하지 못한다. 사람들은 흔히 "미안해, 하지만…"이라고 말한다. 그러고는 대개 지적이나 비판에 자극받아 180도 달라진 태도로 이렇게 이어서 말한다. "하지만 네가 그렇게 하니까 내가 이렇게 했지!"

이는 두려움에서 비롯되며, 그 두려움이 특히 오만함, 완벽주의, 우월감 등으로 가장한 경우에 더욱 그렇다. 이런 사람의 자기 파멸적이며 중심적인 전제는 이렇다. '내가 가장 중요해. 그리고 만약 내가 모든 혐의에 대해 무죄를 주장하면, 무죄로 받아들여질 거야.'

10. 자신의 문제 행동을 정당화시키기 위해 자신의 심리 진단을 핑계 댄다.

이 경우 가장 흔히 사람들이 말하는 심리적 증상은 수많은 사람이 가지고 있는 우울감, 불안감, 트라우마다. 하지만 이러한 변명으로 자신의 불쾌한 행동을 정당화할 수 있는 것은 아니다.

만약 자의식이 지나치게 강하거나 자신에 대해 비참해하는 사람이 다른 사람들도 비슷하게 고통스러워하고 있다는 생각을 받아들일 수 없다면, 자신이 원하는 도움을 받기란 훨씬 더 어려워질 것이다.

예측할 수 없는 미스터X,
나를 엉뚱한 방향으로 가게 하다

빡빡한 일정으로 채워졌던 팔로알토에서의 마지막 날, 나는 최대한 많은 에스키모인과 이야기를 나누었고, 그들이 일에 대해 정말 편안해하고 만족하고 있음을 느낄 수 있었다. 그들은 모두 상사에게 충성하고 있었지만, 상사 때문이라기보다는 그들의 품성과 직업 윤리 수준 자체가 높기 때문일지도 모른다는 생각이 들었다.

내가 그곳에서 만났던 가장 솔직했던 사람 중 한 명은 에스키모인이 아니라 '스파이앤라이Spies and Lies'라는 부서에서 일하는 사람이었다. 거대한 데이터베이스와 전화 통화의 실제 목적을 속이기 위한 '위장'(첩보 용어 중 하나다) 또는 기업에 침투하기 위한 기타 형태의 공작을 하는 것과 관련이 있는 부서였다.

그는 내가 15분의 통화로 신뢰를 만들 수 있는 사람인 '15분 남자'라고 들었지만, 미스터X가 일부러 나를 엉뚱한 방향으로 가게 해 놓고 내게서 자신이 진짜 원하는 핵심적인 부분을 내가 모르게 얻어내려 할 수도 있다고 말했다.

"그는 사람들이 전체 상황을 알기를 바라지 않아요." 그가 말했다. "혼자만 전체 상황을 알아야 마음이 편하고 더 안전하다고 느끼는 것 같아요."

무엇으로부터 더 안전함을 느끼는 건지, 업계의 거대한 경쟁사인 다국적 기업으로부터의 안전을 말하는 건지, 자신의 자리를 뺏기는 것에 대한 안전을 말하는 건지 알 수 없었다. 그 주제가 우리 대화에서 큰 비중을 차지하진 않았다. 풀 수 없는 미스터리는 드물다. 나는 당시 지나치게 적극적인 모습은 지양하려고 했기 때문에 더 깊게 묻지는 않았지만, 그가 언급한 내용을 귀담아 들었다.

나는 이 부서의 독특한 분위기를 어느덧 즐기고 있었고, 미스터X에게는 좋아하고 감탄할 부분이 많아서, 설령 그런 그의 모습이 사실이 아니라 하더라도 그에게서 신뢰와 편안함, 감탄을 느꼈다. 그는 전문용어와 비즈니스 용어들을 사용하지 않았고(긍정적인 단서 7), 우리의 닮은 점을 찾으려 했으며(긍정적인 단서 3), 나의 말을 깊게 귀담아 들었다(긍정적인 단서 4). 논쟁적인 대화를 피했고(긍정적인 단서 6, 1), 자신보다 나를 중심으로 더 많이 이야기했다(긍정적인 단서 9). 긍정적인 단서들이 꽤 많았다. 이 정도면 아주 충분히 긍정적으로 볼 만했다.

하지만 나는 대본을 작성하는 일이 좋지 않았고, 그런 나의 의사에도 대본에 대한 그의 열정은 조금도 꺾이지 않았다. 그는 에스키모들이 내 수준에 못 미쳐서 내가 대본을 다 손봐야 한다고 말함으로써 나를 우쭐하게 하려고 했지만, 나는 그가 자신을 속이는 것은 아닌지 우려스러웠다. 그는 비록 기만일지라도 설득력 있는 이야기를 만드는 것에 능했다. 나는 그를 개인적으로 비난하는 것이 아니다. 왜냐하면 방첩 활동에서는 흔히 이야기 속에 속임수를 담기 때문이다.

그는 내가 그동안 만난 사람 중에서 언어를 훌륭하게 다루는 사람들 중 하나였지만, 그는 화려한 언변으로 말을 잘 전달하려는 것이 아니라 생각을 포장하려는 경향이 있었다. 이런 특성은 최고의 세일즈맨, 정치인, 작가, 영감을 불러일으키는 연설가, 그리고 깊은 사고에서 나온 의견을 나누기보다 단지 유창하게 말할 뿐인 기타 전문가들 사이에서 흔하다.

내가 보기에 미스터X는 교묘하게 심리를 조종하기 위해 대본을 만들려는 것 같았다. 나는 그에게 정중하지만 단도직입적으로 그런 의도가 있는지 물었다. 하지만 그는 감정적으로 방어적인 반응을 보였다(부정적인 단서 3).

앞서 내가 대본이 아마추어 수준이라고 언급했을 때도 그는 논리적으로 자신의 입장을 변호하는 대신에 토론 전략으로 반응했다. 그는 내가 자신의 의견에 동의하지 않는다면, 내가 〈와이어드〉의 편집자들과 의견이 다른 것이라고 말했다(부정적인 단서 4).

공항으로 출발하려고 짐을 싸면서, 그의 언어에서 눈에 띄었던 부정적 신호가 또 하나 떠올랐다. 그는 자신의 수입을 회사의 주식과 비교함으로써 매우 간접적인 방법으로 내게 자랑했다(부정적인 단서 1). 그는 또한 그와 내가 모두 아는 사람보다 우리 두 사람이 낫다는 것을 넌지시 전하기 위해 특별한 이유 없이 누군가를 비난했다(부정적인 단서 2). 또한 내가 도착한 첫날, 차에서 내리기도 전에 나는 그가 고개를 끄덕여야 하는 상황에 비언어적 표현으로 고개를 저으며 자기모순적인 행동을 하는 것을 보았다(부정적인 단서 8). 그것은 쉽게 드러나는 비언어적 표현 중 하나로, 깊은 내적 갈등을 반영하는 것이어서 석연치 않았다.

그는 또한 설령 악의는 없더라도, 단호한 표현(부정적인 단서 5)을 지나치게 많이 사용했고, 이는 반대를 위한 반대를 하는 성향일 수도 있다. 논쟁을 좋아하는 사람처럼 그가 논쟁을 좋아하는 이유가 이기는 것을 좋아하기 때문이며, '논쟁을 멈추지 않는다면 진정으로 승리하는 사람은 아무도 없다'는 내 생각을 그가 이해하지 못한다는 생각이 들었다.

그가 내 의견에 반박했던 것도 마음에 걸렸다. 서로 다른 의견을 가지는 것은 괜찮지만, 그는 "당신이 감독에 대해서는 아무것도 모른다는 말은 아니지만"이라고 말했기 때문이다(부정적인 단서 5, 6).

그는 친절하게도 나를 공항까지 태워다 주었고, 기분이 좋은 상태였다.

"이번에 아주 많은 일을 함께할 수 있었고, 다시 같이 일하고 싶습니다!" 그가 말했다.

그러고 나서 그는 내게 컨설팅 비용을 추가로 더 받고 싶은지 물었다. 나는 그가 어떤 의미의 추가 컨설팅 비용을 말하는지 알 수 없었고, 알고 싶지도 않았다. 아마 알게 됐다면 내가 이미 내린 결정대로 하는 것이 더 어려워졌을 것이다.

"한 가지 말씀드릴 건, 저희는 여기서 한 걸음 더 나아가서 과정을 능률화시킬 겁니다. 저희가 생각하고 있는 건" 그는 강한 의미 전달을 위해 말을 잠시 멈추고 이어서 말했다. "30초예요!"

아마도 이것이 스파이앤라이 부서 직원이 넌지시 말했던 엉뚱한 방향과 관련됐을 것이다.

마치 내가 어떻게 반응할지 너무 확실해서 나를 쳐다볼 필요가 없다는 듯이, 그는 앞을 응시하며 말했다. "솔직히 말씀 드리겠습니다. 원래 30초가 제가 항상 원했던 겁니다. 하지만 당신이 이해해줄 수 있을지 알 수 없었어요."

내가 여기서 할 일은 이것으로 다 끝났다. 나를 놀라게 한 일들이 너무 많아서, 예측 가능성이 충분하지 않았다.

내가 거절하자 그는 거의 애원하다시피 함께 일하자고 청하기 시작했다. 그런 그의 모습이 매우 낯설었다. 전혀 예측할 수 없던 일이었다. 하지만 그 모습은 오히려 내가 옳은 결정을 내렸다는 생각이 들게 해서 안심이 되었다.

나머지 귀갓길은 그에게 불편했겠지만, 나는 괜찮았다.

말 속에 신뢰할 만한 단서가 보이는가?

Sign #5. 언어

주요 문장: "언어의 기본적인 목적과 목표는 상대방에게 무언가를 말하는 것이기 때문에, 언어 자체가 '하나의 긴 단서'이고, 따라서 여섯 가지 신호 중 가장 투명하고 쉽게 이해할 수 있는 신호다."

주요 메시지: 신뢰의 언어는 상대방에게 선택권을 주기 위한 것으로, 판단하지 않고 상대방을 인정하는 언어적 및 비언어적 표현으로 이루어진다. 신뢰의 언어는 상대의 이익에 도움이 되고자 하는 의지와 상대의 성공에 동맹하려는 의지를 나타낸다.

요점

1. 주의 깊게 들으라: 신뢰의 언어는 말하는 사람보다 듣는 사람에게 더 초점을 맞추며, 상대방이 무엇을 원하는지, 상대방이 원하는 것을 이루는 데 어떻게 도움이 될지를 이해하려는 끊임없는 노력을 나타낸다.

2. 비언어적 표현에 주목하라: 비언어적 표현은 신뢰의 언어에 있어서 다른 어떤 신호들보다 더 중요한 것들을 드러낸다. 비언어적 표현은 언어의 또 다른 형태이기 때문이다.

3. 오해를 피하라: 이해 부족은 지나치게 많은 갈등을 일으키기 때문에, 불화의 가장 일반적인 동의어 중 하나는 '오해'다. 사실을 먼저 파악하고, 그 다음에 말하라.

신뢰의 언어를 나타내는 열 가지 긍정적인 단서

1. 성급하게 결론 내리지 않는다.
2. 상대방의 기분을 좋게 하는 말을 한다.
3. 당신과의 다른 점보다는 닮은 점을 더 많이 이야기한다.
4. 말할 때 당신에게 집중한다.
5. TV 토론 진행자처럼 드라마틱하게 말하지 않는다.
6. 거의 논쟁에서 이기려 하지 않는다.
7. 생각을 이해하기 쉽다.
8. 이들이 말하는 도덕적 내용은 정치적 차원의 행동이 아니다.
9. 자신보다 당신에 대해 더 많이 이야기한다.
10. 부자에게든 가난한 사람에게든 똑같이 말한다.

신뢰의 언어를 나타내지 않는 열 가지 부정적인 단서

1. 교묘하게 자기 자랑을 한다.
2. 두 사람이 함께 아는 사람을 비판하며 당신의 기분을 좋게 하려고 한다.
3. 방어적이다.
4. 토론을 벌인다.
5. '항상'이나 '절대'와 같은 단호한 표현을 자주 사용한다.
6. 비판하기 전에 언짢아하지 말라고 먼저 말한다.
7. 말이 많지만 실속 있는 내용이 없다.
8. 말과 비언어적 표현이 다르다.
9. 사과하는 방법을 모른다.
10. 자신의 문제 행동을 정당화시키기 위해 자신의 심리 진단을 핑계댄다.

8

여섯 번째 신호: 정서적 안정감

일관되고 안정되어
예측이 가능한 사람인가?

**나의 내면을 통찰하고
나만의 세계를 구축하라**

우리는 지배적 성향이 매우 강한 사람들이 지배하는 세계에 살고 있다. 우리의 행동은 종종 매우 강박적인 사람들에 의해 강요되고, 매우 통제적인 사람들에 의해 통제된다. 지나치게 불안한 사람들은 우리에게 많은 걱정거리를 안기기에, 매일매일 일상에서의 기분조차도 기분이 안 좋은 주변 사람들로부터 영향을 받게 된다.

다른 사람들의 삶에 침입하는, 정서적으로 불안정한 이런 사람들은 종종 기업, 도시, 사회집단 차원에서뿐 아니라 국가 권력을 차지해서 직접적 관계도 없는 수백만 명의 삶을 태연하게 붕괴시킨다.

아돌프 히틀러의 범죄적인 광기, 이오시프 스탈린, 오사마 빈 라덴, 사담 후세인, 캄보디아 킬링필드의 학살자 폴 포트, 시리아의 독재자 바샤르 알 아사드가 그런 부류다. 이들은 근래 역사에서 몇 안 되는 메이저급 악당들이며, 이들 외에도 세상에는 수백만 명의 마이너급 괴물들과, 제대로 된 인간으로 행동하는 법을 전혀 배우지 못한 엄청나게 많은 평범한 바보들이 있다.

대부분의 사람이 자기 삶이 이들의 침해를 받길 원하지 않지만, 인간의 삶은 늘 그래 왔다. 정서적으로 불안정한 사람들의 횡포는 슬프게도 물리법칙만큼이나 불변하는 인간의 본성에서 비롯된다.

그럼에도 정서적으로 불안정한 사람들의 힘은 견딜 만하다(우리가 그들에 의해 전쟁에 불려가거나, 감옥에 가거나, 그와 유사한 피해를 입지 않는 한). 그들을 견디는 것이 정서적 안정감을 가진 우리가 지불해야 하는 유일한 대가지만, 그들은 스스로 만들어 낸 문제들로 끊임없이 초조해하며 마음을 졸인다. 우리가 지불하는 대가는 그나마 치를 만하다. 우리는 그런 침해를 이따금 받지만 아예 그 마음속에서 사는 것은 지옥같은 일이기 때문이다.

가장 괴롭고 정신나간 사람들(심지어 약하고 평범한 사람들조차)은 자신을 슈퍼히어로로, 또는 자신이 희생당했으므로 앞으로는 자신이 당한 만큼 남을 가해해도 될 자격이 있는 사람으로 생각한다. 하지만 다른 사람들은 그들을 그렇게 생각하지 않는다. 예외적인 경우 외에는, 우리는 정서적으로 불안정한 사람들(사회적 계층에서 차지하는 위치에 상관없이)을 위태하고, 교활하며, 적어도 약간 미친 것으로 본다. 설령 그들이 부유하고 힘이 있다고 해도 이들은 우리에게 사기꾼처럼 보일 뿐, 존중할 수도, 예측할 수도 없는 협력이 불가능한 사람들이다.

어쩌면 당신은 아주 오랫동안 수백 명의 악당들을 보면서, 그들이 어떤 보상을 구하거나 처벌을 피하기 위해 자의식을 버린 것이라고 생각할 수도 있다. 그런데 이들이 삶에서 어떤 보상을 받았든 상관없이 그로 인해 이들은 자신의 삶에 대한 통제력을 잃었고, 다시 회복될 수 없을 만큼 심각한 영혼의 손상을 입었다.

정서적으로 불안했지만 용기를 낸 수많은 사람은 감사하게도 정서적 불안이라는 심연에서 회복되지만, 일부 사람들은 회복되지 못한다. 이들은 자신의 행동과 환경을 통제하지 못하고 자신을 파멸로 내몬다. 자신을 제어하지 못하게 될수록 가치 있는 일에 대한 의식은 무너지고, 오직 내부에서만 찾을 수 있는 마음의 평화를 자신의 밖에서 끝없이 탐색하기 시작한다.

하지만 당신이 '이들의 세계'에서 살 필요는 없다.

일, 행운, 도움, 그리고 자유국가를 통해 당신은 '당신만의 세계'를 만들 수 있다. 물론 모든 사람이 당신의 세계에서 살기를 택하지는 않을 것이다. 그것은 지나친 희망이며 지나치게 많은 문제를 일으킬 것이다. 하지만 만약 당신이 그들 없이도 기꺼이 앞으로 나아갈 의지가 있다면, 당신은 당신의 세계에서 누구든 제외시킬 수 있다. 그리고 그 시점부터 아무도 당신의 동의 없이는 당신에게 무엇을 하라고 말할 수 없다.

내 말이 위험하거나 너무 야심차게 들릴 수도 있지만, 이것은 당신과 다른 사람들과의 거래다. 설령 당신이 이 거래를 이용하지 않더라도, 이 거래는 당신 인생의 대부분에 있어 왔고 앞으로도 사라지지 않을 것이다.

이것은 좋은 거래다. 나 또한 몇 년 전에 이런 거래 원칙을 정했고 나의 세계를 만들었다. 지금 나는 내 자신의 욕망, 능력, 의무, 목표에 맞게 조정된, 내 자신의 세계에서 매일 아침 눈을 뜬다. 비록 완벽한 세계는 아니지만(어떻게 완벽한 세계일 수 있겠는가?), 내 세계는 내가나 자신이 되도록 해 주며, 삶을 더할 나위 없이 풍요롭게 한다.

자신만의 세계를 갖는다는 것은 엄청나게 중요하다. 당신이 당신 자신이 아니라면, 당신은 존재하지 않는 것과 같기 때문이다. 당신은 분명 자의식을 버린 사람들을 많이 만나봤을 것이다. 그들의 눈에서 명한 눈빛을 보고, 공허한 목소리를 들어봤을 것이다.

인생은 누구에게나 힘든 도전이기에, 그 과정에서 자의식을 잃어버리기 쉽다. 대부분의 사람은 적어도 견딜 수 있을 정도로, 그리고 일정 기간만 이런 경험을 한다. 나 또한 그랬다.

젊었을 때 나는 전혀 자신감이 없던, 대단히 전형적인 미국 명청이였다. 그래서 나는 '위대한 개츠비'처럼 나 자신을 다시 만들어 가기 시작했다. 하지만 나는 '위대한 개츠비'라기보다는 '꽤 괜찮은 개츠비'에 더 가까웠다. 나는 대부분의 사람에 비해 운이 좋았다. 어린 나이에 '실패'를 맛보았기 때문이다. 고등학교 때 '불행히도' 공부로도, 운동선수로도 '성공'하면서, 성공과 성공에 따르는 보상들의 공허함을 느꼈다. 나를 제외한 다른 사람들은 나를 멋지다고 생각했다.

다른 많은 사람처럼, 내가 나에게 최고의 적이었다. 왜냐하면 나는 사람들이 나를 무시하면 어떻게 화를 낼지, 두려움을 어떻게 포장할지, 어떻게 그들을 화나게 할지를 항상 알고 있었기 때문이다. 그리고 내가 나를 비난하면 할수록 사람들의 무시에 더 강하게 반응하고 자존심 뒤로 숨었다. 거세지는 불안감과 함께 나는, 많은 사람이 그렇듯 겸손해야 할 유일한 이유는 겸손할 수밖에 없는 것들이 많기 때문이라고 믿으면서, 겸손보다는 오만 쪽으로 더 기울었다. 하지만 그때도 나는 내 허울이 종이처럼 얇다는 것을 알고 있었다.

애국심도 있었지만, 나는 상처받기 쉬운 미숙함, 자격이 없다는 느낌을 떨쳐내려는 고상한 목표를 가지고 미 해병대에 입대했다. 보통의 청년들처럼 나는 그때까지 내가 경험한 실패들과 그 실패들이 나의 미래에 있어서 무엇을 의미하는 것인지에 대한 걱정으로 가득했다. 그런 감정들은 대부분 흔한 죄책감인 나 자신에 대한 실망과 수치심으로 나타났다. 아무리 노력해도 이미 저지른 잘못에 대한 자책감을 멈출 수가 없었고, 젊을 때여서 자책감이 무엇인지조차도 몰랐다.

하지만 인간 행동을 계속 연구하면서, 죄책감의 원인이 사랑받지 못할 것에 대한 두려움 때문임을 알게 되었다. 사람들이 내가 한 나쁜 일들을 알게 되면, 나에 대한 사랑이 사라질까 봐 두려워한다. 단순하지만 심각한 이 위협은 대개 항상 죄책감과 함께 공허하고 병든 감정을 일으키는 근본 원인이다.

하지만 처벌을 피할 수 있다고 생각되면 후회나 수치심이 들 가능성이 적어진다. 이는 앞서 언급한 권력의 역설의 한 형태다. 권력 있는 사람들은 처벌에 취약한 사람들보다 더 규칙을 어기고, 신뢰를 저버리고, 처벌에 대해 그다지 걱정하지 않는다. 하지만 설령 당신이 부유하고 유명하다고 해도, 당신이 저지른 죄를 숨긴다면 당신을 사랑하는 사람들이 당신의 진짜 모습을 사랑하지 않을 것임을 알기 때문에, 이 딜레마에서 쉽게 벗어날 수 없다.

그래서 결백과 죄책감(영원히 서로 반대되는 것으로 보이는)은 끊임없이 사랑을 갈구하는 과정에서 불안정한 감정을 갖게 한다. 그리고 결백과 죄책감 다 우리에게 고통을 줄 수 있다. 그 고통은 신성한 자의식을 잃지 않으려는 노력과, 사랑을 갈구하는 자신이 서로 마주할 때 일어난다. 이는 줄 위에서 균형을 잡으려는 행동이고, 이를 시도하다 어느 순간 떨어질 것이다.

우리는 결국 떨어진다. 우리는 완벽한 세상을 꿈꾸는 것이 착각임을 안다. 하지만 그것은 저항하기 어려운 환상이고, 아무 미련 없이 이 환상을 버리기란 불가능하다.

우리는 모두 인생에 대한 환상에서 벗어나고 싶어 하지만, 내가 9·11에서 깨달았듯이, 깨진 환상을 보고 싶은 사람이 있을까? 미국의 안전이 심각하게 위협받은 그날, 나는 환상에서 벗어나면서 내가 가진 수많은 한계를 겸손하고 분명하게 볼 수 있게 되어서 다행이라고 생각했다. 모순되게 들릴 수도 있지만 모순이 아니다. 본질적으로 통찰력이란 모든 것을 꿰뚫어 보는 것이기 때문에, 자신의 한계를 통찰하지 못하면 자신의 힘도 제대로 알지 못한다.

자신의 내면을 들여다볼 용기가 없는 사람은 안타깝게도 우쭐대고, 자신을 포장하고, 누군가를 지배하고 조종하려는 행동이, 애초에 갈망했던 수용받고 싶은 욕구로부터 점점 더 멀어지게 한다는 것을 전혀 모른다. 자기 내면을 들여다보는 것이 정서적 안정감의 기초가 된다.

정서적으로 안정되지 못한 일부 사람들은 완벽주의로 공백을 메우려고 한다. 하지만 완벽주의는 두려움의 또 다른 얼굴일 뿐이다. 완벽주의자들은 더 많은 것으로 끊임없이 자신을 증명하려고 하지만, 겸손한 사람들은 자신이 증명할 것이 아무것도 없다고 생각한다. 이들은 자신의 개성과 장점, 욕망을 희생시키지 않고서도, 이미 자신의 세계에서 살 권리를 충분히 노력해서 얻었다고 생각한다.

그래서 겸손함은 정서적 안정을 크게 앞당기는 역할을 한다. 그럼에도 겸손함은 우리가 원하면서도, 언제나 좋아하지는 않는 것 중 하나다. 당신이 처음으로 겸손해지는 경험을 하게 되면, 자신이 다른 사람과 크게 다르지 않다는 데서 실망감을 느끼게 된다. 그것이 당신이 줄곧 원했던 것, 즉 가족, 친구, 일에서의 동맹들에게서 느끼고 싶어 한 따뜻함과 소속감이라는 사실은 잊고서 말이다.

하지만 운이 좋으면 당신은 또 다른 겸손한 사람을 만나게 된다. 당신은 그를 인정하고 존중할 것이다. 그들이 당신보다 낫다고 생각해서가 아니다. 그가 당신과 같은 부류의 사람이라고 생각해서다.

그들의 겸손함에도 당신은 어느 순간 그들이 뭔가에 뛰어나다는 것을 알게 되고, 뛰어난 사람이 되기 위해 다른 사람들보다 더 나아지려 발버둥칠 필요가 없다는, 정서적 안정에 대한 가장 훌륭하지만 가장 얻기 어려운 교훈이 충분히 이해되기 시작할 것이다.

인생에 대한 팩트

당신이 아무리 열심히 노력해도, 지금까지의 당신보다 훨씬 더 어마어마하게 나은 자신이 될 수는 없다. 하지만 그래도 좋다. 당신은 모든 사람에게 사랑받지는 못하겠지만, '진정한 사랑을 할 수 있는 사람들'에게서 진정한 사랑을 받을 수 있을 것이다. 당신에게 그들은 유일하게 중요한 사람들이 될 것이다. 그들은 당신의 모습 그대로를 사랑하고, '진정한 사랑을 할 수 없는 사람들'에게 주어야 했던 당신에 대한 환상을 이들에게서는 줄 필요가 없기 때문이다.

나는 아내와 아이들에게서 높은 수준의 사랑과 인정을 처음 발견했다. 가정은 대부분의 사람이 안정을 찾는 곳이다. 그런 사랑과 인정을 몇몇 친한 친구들에게서도 찾을 수 있다. 슬프게도, 여기까지다. 많은 사람이 일터로 향하면서, 사랑은 종종 사라진다. 왜냐하면 사람들은 치열한 경쟁, 공격성, 비타협, 분골쇄신, 각자도생 등이 직업 세계를 지배한다고 믿기 때문이다. 정서적인 안정감이나 각자 자신이 만든 세계는 직업 세계에서 그다지 필요하지 않다고도 생각한다.

하지만 나는 심지어 해병대라는 험난한 세계에서도 공격성과 이기적인 야망보다는 동지애와 사명을 공유하는 것이 훨씬 더 강력한 힘을 발휘한다는 것을 발견했다.

해병대에서 정신을 좀 차린 후, 나는 자연스럽게 FBI에 끌리게 되었다. 엄청난 규율이 필요한 또 다른 역할, 애국심을 회복할 방법, 돈과 권력보다 더 위대한 대상을 찾는 많은 군 출신들이 그러하듯이 말이다.

이 무렵, 나는 상당히 겸손하고 정서적으로 안정된 사람이었고(젊은 미국 남성들의 말도 안 되는 기준으로 볼 때), 낮에는 훌륭한 FBI 요원이 되고 밤이면 '사람'이 될 수 있다고 믿었다!(내가 그러길 아내가 고집했다.) 젊었던 나는 FBI 요원이자 겸손하고 정서적으로 안정된 사람이 되기 위해, 갈 길이 멀긴 했지만 내 세계를 잘 작동하고 있다고 생각했다.

하지만 2001년 9월 11일, 순식간에 내 세계를 포함한 모든 것이 아수라장으로 변했고, 미국에 다시는 평화가 돌아오지 않았다.

앞에서도 언급했듯이, 그 당시 나는 FBI 뉴욕 지부에서 주로 러시아를 담당하고 있었다. 나는 후각이 예민한 개인 블러드하운드처럼 스파이 냄새를 맡고 스파이를 찾기 위해 맨해튼을 하루 종일 맴돌았다. 하지만 9·11 테러가 FBI와 사실상 모든 정보기관의 허를 찔렀을 때, 러시아는 이때를 놓치지 않고 자신의 제국 일부를 되찾을 수 있는 절호의 기회로 삼았다. 러시아는 체첸을 침공해서 대부분이 민간인인 약 5만 명의 사람들을 죽였다. 러시아는 특히 테러, 납치, 인질극, 가족 전체에 대한 고문, 참수, 학대, 강간 등의 잔인한 만행을 가해 보수적인 체첸 문화에 큰 충격을 주었다.

미국은 당연히 중동 지역을 중요하게 여겼지만, 러시아의 선전 여론에 취약했다. 러시아는 "체첸은 이슬람 테러리스트들로 가득하고,

우리는 당신들을 위해 궂은일을 하고 있다"고 선전했다.

미국의 인식은 러시아의 입장을 수용하는 쪽으로 기울었다. 그것은 말도 안 되는 인식이었고, 러시아가 예측불허의 불안정한 국가로 재탄생하는 것을 허용했다.

미국의 태도 변화는 걱정스러웠다. 나는 도리에서 벗어난 행동은 대부분 악이나 완전히 미친 짓이라기보다 잘못된 인식에서 시작된다는 것과, 미국이 러시아를 우호적으로 인식하기로 선택했다는 것을 알고 있었다.

행동분석센터에 합류하기 전까지 나는 이 사실이 당황스러웠다. 하지만 행동분석센터에서는 누가, 무엇을, 언제, 어디서 했는지에 대한 문제보다는 왜 그런 행동을 했는지를 전문적으로 다루었고, 자신의 맥락에서만 상황을 보지 않는 법도 가르쳤다. 나는 미국 시민들이 단지 미국에게 또 다른 적이 생기는 것을 용인할 수 없다는 이유에서 러시아의 잔인함과 탐욕을 용인하고 있음을 깨달았다. 아프가니스탄과 이라크에서 사실상 영구적인 전쟁을 치르고 있었기에 미국 대중의 인식에서는 어떤 전쟁에서도 재앙이 닥칠 것처럼 보였다.

행동분석센터에서 인간의 본성에 대한 나의 이해는 기하급수적으로 증가했다. 다른 사람들의 인식을 이해하기 위해 매일 나의 인식을 분석한 것도 크게 도움이 됐다. 행동분석센터는 내 눈을 뜨게 했고, 보다 합리적이고 온정 있는 세계를 보게 했다. 내 인생을 끝이 없는 멜로드라마로 보는 것을 멈추자, 더 이상 인생은 그렇게 느껴지지 않았다. 신뢰할 만한 사람들을 찾기 시작하자, 그런 사람들을 발견할 수 있었다. 그리고 정서적으로 불안정한 사람들과의 동맹을 멈추자, 나의 세계는 더 건강해졌다.

수년 동안 제다이 마스터 제시와 가족의 도움으로 나는 정신을 차렸고, 세상도 제정신을 차리는 듯했다! 이는 대부분 내 주관적 인식에 불과한 것이지만, '나의 세계'와 직접 관련이 있는 내 주변은 더욱 온전해졌고, 나는 내 주변을 넘어서까지 건강하고 온전한 환경을 만들기 위해 할 수 있는 최선을 다했다.

나는 행동분석센터에서 인간 본성의 예측 가능한 인과관계에 대해 집중 훈련을 받았고, 그러면서 가족과 친구들과의 삶을 포함해 나의 삶도 더할 나위 없이 나아졌다. 접근 방식은 한 가지 강력한 원리에 달려 있었다. 만약 당신이 누군가와 A라는 행동을 하면 B라는 결과가 나온다는 것이다. 당신이 원하든 원하지 않든, 열심히 일하든 일하지 않든, 도움을 받든 받지 않든 간에 말이다. 사람은 사람이다. 그래서 사람은 예측할 수 있다.

나는 이 원리를 중심으로 해서 행동분석센터의 고급 프로그램까지 이수했고 내가 기울인 노력과 결과에 대단히 만족했다. 그리고 2011년, 나는 행동분석센터장으로 임명됐다. 나는 센터 설립 이후 네 번째 리더에 불과했기 때문에 사명감을 가지고 최선을 다했다. 나는 미국을 다시 안전하게 만들기 위해 내가 가진 모든 능력을 사용할 의무가 있다고 생각했다.

나는 새로 맡은 일을 아주 좋아했다. 사람들이 하는 거의 모든 행동이 '그들의 관점에서' 보면 이해된다는 사실을 받아들이자 자연스럽게 마음의 평화가 밀려왔다(말도 안 된다고 생각하겠지만, 사실이다).

이해가 되면, 예측할 수 있다.

예측할 수 있으면, 우리는 그에 맞게 행동할 수 있다.

그러면 예전 같으면 불쾌했을 사람들의 행동조차도 전에 비해 훨씬 불쾌하게 느껴지지 않는다. 사람들의 행동을 예측할 수 있고 그에 적절하게 대응할 수 있기 때문이다.

이 간단한 규칙들을 완전히 익히면(아마도 지금쯤 당신은 완전히 익혔을 것이다), 다른 사람들의 성공에 도움을 줄 수 있고, 그에 따라 점점 더 많은 동맹을 맺으면서 자신 또한 더욱 성공할 수 있다. 그때가 되면 모든 일에 성공할 수 있을 것 같은 분명한 자신감이 들 것이다.

합리적 행동을 방해하는
두려움 읽기

"부탁 하나 해도 되겠나?" 내가 행동분석센터장이 된 직후 제시가 전화를 걸어왔다.

"무엇이든지요."

담당 임무를 버거워하는 FBI 뉴욕 지부의 요원 린다에 관한 일이었다. 제시가 복잡한 문제를 단순하게 풀어서 해결하는 것으로 소문이 나 있었기에 린다가 도움을 청한 것이다.

제시는 은퇴했지만 여전히 FBI에서 계약 전문가로 일하고 있었고,

린다의 팀에 파견돼 있었다. 린다는 온갖 요란한 문제들이 벌어지던 러시아를 담당하고 있었다.

이번 러시아의 문제는 러시아가 진정한 민주주의 국가가 될 것인가, 아니면 지난 300년 동안 러시아 국민들을 끈질기게 괴롭혔던 범죄적인 독재정권으로 다시 퇴보할 것인가였다(러시아에는 큰 기대를 하지 않는 것이 좋다).

블라디미르 푸틴은 약 1,000명의 '정치범'을 체포하면서 거리의 폭동을 제압하고 대량 투옥으로 부정선거를 막 치른 참이었다. '러시아 정치범'이라는 말에 연상되는 끔찍한 이미지들 때문에 나는 러시아에 도움이 될 수 있기를 갈망했다. 러시아는 고문과 테러를 멈춘 적이 없었고, 더구나 이런 상황에서는 더욱 의심의 여지가 없었다. 고문과 테러에서 살아남은 사람들의 증언은 너무 충격적이라 여기서 자세히 이야기할 수 없을 정도다. 그때부터 시작된 피해자들과 그 가족들에 대한 끝없는 체포, 심문, 감금, 학대, 무자비한 협박은 지금도 이어지고 있다.

제시가 말한 린다라는 요원은 최근 심리학 박사학위를 취득한 젊은 뉴욕 여성이었다. 그녀는 뉴욕시의 또 다른 세 곳의 정보기관으로부터 정보를 받고 있었고, 제시는 그녀가 러시아의 가학적인 잔혹성에 대해 언론이 눈가림하도록 공작하고 있다고 여겨지는 인물을 담당하도록 했다. 그 인물은 러시아 영사관과 유엔에서 일했을 것으로 추정됐다. 그는 미디어 쪽에서 일한 이력도 있고, 미국의 약점을 잘 아는 듯했다. 이때 러시아가 사용하던 선전 여론전은 중동 테러리스트들을 비난하는 방식으로, 체첸 전쟁 때 사용했던 전략과 거의 같은 것이었다.

목표에 접근하기 위해 린다는 바그다드 궁전에서 사담 후세인의 옆에서 일했던 것으로 알려진 이라크 망명자를 우회로로 택할 필요가 있었다. 그는 비밀 정보원은 아니었지만, 그가 우리를 도울 것이라고 생각한 이유가 있었다. 그는 포드햄대학에서 린다의 관찰 인물이 듣고 있는 러시아 역사에 관한 강의를 함께 듣고 있었다.

희생자들이 발생한 곳으로부터 수천 킬로미터 떨어진 곳에 있음에도 린다는 이 사건에 겁을 먹고 있다고 제시가 말했다. 이 임무는 그녀가 FBI에서 일하기 전에 임상 심리학자로 치료했던 우울이나 불안과는 전혀 다른 경우였다.

"그녀에게 내가 본보기가 돼서 가르쳐 줄 수 있다고 말했네." 제시가 말했다. "하지만 자네가 린다에게 앞으로도 계속해서 사용할 수 있는 시스템을 알려 줄 수 있다고 생각해. 린다는 그런 게 필요해."

그러고 나서 그는 조용히 말했다. "린다는 자기 역량을 제대로 발휘하지 못하고 있어." 이 정도의 말은 그가 거의 비판에 가깝게 말하는 것이었다. 그는 직접적으로 표현하지 않아도 직접 공격하는 것보다 더 효과적인 결과를 내는 비판적인 표현을 평소에 사용했다.

제시는 린다가 훌륭한 요원이 될 잠재력을 가지고 있지만, 지나치게 예민하고 감정에 잘 휘둘리는 것 같다고 말했다. 그녀의 감정이 합리성을 밀어내고, 판단과 행동을 망설이게 만들고 있었다.

"제가 기꺼이 돕겠다고 전해 주세요."

나는 행동과학센터에서 하고 있는 표준적인 상담을 할 계획이었다. 그녀를 포함해서 가능하다면 그녀의 팀까지 FBI 훈련소가 있는 콴티코로 불러서 그녀가 행동 분석에 기반을 둔 전략을 수립하도록 도울 생각이었다. 임무와 관련된 사람들의 예측 가능한 행동을 파악하고, 몇 가지 고려 사항들을 제시하려고 했다. 상담이 끝나고 나서 실제 그 전략을 시행할지 여부는 담당 요원인 그녀에게 달려 있었다.

우선, 나는 그녀가 면담해야 할 이라크인 망명자가 약간 우려스러웠다. 그의 과거에 대한 정보가 뭔가 석연치 않았다.

사담 후세인은 아내와 아이들과 함께 살았던 궁전 지하에 고문실을 가지고 있을 정도의 사람인데, 그가 그런 사담 후세인이 유일하게 두려워했던 사람이라는 다소 분명하지 않은 정보가 있었다.

사담 후세인은 그의 아들들이 각자 강간 방을 만들었듯이, 고문실을 궁전 지하에 두고 싶어 했다. 그는 또한 맨해튼에서도 마이클 블룸버그 전 뉴욕시장의 집 건너편에 있는 유엔 주재 이라크 대표부의 공관 지하에도 '비밀 고문실'을 두고 고문을 자행했다. 사담은 미국에 거주하는 이라크인들을 이곳으로 납치해서 학대하는 것을 승인했으며, 그들을 인질삼아 중동 지역에 있는 가족들을 위협했다. 고문실은 2003년 사담 후세인의 몰락 이후 연방 수사관들이 그 건물을 급습할 때까지 남아 있었다. 전 세계 이라크 대사관에도 이와 비슷한 고문실들이 있었다.

나는 어떻게 린다가 평정심을 잃게 됐는지 이해할 수 있었다. 러시아는 최근에 극히 혐오스러운 방식으로 폭정을 위한 토대를 성공적으로 마련하고 있었고, 이런 악행을 가까이서 보면 오싹해지면서 온갖 끔찍한 상상이 현실적으로 느껴질 수 있다. 린다의 반응은 일반적인 것이었다. 많은 사람이 위험하고 적대적인 환경에서 빠르게 불안정해진다. 그리고 절박해지면 비이성적으로 행동한다. 우리는 힘든 상황에서 인간이 어떻게 대처하는가를 실제로 보기 전까지는 결코 누군가를 제대로 알 수 없다.

하지만 위협적인 사건들은 변덕스럽고 예측할 수 없는 행동을 일으키는 가장 흔한 원인이 아니다. 극히 평범한 환경에 있는 사람들조차도 아동학대, 성인 PTSD(외상후스트레스장애), 신체의 심각한 생화학적 불균형, 약물 남용, 머리 부상, 신경학적 질병 등 다양한 요인에 의해 비합리성을 띨 수 있다.

대단히 많은 사람이 분명하지도, 일정하지도, 심지어 심각하지도 않은 정서적으로 불안정한 회색지대에 존재한다. 이들은 종종 정신이 건강한 사람처럼 문제없이 생활할 것으로 생각되지만 실제로는 그렇지 않다.

하지만 다행히도, 다른 강력한 요소들이 '미친' 사람을 '제정신으로' 돌아가도록 도울 수 있다. 이러한 요소에는 약물치료, 건강한 생활습관, 상담, 친구와 가족의 도움, 단체의 지원, 정신적 성취감 등이 있다.

개인적인 도움뿐 아니라 아낌없는 지원과 같은 요소들은 인류의 가장 발달된 기능들 중 하나다. 이는 우리가 불안정한 세계에서 안정을 유지할 수 있도록 해 주고, 다른 사람들이 안정을 되찾도록 돕게도 한다.

그렇다고 해도 정서적 불안정감(설령 일시적인 것이라 해도)은, 예측 가능성과 훌륭한 행동을 가로막는 엄청난 걸림돌이 된다. 정서적 안정성의 결여는 여섯 가지 신호 중 가장 중요한 의미를 가진다. 왜냐하면 정서적으로 불안정한 사람들은 예측하기 어렵기 때문이다. 불안정한 사람들은 자신에게 최선의 이익이 될 것이라고 생각되는 일이 아닌, 다른 사람들이 예측할 수 없는 무모하거나 비합리적인 행동을 저지를 수 있다.

훨씬 더 문제가 되는 것은 정서적으로 현저히 불안정한 사람은 행동 예측을 위한 나머지 다섯 가지 신호에 관한 능력마저 대개 잃는다는 점이다. 그래서 정서적 안정이라는 토대가 없는 사람들을 읽는 것이 매우 어렵고, 이들이 어떤 사람인지 알 수가 없게 된다.

미지의 바다를 항해하는 가장 좋은 방법은 정서적으로 불안하다는 것을 알아차리는 방법을 배우고, 도덕적으로 이들을 도와야 할 의무를 느끼지 않는 한 이들로부터 가능한 한 멀리 떨어지는 것이다.

만약 내가 린다에게서 상당한 정서적 불안정감을 보게 된다면, 아마도 그녀에게 더 적합한 다른 역할을 찾을 수 있도록 도와줘야 할 것이다. 이것이 "FBI를 떠나야 할 것 같다"는 의미는 아니더라도, 그녀는 분명 그렇게 받아들일 것이다.

FBI 요원 린다,
두려움의 비언어적 표현을 보이다

1월 초의 어느 날, 린다는 '여기는 나랑 좀 안 맞아'라는 느낌을 풍기며 사무실로 나를 찾아왔다. 그녀를 보고 가장 먼저 든 생각은 '젠장! 탐험가 도라(〈탐험가 도라〉라는 애니메이션 속의 주인공인 4~5세의 라틴 소녀—옮긴이) 또래처럼 보이네! 누가 이 사람을 요원이라고 생각할까? 러시아 스파이가 그렇게 생각할까?'였다.

하지만 나는 두 번째 인상이 과대평가된 첫 인상보다 대부분 더 정확하다는 것을 알고 있다. 그동안에 생각할 시간을 가지기 때문이다. 사람들은 일반적으로 직감을 따르지만, 나는 뇌가 직감보다 더 똑똑하다고 장담한다.

"린다! 만나서 반갑네!"

나와 악수한 그녀의 손이 찼다. 두려움이 비언어적 표현으로 나타난 것이었다. 사람들은 '두려움cold feet'을 단지 비유적인 표현으로 알지만, 사실 말 그대로 두려운 것이다. 두려움은 혈관을 수축시키고, 손발까지 피가 순환하는 것을 방해하기 때문이다. 하지만 많은 사람은 차가운 손이 두려움을 나타내고, 이를 사회적 교류 속에서 감추기 어렵다는 것을 잘 모른다(따라서 긴장되고 두려운 만남의 경우에는, 악수하기 전에 미리 손을 따뜻한 물로 따뜻하게 만들어서 투쟁-도피-경직 반응에 의한 신경 과민을 감추라. 이렇게 하면 심호흡처럼 뇌를 안심시키는 효과가 있다).

"만나 주셔서 감사합니다." 린다는 자신의 외모에 어울리는 소녀

같은 목소리로 말했다. 하지만 그녀의 목소리는 FBI라는 직업에 있어서는 분명 결점이었다.

그녀는 숨을 몰아쉬며 교통체증으로 늦어서 죄송하다고 말했다. 나는 손사래를 치면서 웃으며 말했다. "우선 숨부터 먼저 돌리게!"

나도 숨을 크게 들이마셨다. 왜냐하면 나도 그녀의 두려움을 어느 정도 흡수하고 있었고, 그녀에 대해 걱정해야 할 것들을 생각하고 있었기 때문이다. 두려움은 타고난 본능이다. 두려움은 모든 감정 중에서 가장 전염성이 강하다(사랑보다 훨씬 더). 왜냐하면 두려움은 사고를 담당하는 이성의 전뇌(영장류의 뇌)뿐만 아니라 원초적인 포유류 뇌(편도체)와 심지어 파충류 뇌(뇌간)의 훨씬 깊은 부분에 저장되어 있기 때문이다.

내가 할 일은 린다를 돕는 것이므로, 그녀에 대한 편견을 지우고 다시 그녀를 바라보았다. 내가 관계에서 정서적 안정감을 가지고 또한 다른 사람의 안정감을 인식하는 가장 좋은 방법은 감정적 편견 없이 상대를 있는 그대로 보는 것이다. 앳된 얼굴이나 높은 톤의 목소리를 가진 것과 같은 사소한 일들은 상대방이 나와 다른 사람임을 깨닫게 하지만, 그것은 극복해야 할 도전에 지나지 않는다. 하지만 불행히도 '다름'은 대부분의 공포감을 촉발하며, 이방인 혐오 현상(제노포비아)이라고 알려진 다면적이고 광범위한 공포감을 만들어낸다. 그래서 분명 나와 다른 사람과 함께 있기란 쉽지 않다.

그럼에도 합리적으로 행동한다면 공포감의 희생자가 되지 않을 수 있다.

게다가 나는 나의 우려로 린다의 상태를 더 나쁘게 하고 싶지 않았다. 우리가 느끼는 감정은 그 감정이 분명하지 않을 때조차 다른 사람, 특히 불안정한 사람의 감정에 강력한 영향을 미친다. 우리는 그들의 티핑 포인트에 아주 쉽게 영향을 미칠 수 있다. 그래서 나는 다시 한 번 숨을 들이쉬고, 편견을 내세우지 않으면서, 그녀를 있는 그대로 보려고 노력하며 다시 그녀를 바라보았다.

그녀는 더 좋아 보였다! 더 나이 들어 보이고 현명해 보였다!(아이들은 아주 빨리 자라는 법이다!)

나는 그녀에게 내가 어떻게 도움이 될 수 있는지 물었다. 왜냐하면 누군가의 성공에 기여하는 것은 놀랄 만큼 빠르고 효과적으로 동맹이 되는 방법이자, 상대의 마음을 열게 하는 것이기 때문이다.

하지만 그녀는 답하지 않았다. 어쩌면 그녀는 무력감을 느끼고 있었고, 그래서 내가 한발 더 앞으로 나아가야 했다. 대부분의 사람에게 있어 우리가 할 수 있는 최선은 그저 계속 노력하는 것뿐이다.

"제시는 자네에게 엄청난 잠재력이 있다고 생각해." 내 말에 그녀는 매우 으쓱해하면서 안심하는 듯했다. 나는 거짓으로 아첨하지 않는다. 사람들은 1킬로미터 밖에서도 거짓의 냄새를 맡는다. 하지만 나는 약간 과장된 칭찬일지라도, 자신이 진심 어린 칭찬을 받을 만한 자격이 없다고 생각하는 사람들을 거의 보지 못했다.

나는 그녀에게 내가 러시아를 20년 동안 담당해 왔고, 그래서 러시아 문화를 알고 있기에 그녀가 필요로 하는 한 오랫동안 도움을 주겠다고 말했다. 언제나 그렇듯이 나는 그녀의 생각과 의견을 구하고, 그녀의 맥락을 인정하며, 그녀가 중요하게 생각하는 것들을 고려해서 말하고, 그녀에게 선택권을 주었다.

지금쯤이면 이 책을 읽고 있는 당신이 이 접근법의 힘을 알 것이라고 믿는다.

그녀의 두려움은 조금씩 풀어지고 있었지만 여전히 두려워하고 있었다. 다음 날 이라크인 망명자를 접선해야 하기 때문이었다. 나는 말했다. "내일 같이 가겠네."

그녀의 비언어적 표현은 두려움이 상당 부분 금세 사라졌음을 전했다.

"나는 윗선에 내일 우리 만남을 비공식적인 상담을 위한 긴급 요청으로 보고하겠네. 왜 그런지 알겠나?"

그녀는 고개를 저었다.

"서류 보고를 줄이려고."

처음으로 그녀는 미소를 지었다.

사담 후세인이 유일하게 두려워하는 사람

다음 날 우리가 이라크인 망명자를 만나기 위해 뉴욕 롱아일랜드로 차를 몰고 가고 있을 때, 그녀는 다시 긴장하고 있었다. 나는 의학적인 관점에서 스트레스가 기억력과 합리적인 생각 등의 인지 기능을 손상시킨다는 것을 알고 있었다. 스트레스는 분명 감정을 좌우하는 가장 큰 요인 중 하나다.

그 남자의 집은 초록색 덧문이 있는 멋진 빨간 벽돌집이었고, 거리에서 놀고 있는 아이들은 내 신경을 조금 진정시켰다. "누구세요?" 그의 아내가 초인종 소리에 무미건조한 목소리로 물었다. 발신자 번호 표시에 내 이름이 뜰 때마다 심드렁하게 전화를 받던 레오 손자의 목소리가 생각났다.

나는 그녀에게 우리가 누구인지 밝히면서 남편과 약속이 있다고 말했다. 그녀는 "기다려 보세요"라고 말하고는 다시 문을 닫았다.

그녀가 목소리를 높여 말하는 것이 밖에까지 들렸다. 잠시 후 이라크 남자가 나와서 우리를 훑어보기 시작했다. 나는 긍정적인 미소를 띤 얼굴을 하고 있었고 린다는 매력적인 모습이어서 우리는 간신히 안으로 들어갈 수 있었다. FBI로 활동하면서 종종 나는 세일즈맨이 된 것처럼 느껴졌다. 사실 그렇기도 했다. 따지고 보면 모든 사람은 어떤 식으로든 뭔가를 판매하는 일을 하고, 모든 영업사원이 그렇듯 우리가 가장 먼저 팔아야 할 것은 우리 자신이다.

나는 그가 포드햄대학에서 듣고 있는 수업 이야기를 꺼냈다. 우리의 관찰 인물과 그를 이어주는 연결고리이기 때문이었다. 다이닝룸 식탁에서 나는 조금씩 그를 이해하면서 대화를 전략적으로 이어나갔다. 그런데 그의 아내가 갑자기 나타나서 소리쳤다. "아니, 저희 사생활을 침해하고 계시네요!"

린다는 멍한 표정이었다. 나는 그녀에게 '신경 쓰지 마'라는 눈빛을 보냈다.

"실례합니다만, 부인. 남편분이 저희를 집으로 부르셨습니다. 불편하시다면 이만 가겠습니다."

"당신은 우리 사생활을 침해할 수 없어요!" 그녀는 법을 인용하면서 자신이 미국시민자유연합ACLU에서 일하고 있다고 말했다. 나는 그녀가 사담 후세인이 지배하는 나라에 있다가 갑자기 미국시민자유연합에서 일하고 있다는 것이 아마도 과장된 말일 거라고 생각했고, 그래서 그 말을 대수롭지 않게 여겼다.

남자는 아내의 팔을 잡고 바깥쪽으로 이끌고 가면서 린다와 내가 이야기를 마칠 수 있게 해 달라고 했다.

그녀는 이후에도 두 번 더 대화중에 불쑥 끼어들었고, 그가 두 번 더 그녀를 데리고 나간 후, 우리는 그에게 러시아 스파이로 추정되는 사람에 대한 정보를 수집하는 것에 대해 빠르게 설명했다. 다이닝룸 문 밖에서 외치는 그녀의 소리가 들렸다.

그가 말했다. "도와드릴 수 없어서 유감입니다."

린다의 표정이 좋지 않게 변했다. 나는 린다에게 '감정적으로 휘둘리지 마'라는 의미로 거의 눈에 띄지 않게 고개를 저었다. 나는 그에게 물었다. "위험이 걱정되시나요?"

"네." 그는 주방문 쪽으로 손을 가리키며 말했다. "하지만 이건 받으세요." 그는 전화번호와 함께 수잔이라는 이름을 적어 내게 건넸다. 처음부터 주려고 생각한 것 같았다. "이분도 수업을 받아요. 아주 똑똑한 분이에요. 아마도 그녀가 이 일에 도움이 더 될 겁니다."

나는 메모지를 린다에게 주었다. 이라크인(그리고 그녀 자신) 앞에서 그녀의 능력을 강조하기 위해서였다. 만약 우리가 다른 사람에게 권한을 넘겨 준다면, 권한을 넘겨받은 사람은 단지 자신의 권한이 변화되어서가 아니라 권한을 인정받았기 때문에 자신의 권한을 느끼고 그에 맞게 행동하기 시작한다. 통제되지 않는 한, 모든 사람은 매우 강력한 존재다. 심지어 통제당할 때조차도, 대부분의 사람은 상황에 잘 대처하며 자신의 목소리를 낸다.

그의 아내는 자신이 집에 있다는 것을 우리에게 상기시키려는 듯, 냄비를 바닥에 떨어뜨려 큰 소리를 냈다.

그녀가 또 방해하러 오기 전에 나는 그가 사담 후세인이 세상에서 가장 두려워하는 유일한 남자라는 말을 들었다고 말했다. 그저 궁금했다. 나는 그가 쿠데타 중에 갑자기 나타났다가 아무도 모르게 사라져 버리는 비밀경찰 소속의 암살자쯤은 아닐까 생각했다.

그는 미소를 지으며 말했다. "맞습니다. 그는 저를 두려워했어요. 그걸 알고 계시다니 놀랍습니다."

"그가 당신을 왜 두려워했지요?"

나는 음습한 대답을 들을 마음의 준비를 했다. 힐끗 보니 린다도 나처럼 짐짓 긴장하며 귀를 기울였다.

"저는 그의 치과의사였습니다."

부엌에서 "이런!"이라는 말과 함께 냄비가 다시 한 번 떨어지는 소리가 들렸다.

그는 "저 역시 오직 한 사람만을 두려워합니다"라고 말하며 손으로 주방 쪽을 가리켰다.

조용한 마음 vs 시끄러운 마음

나는 뇌가 본래 가지고 있는 기본적인 감정은 오직 두 가지뿐이며, 서로 반대되는 감정인 사랑과 두려움 두 가지 감정이 인간의 생각과 행동을 이끄는 궁극적인 원동력이라는 심리학 이론에 동의한다.

다른 모든 감정은 결국 이 두 가지 감정으로부터 파생된다. 예컨대 깊게 박혀 있는 분노의 감정은 두려움에서 비롯된다. 왜냐하면 분노는 두려워할 것이 더 이상 남지 않았을 때, 증오나 극심한 공포와 같은 모든 동반 질환들과 함께 가라앉고 심지어 사라질 수 있기 때문이다. 마찬가지로 슬픔(상실에서 비롯되는 경우가 가장 많은)은 무언가가 없어져서 다시는 돌아오지 않는다는 것을 알면서 계속 살아가야 한다는 두려움이다. 위협이 사라졌을 때 안도감을 느끼는 것과 같은 감정도 혐오감, 냉소, 괴로움, 경멸, 불안감 같은 두려움의 다른 형태의 감정과 기본 원리는 같다.

우리가 본래부터 가지고 태어난 또 다른 주된 감정인 사랑은 낭만, 안전, 보호, 감사, 의리, 매혹, 헌신, 숭배, 충성 등의 형태로 나타난다. 그리고 때때로 사랑은 생존을 위해 필요하고, 두려움은 성공과 번영을 위해 필요하다. 사랑과 두려움은 이렇게 깊은 원리로 작동한다.

두려움이 생존을 위해 필요하고, 사랑이 성공과 번영을 위해 필요하기도 하다. 다른 감정들과는 분명 다르다.

듀크대학의 저명한 심리학자이자 작가인 댄 베이커가 말한 사랑의 가장 아름다운 점은, 우리가 두려움의 상태와 사랑의 상태에 동시에 빠지기가 정신적으로나 정서적으로 불가능하다는 것이다. 그러므로 사랑은 삶에서 두려움을 풀어 줄, 유일하게 믿을 수 있고, 영원하며, 보편적인 해독제다.

사랑은 넓은 의미에서 신뢰를 위해 존재해야 한다. 내가 여러 번 자세히 설명했듯이, 누군가를 좋아하거나 심지어 사랑하는 것과 신뢰하는 것 사이에는 큰 차이가 있다. 신뢰하는 것과 좋아하는 것은 전혀 다르다. 그럼에도 신뢰와 좋아하는 것은 대부분 거의 동시에 존재하는데, 설령 목표가 일치해서 신뢰가 일어난다고 하더라도, 헌신 또는 상대방을 나와 동일시하는 감정 없이는 신뢰를 유지할 수 없기 때문이다. 또한 상대방이 당신에게 최소한의 감사함도 없이 신뢰의 첫 신호인 당신의 성공에 대한 동맹을 보여 주기란 어렵다. 동맹은 본질적으로 감사함, 헌신, 사랑의 형태와 같다.

이 때문에 사랑과 두려움이라는 상충되는 감정은 정서적 안정과 불안정을 나타내는 거의 모든 단서의 근본 원인이다. 나는 이 두 개의 양극화된 상태, 사랑과 정서적 안정 vs 두려움과 정서적 불안정을 '조용한 마음' vs '시끄러운 마음'이라고 생각한다. 조용한 마음은 하나된 목소리로 말하고 이성적으로 진정되는 반면, 시끄러운 마음은 종종 모순된 감정들이 불협화음을 내고, 합리적인 생각으로 통제되지 않으며, 감정이 뒤죽박죽된다. 사랑은 조용한 마음의 정수인 반면, 두려움은 시끄러운 마음이 끊임없이 내는 비명이다.

조용한 마음을 쉽게 얻지 못하는 이유는 우리가 생존을 위해 싸워 온 조상들의 후손이라는 피할 수 없는 사실에서 시작된다. 모든 사람은 태곳적부터의 살아남은 조상들이 새로운 생명을 낳으며 이어온 유전적 혈통을 가진다. 인간은 더 강해져 왔고 똑똑해졌으며, 그 결과가 바로 지금의 우리다.

생존 기술은 어떻게 유전될까? 생존 기술은 뇌의 가장 원시적인 부분에 깊게 박혀 있다. 우리는 힘든 시기에 살아남는 생존 본능을 가지고 태어난다. 우리는 자신에게 필요한 것을 다른 것보다 우선시하고, 매순간마다 권력을 잡으려 하며, 모욕과 위협을 기억하게 하는 유전적 코드를 타고났다. 생존 본능이 바로 시끄러운 마음이며 본래부터 타고난 기능인 것이다.

하지만 수천 년 동안 우리는 이 유전적 코드를 무시하고 다른 사람의 필요에 맞게 우리의 행동을 맞춰 나가도록 학습됐다. 이런 행동은 역설적이게도 우리 자신을 궁극적으로 보호하려는 행위다. 이러한 사회적 책임감은 뇌의 가장 발달된 영역인 이마 근처의 전뇌에 있는 조용한 마음의 기능이며, 조용한 마음은 모든 이성적 사고를 지배한다.

조용한 마음보다 더 원시적인 시끄러운 마음은 뇌의 바로 뒤쪽 즉, 전뇌와 포유류 뇌 뒤에 있는 파충류 뇌로 알려진 영역에 의해 지배된다. 파충류 뇌는 척추 바로 위에 위치해 있으며, 대부분 신체의 자동조절 시스템과 두려움을 관장한다. 파충류 뇌는 거의 생각하지 않지만, 호흡과 심장 박동 같이 신경과 관련된 많은 일을 한다. 이 기능들은 우리 몸을 유지하는 데 매우 중요하다.

모든 신뢰 요소는 사실상 조용한 마음이 이끈다. 사람을 신뢰하는 행위는 깊은 생각 끝에 나오는 과정이며 또 그래야 한다. 이성적으로 신뢰 여부를 판단(그러므로 효과적인)한 끝에 자신이 상대방을 신뢰해도 안전하다고 느끼는 사람은, 감정에 휘둘리지 않고 상대를 있는 그대로 볼 수 있는 능력을 가지게 된다. 상대를 있는 그대로 볼 수 있을 때, 당신은 그의 눈으로 당신을 보는 것처럼 자신을 볼 수 있게 된다. 그렇게 되면 그들의 행동에 대한 당신의 평가는 완벽해지며(예측 가능), 많은 것을 훌륭히 이루어 갈 수 있다.

조용한 마음과 정반대편에 있는 두려움이 이끄는 시끄러운 마음에서 드러나는 세계관은 본능과 자극에 의해 힘을 얻으며 탐욕, 충동, 시기심, 불안을 일으킨다.

특히 지나치게 의욕적인 행동 유형의 사람들은 생존 중심의 사고방식을 피하기 어렵고, 이들은 자신이 만들어 내는 대혼란과, 출세라는 명분으로 스스로에게 가하는 위해에 익숙해진 경향이 있다. 이들은 때때로 사회에서 지배적인 위치에 오르기도 하지만, 여전히 자신에게 위해를 가할 수 있다.

아이러니하게도, 사람들은 성공했을 때 종종 시끄러운 마음을 드러낸다. 두려움에 기반을 둔, 걷잡을 수 없는 자기중심주의를 드러내는 것이다. 사람들이 이 파괴적인 특성을 피하기가 매우 힘들 수 있다. 오만에 빠져 제대로 볼 수 없게 되는 일이 흔하기 때문이다. 그들이 자신이 오만에 빠져 있음을 깨닫게 되는 첫 번째 신호는 다른 사람들이 떠날 때인데, 그때는 관계를 회복하기에 이미 너무 늦은 때다.

시끄러운 마음은 자신이 평가하고자 하는 상대에게 부정적인 꼬리표를 붙이는 파괴적이고 불행한 습관을 만들기도 한다. 거짓말쟁이, 심리 조작자, 사기꾼, 배신자라는 꼬리표를 미리 붙이고 나면 사람을 정확하게 예측할 수가 없다. 대부분의 사람은 상대방이 자신을 평가하고 있는지 아닌지를 아는 묘한 능력을 가지고 있다. 이러한 평가들은 관계를 멀어지게 할 뿐 아니라, 상대가 부정적인 행동을 하지 않을까 의심하던 것이 실제로 일어나도록 자극하는 일이 될 수 있다. 경멸적인 꼬리표가 붙은 사람은 그의 다음 행동을 항상 예측할 수는 없더라도, 거의 백 퍼센트 정확하게 부정적인 반응을 보인다.

시끄러운 마음이 벌이는 또 다른 불행한 실수는 지나치게 많이, 또는 반대로 지나치게 적게 신뢰하는 행동이다. 두 가지 행동 모두 일과 삶을 흔히 망가뜨리는 두려움에서 비롯된다. 어떤 사람은 상대방의 도전에 직면할까 두려워서 지나치게 많이 신뢰한다. 어떤 사람은 다른 사람이 자신을 이용할까 걱정해서 지나치게 경계한다.

신뢰 예측에서 잘못된 선택을 하는 가장 큰 이유는 두려움이 탐욕, 허영심, 시기심, 권위주의, 분노, 불안, 완벽주의라는 익숙한 모습으로 위장하고는 있지만, 자신이 뭔가를 충분히 가지지 못하거나 충분히 괜찮은 사람이 되지 못할까 봐 두려워하는 마음 때문이다. 두려움이 모습을 드러내는 가장 흔한 방법 중 하나는 자신의 동료, 상사, 심지어 가족과 친구들 즉, '부족'들로부터 거부당하는 것에 대한 불안감이다.

시끄러운 마음이 가진 긍정적 힘이 있다고 해도 일반적으로 조용한 마음이 시끄러운 마음보다 우월하다. 조용한 마음은 두려움에 맞서 싸울 수 있는 많은 요소를 가진다. 당연한 말이지만, 조용한 마음이 시끄러운 마음보다 더 똑똑하다.

조용한 마음은 사물을 현실적으로 볼 수 있게 하고, 비현실적인 낙관론을 포함한 자기기만을 피할 수 있도록 차분함과 자신감을 갖게 한다. 뇌가 조용해질수록, 우리는 목표를 쉽고 매끄럽게 이룰 수 있는 기회를 잘 잡을 수 있다.

조용한 마음에 따른 이러한 사고방식을 갖는 것은 예측 가능한 사람이 되기 위한 가장 큰 도전 과제 중 하나이며, 그러기 위해서는 자신 스스로를 이끌어 갈 수 있는 책임감이 필요하다. 그래서 나는 조용한 마음에 따르는 행동 특징을 설명하기 위해 '셀프 리더십self-leadership'이라는 표현을 사용한다.

인격의 다른 주요 측면들도 그렇지만 조용한 마음은 개개인에 맞게 적용되고 자신의 의지로 만드는 것이며, 타인이 당신의 허락하에 적극적으로 개입하지 않는 한 다른 사람이 대신해서 만들어 줄 수 없다. 그래서 우리가 행동을 토대로 사람을 읽고자 할 때 조용한 마음이라는 자질을 가지고 있는지 발견하는 일이 매우 중요하다.

하지만 완벽한 사람은 없으며, 상대가 비관적이고, 불안정하며, 우울하다고 해서 불신하거나 싫어해서는 안 된다. 특히 그가 불안한 감정을 행동으로 옮기지 않으려고 노력한다면 말이다. 그의 감정적 결함이 심하지 않다면(많은 사람이 그렇듯이), 당신은 그의 행동에 대한 기준선을 정하고, 기준을 넘는 행동에 대해 경각심을 가짐으로써 여전히 그를 신뢰할 수 있다. 예컨대, 당신이 전형적으로 비관적인 사람에게 아이디어를 제안했는데 그가 당신의 아이디어에 대해 역시나 비관적으로 문제를 제기한다면, 그의 행동을 문제 있는 행동이라고 보지 않는 것이다. 비록 전체적인 관점은 비관적이더라도, 당신이 제시한 아이디어에 대해 귀담아 들을 만한 의견이 있을 수 있다.

대부분의 사람은 적절한 수준에서 정서적으로 안정되어 있는 반면, 정서적 안정성이 풍부한 사람들도 있다. 이들의 풍부한 정서적 안정성은 자제력, 일관성, 의사소통 기술, 공감력, 내가 말한 공감형 극기 등을 특징으로 한다.

하지만 모순되게도, 철저하게 역할이 분담되고 기계화된 오늘날의 문화, 특히 기술 분야에서 일하는 사람들은 합리성과 감정 통제에 지나치게 치우쳐 있으며, 좁은 감정폭을 벗어나는 데 어려움을 겪는다. 하지만 이들 중 차세대 인터넷 기업의 억만장자가 나올 수도 있는 일 아닌가? 그게 누구든 그렇게 된다면 사람들은 자신들이 원하는 것을 그에게 자진해서 이야기할 것이다.

정서적 안정감을 볼 수 없는 열 가지 부정적인 단서

1. 자포자기하며 무력감을 학습한다.

모든 사람이 젖먹이로 무력하게 태어나지만, 어떤 사람은 나이가 들면서 더 무력해지는 것 같다. 그들이 원해서가 아니라, 자신이 통제할 수 없는 상황에 빠지기 때문이다. 대부분의 사람은 통제할 수 없는 상황에서 벗어나려고 계속해서 노력하지만, 모두가 그런 것은 아니다. 어떤 사람은 어찌할 수 없는 상황에 처했을 때 '난 모든 상황에 속수무책이야!'라는 생각이 타당한 것처럼 반응한다.

이런 태도가 우스꽝스럽게 보일 수도 있지만 매우 흔한 일이며, '학습된 무력감'이라는 특징을 낳는다. 학습된 무력감을 가진 사람들이 어려운 상황에서 쉽게 포기하려는 성향은 이들에게 깊이 뿌리박힌 특징이 될 수 있다. 이런 성향은 매우 본능적인 것이며, 심지어 동물도 이런 성향을 가진다.

2. 자신의 권리를 부정적인 인식에 내맡긴다.

어떤 사람은 자신의 인식을 어둡게 하는 왜곡된 심리 상태를 가지고 태어날 수 있다. 트라우마 또한 우울증과 불안감을 포함한 여러 가지 정서 장애를 일으킬 수 있다.

하지만 일관되게 부정적인 사람 중 많은 사람은 정서 장애의 유기적인 원인이 없고, 심각한 트라우마의 증거도 없다. 따라서 이들의 정서 문제는 단지 그들의 선택에 따른 것으로 보인다. 이는 잘못된 선택이며, 종종 끊임없이 반복적으로 경직 반응을 보이는 나태한 선택('분열'이라고도 함)으로 나타난다. 이 선택은 빙산처럼 요지부동일 수 있다.

삶은 본래 부정적이라고 인식하는 사람들은 대개 목표가 없기 때문에 예측하기 어렵다. 이들은 마치 타이타닉호(은유적으로 내가 계속해서 사용하고 있는 표현)와 같다. 빙산이 많은 나라에서는 이들이 특히 위험하다.

그들이 자신이 무엇을 원하는지 모르기 때문에 우리도 그들이 무엇을 원하는지 알 수 없다. 그래서 그들을 신뢰하거나, 동맹하거나, 관계를 지속할 만한 사람이라고 기대하기가 매우 어려워진다.

3. 최악의 상황을 상상한다.

어떤 사람은 자신이 직면하는 문제에 대한 인내심이 극히 낮으며, 작은 문제와 큰 문제를 잘 구분하지 못한다. 그에게는 거의 모든 문제가 무서운 재앙처럼 보인다.

두려움은 모든 감정 중 가장 전염성이 강하기 때문에, 다른 사람들과 연관된 문제일 경우 부정적인 상상은 흔히 극대화된다. 작은 일 하나하나가 재앙이라고 생각하는 사람을 신뢰하기란 매우 어렵다. 이들은 통제가 불가능하고, 전혀 예측할 수 없다.

그럼에도 우리는 그의 부정적인 태도를 그의 행동 기준으로 정해서, 그의 반응을 해석할 수 있다. 우리 스스로는 대부분의 상황을 좋거나 나쁘다고 판단하지 않고 이겨낼 수 있는 현실로 받아들여야 이들을 성공적으로 대할 수 있다.

4. '영구성, 전염성, 개인성'이라는 세 가지 성격의 신호를 보인다.

영구성은 현재의 문제가 영원히 지속될 것이라고 생각하는 것이다. 이런 생각을 가진 사람들에게 친절을 베풀 수는 있지만, 친절을 넘어 신뢰와 협력을 줄 필요는 없다. 그러니 친절하게 대하되 조심하라.

전염성은 삶의 한 부분에서 일어난 문제가 다른 부분으로 전염될 것이라는 생각이다. 하지만 그런 일은 보통 일어나지 않기 때문에, 만약 당신이 그런 걱정을 멈추도록 설득할 수 없다면, 중요한 일에 대해서는 그 사람을 신뢰하지 않는 것이 좋다. 그렇지 않으면 당신이 그의 다음 걱정거리가 될 수도 있다.

개인성은 모든 문제가 자신의 잘못이라고 가정하는 것이다. 예컨대 '비가 올 줄 미리 알았어야 했는데. 언제쯤 나는 철이 들까?' 이렇게 생각하는 식이다. 이런 부정적인 자기도취의 소용돌이에 휘말리지 않도록 하라. 위의 세 가지 특성을 모두 가진 사람이라면 특히 멀리하라.

하지만 앞서 말했듯이, 우리는 이런 사람들이 정신을 차릴 수 있도록 도울 수 있다. 친절, 인내, 실질적인 도움, 통찰력, 내가 공감형 극기라고 지칭한 공감과 극기가 혼합된 엄격한 사랑을 통해서다. 하지만 다양한 특성의 자기파괴적인 불안정성을 가진 사람이라면 중요한 문제에 관해서는 교류하지 않는 것이 현명하다.

5. 자신을 희생자로 인식한다.

나는 피해자의 존재를 부정하는 사람이 아니다. 무고한 피해자는 우리 주위에 늘 있다.

그렇기는 하지만, 수많은 사람이 가벼운 고통에도 습관적으로 자신의 불행을 한탄한다. 이는 두려움에 바탕을 둔 신세한탄이며, 자칭 '희생자'들뿐 아니라 이들을 도우려는 사람들의 삶을 제한할 수 있다.

이런 사람들을 돕지 않는 것은 무정한 것이 아니라 합리적인 것이다. 이런 사람들에게 쏟을 에너지로 도움이 정말 필요한 사람들을 돕는 것이 가장 좋다.

6. 특권의식을 가지고 있다.

(특히 직장에서)지나치게 근심걱정이 없어 보이고, 시간을 낭비하고, 생산성이 낮은 사람들을 주의해서 지켜보라. 이들은 특권의식을 가지고 있다.

이들은 겉보기에는 재미있고 매력적인 사람으로 보일 수도 있다. 하지만 이들은 자신이 다른 사람보다 나은 사람이며, 자신은 다른 사람에게 도움을 주지 않아도 자신은 계속해서 다른 사람의 도움을 받을 권리가 있다고 생각한다.

제휴, 존중, 신뢰는 뭔가 줄 것이 있는 사람들이 얻을 수 있다. 그렇지 않으면 모두에게 윈윈이 아니다. 윈윈이 아닌 관계는 오래 지속되지 않는다.

7. 자립보다는 구조되기를 기다린다.

이것은 현대 사회의 또 다른 독소적인 행동이다. 자립을 구식 취급하는 사람들이다. 타인에 대한 과도한 의존은 인간의 본성에 반하는 것이다. 감정적 구조를 원하는 경우가 물리적이고 신체적인 구조보다 훨씬 더 많으며 이는 함정과 같다.

자신을 구조해 줄 구조자에게 지나치게 이상적으로 기대하는 데다, 터무니없는 기대를 계속해서 하는 것이 비극적인 특징이다. 당신이 이들을 구조해 주지 않으면, 아마 당신을 악당 취급할 것이다.

8. 비난이 약한 고리를 드러내고 긴장을 늦추지 않게 해 준다고 생각해서, 비난을 건설적인 것이라고 정당화한다.

하지만 이는 구조를 바라는 사람의 추악한 또 다른 얼굴이다. 비난은 자신에게 일어난 일에 대해 책임질 다른 사람을 찾는 것이다.

대부분의 사람은 희생양 만들기가 잘못된 것임을 알지만, 처벌하기에 '알맞은' 사람을 찾는 것도 희생양 만들기와 유사하다는 것은 모른다. 원활하고 효율적으로 리드하려면 실패한 사람을 가려 내는 것이 아니라 업무를 성공적으로 완수하는 것이 중요하다. 비난은 비난하는 사람의 분통을 터뜨려 주고, 우월감을 느끼게 하며, 원한을 만들고, 두려움을 일으키고, 사람들로 하여금 거짓말하게 한다.

비난이 최적의 기능을 위한 효율적인 메커니즘이라고 생각하는 사람과 동맹하지 말라. 당신이 다음 차례가 될 수 있다.

9. 변덕스럽다.

이들은 어리석지 않기 때문에 화를 내다가도 상대방의 기분을 맞추려 애쓰기도 한다. 별것 아닌 상대방의 업무 성과를 마치 대단한 일처럼 지나치게 추켜세운다. 이들은 자신을 생동감 있고, 대단히 이해하기 쉬우며, 꾸밈없이 행동하는 사람이라고 생각한다. 하지만 이들은 사실 정서적으로 불안정한 상태이며, 자신의 감정 변화나 심리적 불균형으로 주변 사람들에게 피해를 입힌다. 이들의 변덕스러운 행동은 이들이 계속해서 사람들의 관심을 끌며 나르시시즘적인 위치를 즐길 수 있게 해준다.

하지만 당신이 신중한 사람이라면, 이들의 변덕스러움이 당신에게 영향을 미치지 못할 것이다.

10. 사람들의 심리를 교묘히 조종한다.

만약 이들이 뛰어난 심리 조작자라면, 당신은 아주 뒤늦게야 이들의 심리 조작을 깨닫게 될 것이다. 이들은 당신에게 훌륭한 태도로 대하다가, 당신이 누려 마땅한 것을 가로채거나, 당신과의 동맹에서 멀어지거나, 뒤에서 당신을 험담할 것이다. 만약 이들이 정말 뛰어난 심리 조작자라면, 이들이 당신에게 입힌 피해를 회복시킬 기회를 얻지 못할 것이다.

심리 조작은 생산적이고 긍정적인 행동과는 반대되는 것이다. 최고 임원들은 권력의 역설에 의해 이러한 심리 조작에 빠지기도 한다. 이들은 궁극적으로 당신이 특정 행동을 하도록 유도하려는 것이지만, 당신이 이들의 심리 조작을 잘 눈치챈다면 조종당하거나 지배당하지 않을 것이다.

이들의 행동으로 당신은 인간 행동의 어두운 면을 다시 한 번 깨닫는 기회가 되겠지만, 가능하다면 이들과 멀리 떨어지는 것이 좋다.

신뢰할 수 있는 동료 린다와
러시아 스파이

"2주 후에 그만 두기로 했어요!" 린다가 말했다. "선배님에게는 안좋은 소식이지만 제게는 좋은 소식이에요!"

린다는 재미있는 사람이자 훌륭한 FBI 요원이었다. 그녀는 캘리포니아의 한 명문대학에 교수직을 맡게 되었고, 나는 우수한 요원 한 명을 잃는 것이 안타까웠다. 그녀는 자신의 타깃인 러시아인에 대한 훌륭한 정보를 내게 주고 있었고, 우리는 서로에게서 좋은 점들을 배우고 있었다.

그녀 덕분에 나는 행동심리에 더 깊이 빠져들었고, 그래서 내가 현장에서 적용하는 기법들에 대한 이론적인 기초를 얻을 수 있었다. 나는 그녀에게 그녀가 한때 비판적 사고의 한 방법이라고 착각한 시끄러운 마음의 소리를 외면하는 법을 가르쳤다.

거의 1년 동안 우리는 2주에 한 번씩 만나거나 전화 통화를 했고, 그녀는 이라크 치과의사를 통해 알게 된 수잔이라는 비밀 정보원에게서 받은 러시아인 소모임에 대한 모든 정보를 내게 주었다. 수잔은 거의 매주 포드햄대학의 강의에서 이 러시아인 소모임의 구성원들을 만나고 있었다.

내가 의심했던 것처럼 린다의 타깃은 러시아에서의 시위나 푸틴에 의해 희생된 자들에 대한 허위 정보를 퍼뜨리고 있는 듯했다. 나는 기사, 기자회견, 싱크탱크 보고서, 뉴스 보도, '국내 테러범들'에 반대한다는 러시아 선전 여론전에 주목했다.

린다의 타깃인 외교관 애드리크 페트로프(가명)의 이름을 체첸 침공과 관련한 정보에서는 전혀 찾을 수 없었지만, 그의 의심스런 활동은 그가 근무했던 뉴욕의 러시아 영사관에서부터 시작되었다.

우리는 애드리크가 첩보 활동을 하던 외교관의 뒤를 이어받았다고 판단했고, 그 전에 그는 런던에서 활동하던 스파이의 뒤를 이어 일한 것 같다고 린다가 알려 왔다. 애드리크는 런던의 그 남자가 스파이라고 밝히지 않았지만, 대신 그의 이름을 언급해서 우리는 그가 스파이라는 것을 확인할 수 있었다. 나는 애드리크에게서 가능한 한 많은 것을 알아내고 싶었다.

하지만 이제 린다는 FBI를 떠나려 했다.

"보고 싶을 거야."

"저도요. 제가 신세를 많이 졌어요. 처음 선배님을 만났을 때 저는 제 자신에 대해 매우 부정적이었어요. 긴장과 스트레스가 심했고요. 그 압박감이 삶 전체에까지 이어지더라고요. 하지만 선배님께서 제가 긴장과 스트레스를 받지 않고 자연스럽게 행동할 수 있다는 것과, 만약 누군가에게 문제가 있다고 해도 그건 제가 영향받고 신경 쓸 문제가 아니라 그저 그 사람의 문제라고 알려 주셨어요."

"고마워. 나는 그저 자네의 본 모습을 알려 줬을 뿐이야. 그게 바로 자네야. 자네 스스로 자신을 바꾼 거지."

"여전히 신세진 게 있죠. 저한테 좋은 아이디어가 있어요." 린다가 말했다. "수잔을 통해 진행하려는 일이에요. 수잔도 곧 여길 떠날 거예요. 그녀는 애드리크에게, 동유럽의 투자은행가 밑에서 일하는 사람을 만났다고 말할 거예요. 그 남자는 투자자들을 위한 검증자료를 찾고 있고, 수잔이 그 보고서를 써 온 것으로 가정하는 거죠. 수잔이 자신은 떠나야 하니 몇 달만 애드리크에게 그 역할을 대신해 달라고 부탁할 거예요. 그리고 우리 팀 요원 중 한 명이 '투자자'인 척해서 그를 만날 거예요. 선배님이 괜찮으시면, 선배님이 하셔도 좋고요."

"검증 자료라고 말하지 마. 그건 스파이 용어잖아."

"그래요, '내부 정보'요. 그들은 꽤 친밀해요. 수잔이 그를 좋아하죠. 그를 신뢰하진 않지만 좋아해요. 그녀는 큰돈이 도는 일이므로 좋은 부수입이 생길 거라고 애드리크에게 말할 것이고, 그는 더 많은 정보를 얻을 기회라고 생각할 거예요. 수잔은 저한테 그가 좋은 사람이니까 분명히 대신 일해 줄 거라고 했어요."

린다는 그에 대해 여러 가지 다른 칭찬들도 했는데, 그에 대한 묘사 중 스파이의 특징과 맞지 않는 부분이 있어 약간 의심스러웠다. 예컨대, 러시아는 자국의 스파이가 극단적인 위험을 감수하기를 바라고 좋아한다. FBI는 정반대다. FBI는 위험을 무릅쓰는 스파이들을 좋아하지 않는다. 갑자기 타오른 불길은 그만큼 갑자기 꺼질 수 있기 때문이다. 애드리크는 FBI 쪽에 가까웠다. 린다는 그가 단지 갈등을 피하는 것이라고 생각했다.

그녀는 또한 애드리크가 외교관이라는 직업과 관련해 마음에 들어 하지 않은 유일한 것이 일의 '중요성'이라고 말했고, 그녀는 그것을 '권력'으로 해석했다. 그가 보좌관들과 사무실 직원들의 필요를 충분히 돕지 못하는 것에 대해 걱정했고, 그가 한 직원을 어쩔 수 없이 해고해야 하는 상황이 힘들어서 그도 일을 그만둘 뻔한 적이 있다고도 했다.

나는 잠시 린다의 아이디어에 대해 생각한 뒤 "좋은 생각이야"라고 말했다.

"그렇죠?" 그녀는 자랑하려는 것이 아니라, 진심으로 답했다.

3주 후, 나는 유엔본부에서 그리 멀지 않은 이스트사이드의 고급 스테이크 하우스에서 애드리크 페트로프를 만났다.

애드리크는 내 또래쯤이었고, 마르고 건강해 보이는 체구였으며, 겉보기에는 산만해 보였지만 첩보요원, 또는 경호원 같은 매우 집중력 있는 태도로 식당을 둘러보는 것으로 보아 관찰력이 있는 것 같았다. 그는 검정 양복에 흰 셔츠를 입고 있었는데, 그 단출한 모습이 인상적이었다. 우리가 만난 곳은 대단히 근사한 식당이었다. 나는 평상시보다 옷을 근사하게 차려입고 나갔다. 내부 정보를 원하는 부자들 중 한 사람인 척했기 때문이었다.

음식을 주문한 후 나는 대화를 러시아에서의 새로운 시위 물결로 이끌려고 했지만, 그는 분명 그 주제에 대해 불편해했다. "거리에서 너무 많은 충돌을 봤어요. 제가 젊었을 때였는데, 정말 힘든 시절이었죠. 제가 아프가니스탄 전쟁에서 집으로 돌아온 뒤였고 소련은 해체되고 있었어요. 삶이 전보다 더 나아질 수도 있었는데 말이죠." 그는 생각에 잠기는가 싶더니, 불현듯 대화보다는 스테이크에 더 흥미를 보였다. 우리는 대화를 잠시 멈췄지만, 그는 침묵을 편하게 느끼는 듯했다.

그는 내가 예상했던 것과 달랐고, 나는 수잔이 왜 그와 교류하게 됐는지 알 수 있었다. 때때로 우리는 얼굴을 맞대기 전에는 상대방을 제대로 이해할 수 없다. 일단 얼굴을 맞대고 앉으면 우리는 상대방을 지도처럼 읽을 수 있다. 충고 한마디를 한다면 24시간 연중무휴로 인터넷 세계에서 살지 않기 바란다. 기회가 있을 때마다 사람들과 얼굴을 직접 맞대라.

"수잔 말로는 당신이 동유럽에 사업적인 이해관계가 있다고 했어요." 애드리크가 말했다.

"네. 그분들이 공개하고 싶지 않은 부분에 주의해서 말씀드려야겠지만, 그분들은 투자에 관심이 많은 재력가입니다."

애드리크는 그것과 관련해서는 대화를 더 이어나가지 않고 수잔에 대한 주제로 돌아갔다. 재미있었다. 대부분의 사람은 돈에 대한 이야기와 서로가 아는 사람에 대해 이야기가 주어지면 주로 돈에 대한 이야기를 선택한다. 나는 그가 사업에는 관심이 없으며, 다만 수잔의 부탁을 들어주고 있을 뿐임을 알아차렸다.

그에게 가족에 대해 묻자, 그의 표정이 밝아졌다. 두 아이가 남은 순환근무 기간 동안 함께 지내기 위해 뉴욕으로 올 것이라고 말했다. 그는 아내에 대해서는 아무 말도 하지 않았다.

나도 내 아이들에 대해 이야기하기 시작했고, 그는 진심으로 관심을 보였지만, 나는 다시 그의 이야기에 초점을 맞추고 싶었다. 하지만 그날 나머지 대화에서는 그러지 못했다. 세상일이 항상 마음먹은 대로 되지는 않는다.

우리는 몇 번 더 만났고, 그는 내가 요청한 몇 가지 서면 정보를 주었다. 매우 정확한 정보였고, 나는 빠르게 FBI 윗선으로 보고했다. 이 일로 나는 주목을 받았고, 행동분석센터의 역할도 긍정적으로 비춰지게 되었다.

모든 관계가 아름답게 이어지는 것은 아니지만, 따지고 보면 그렇게 되는 관계와 그렇지 않은 관계를 구별하기가 힘들 수 있다.

정서적 안정감을 보여 주는 열 가지 긍정적인 단서

1. 감사함을 충분히 표현한다.

인간이 본래부터 가지고 있는 두 가지 감정이 사랑과 두려움인데, 사랑이 우리를 정서적 안정으로 이끄는 것이라면, 감사함은 사랑을 표현하는 가장 훌륭한 형태이므로 정서적 안정을 이루게 해 주는 묘약이다. 감사함은 모든 것을 주되, 아무것도 요구하지 않는 사랑의 마음이 눈에 보이게 드러나는 것이다. 이와 같이, 감사함은 두려움에 맞서는 단 하나의 가장 강력한 힘이고, 두려움은 정서적 안정을 가로막는 최악의 적이다.

감사한 마음을 가진 사람은 두려움을 느낄 수 없다. 감사함과 두려움은 상호 배타적이기 때문이다. 감사함은 감사함을 전하는 사람뿐 아니라 받는 사람에게도 큰 용기를 주어, 대담한 비전을 품고 인생을 바꿀 만한 관계를 만들 수 있게 한다.

2. 두려움을 못 느끼는 대담함이 있다.

대담함은 감사한 마음에 자연스럽게 동반되는 마음으로, 상대방에게서 신뢰를 얻고자 노력하는 사람들은 반드시 대담함을 가져야 한다. 용기는 두려움을 극복하는 능력인 반면, 대담함은 두려움이 없다는 것을 나타내므로, 두려움을 모르는 대담함은 용기와 상당히 비슷하면서도 용기보다 훨씬 더 큰 것이다.

두려움은 인류가 본래부터 타고난 것이자 필요한 본능이기 때문에, 두려움을 모르는 대담한 상태를 항상 유지할 수는 없다. 필요한 상황에 적절한 두려움은 우리의 생존에 꼭 필요한 역할을 하기도 한다.

대담한 사람들은 대개 재미있고 유능하며, 사람들에게 진정한 영감을 줄 수 있다. 정신없이 변화하는 위기의 시대에, 대담함을 가진 사람들은 경쟁과 갈등에 굴하지 않으며, 신뢰를 크게 가로막는 것들 중 하나인 절망에 영향 받지 않는다.

3. 대단히 이성적이다.

감정이 지배하는 지금 시대에 우리 사회에서 합리성은 놀라울 정도로 부족하다. 현재 우리 사회는 미디어가 편파적이지 않도록 하는 사회의 견제와 건강한 시민 담론을 거의 상실했으며, 이는 우리 사회의 합리성에 큰 타격을 주었다.

하지만 합리성을 소중히 여기는 사람들은 거의 모든 시나리오에서 어떻게 합리적으로 행동할지 다른 사람들이 예측하기 쉽기 때문에, 신뢰를 얻는 데 있어 다른 사람들보다 유리한 출발점을 가진다. 합리성은 인간의 뇌에서 아주 오래된 규칙들에 의해 지배된다. 이 규칙들은 아주 오래 전부터 지금까지 똑같이 이어지고 있다.

두려움은 뇌의 가장 원시적인 부분으로부터 생기는 감정이기 때문에, 이성도 사랑과 마찬가지로 두려움에 강력하게 대항할 수 있는 힘 중 하나다. 인간의 뇌에서 가장 놀라운 '배선' 구조는, 뇌에 들어오는 모든 정보의 95퍼센트가 뇌의 가장 발달된 부분인 전뇌에 바로 전달되고, 그 후에야 두려움을 관장하는 뇌의 부분으로 전달된다는 것이다.

많은 사람이 이 훌륭한 배선을 이용하지 않으면서, 자신과 동맹하려는 사람이 왜 거의 없는지, 사람들이 왜 자신을 예측이 안 되는 사람으로 보는지 의아하다고만 생각한다.

4. 신뢰 코드를 충실히 따른다.

비록 이들이 신뢰 코드에 대해 들어본 적이 없다고 해도, 이들은 직관적으로 자신의 행동강령의 실제적이고 윤리적인 부분으로서 다섯 가지 신뢰 코드를 스스로 채택해 따른다. 만약 당신이 이런 사람을 보게 된다면,

그는 당신이 세상에서 가장 쉽게 신뢰할 수 있는 사람들 중 한 명이다.

이들은 자신의 자아를 제어한다. 이들은 시간을 들여 상대방에게서 자신과 공통되는 기반을 찾아내서 이해함으로써 그를 인정한다. 사람을 함부로 판단하지 않기 때문에 상대방은 마음을 열고 모든 것을 터놓고 이야기하게 된다. 이성적이고 합리적이어서 최악의 위기 상황에서도 예측 가능한 모습을 보인다. 관대하게 베푸는 사람이므로 언제나 상대방과 함께 윈윈한다.

상대방의 관점에서 신뢰 코드의 5대 원칙을 자신에게 적용하면, 틀림없이 당신이 신뢰할 수 있는 사람을 만날 수 있다.

5. 당신에게 선택권을 준다.

이런 사람을 신뢰 못할 이유가 있는가? 선택할 수 있다는 것은 자유를 말한다. 자유롭게 선택할 수 있다는 것은 기분 좋은 일이고, 훨씬 더 훌륭한 과정과 결과를 낳는다.

제한된 선택의 폭은 감옥에 갇힌 것과 같은 기분을 주며, 시시콜콜 세세한 것까지 간섭하고 챙기는 느낌을 상대방에게 준다.

자율성은 자존감에 이르게 해 준다. 사람들이 당신에게 선택권을 줄 때, 당신은 당신이 만들어 나가는 세계에 살고 있는 것처럼 느낀다. 누구나 자신이 책임지는 세계, 그리고 그것을 가능하게 도와주는 사람들과 함께하기를 항상 원하는 것이다.

6. 자기 자신에 대해 만족해한다.

자신에 대해 만족할 줄 아는 사람은 다른 사람에 대해서도 만족해할 줄 안다. 자기 자신을 좋아하지 않는 사람들과 관계를 맺는 것보다 더 나쁜 관계는 없다. 자신에 대해 만족할 줄 모르는 사람은 조만간 당신도 좋아하지 않게 될 것이다.

자신에 대해 만족하기란 그리 쉬운 일이 아니다. 그리고 누군가를 비판하기를 즐기는 사람들이 대단히 많다. 기업, 정부, 문화 각 분야에서도 당신이 부족한 사람이라고 느끼게 만드는 콘텐츠로 자극한 뒤, 부족함을 채우기 위해 자신들이 판매 또는 제공하는 것을 배우고 적용하라는 경우가 수없이 많다.

자기 자신에게 만족하지 않는 사람을 만족시키기는 힘들다. 이들은 심지어 자신을 희생하며 만족감을 주고자 한 상대방의 노력을 폄훼해서 그 희생을 무색하게 만든다. 이는 자신에게 최고의 이익을 우선하지 않는 사람들의 전형적인 모습이다. 이런 사람은 예측이 안 되고, 따라서 동맹으로서 믿을 수 없다.

자신에 대해 만족해하지 않는 사람들은 자신의 감정을 잘 드러내지 않고, 부정적이며, 비판적인 경향이 있으며, 심지어 자신에 대해 가혹한 태도를 많이 나타내기도 한다.

자기 자신을 좋아하는 사람은 유쾌하고, 수용적인 태도를 가지고 있고, 재미있고, 건강한 경향이 있다. 우리는 이런 사람이 무엇을 좋아하고 어디로 향해 가고 있는지 알고 있기 때문에, 이들을 신뢰하고 훌륭한 동맹을 맺기가 쉽다.

7. 권력을 가지고 있어도, 권력을 사랑하지 않는다.

신뢰할 수 있고 마음의 중심을 잃지 않는 사람들은 권력의 자리에 오르기 쉽다. 이들은 긍정적인 사람들을 자석처럼 자신에게 끌어당기고, 스스로 책임감을 가지고 근면하게 일하기 때문이다.

하지만 이들은 권력을 가지고 있어도, 다른 사람들을 지배할 수 있는 그 힘을 즐기지 않는다. 이들은 자아를 멈추기 때문에, 다른 사람들에게 해야 할 일을 지시할 수 있는 위치에 있는 자신을 대단하다고 생각하지 않는다. 진정으로 분별력이 있는 사람들에게 권력은 맡은 일이 많은 것에 지나지 않는다. 왜일까? 이들은 사람을 아끼고, 사리에 맞게 행동하려 노력하며, 다른 사람의 성공을 돕는 역할을 좋아하기 때문이다.

설령 전망 좋은 고급 사무실을 가지고 있더라도, 이들 중 많은 사람이 관리 책임이 더 적었고 현장에서 더 많은 시간을 보냈던 그 시절을 그리워한다. 이들은 권력의 역설에 귀감이 되는 사람들이다. 권력의 역설에 빠지는 사람들은 권력을 잡으려고 노력하는 것이 오히려 자신의 꿈을 해칠 수 있다. 사람들은 권력을 사랑하는 사람을 불신하는 경향이 있기 때문이다.

진정한 힘을 가진 사람들은 권력을 일부러 추구하지 않아도, 권력이 자연스럽게 그들에게 따른다.

8. 사고가 유연하다.

삶은 계속해서 변하므로, 그에 맞춰 변하지 않으면 뒤처지게 된다. 경직된 사고를 하는 사람들은 불안, 분열, 우울, 소득의 손실, 시대에 뒤떨어진 기술과 같은 다양한 형태로 대가를 치르게 될 것이다. 이 모든 문제가 필사적인 몸부림을 재촉할 수 있다. 절망에 빠지게 되면 위기에서 벗어나기 위해 뭐라도 하기 때문에, 예측하기가 더 힘들다.

사고가 유연한 사람들은 삶에 무수히 많은 기회가 있다고 느끼므로, 새로운 사람들, 아이디어, 공간을 자신의 삶에 받아들이기를 열망한다. 이들은 자신에게 다가오는 사람들에게 개방적이고 합리적으로 대하며, 변화를 위협이 아닌 기회로 본다.

9. 침착하다.

이 특성은 사리분별, 친근감, 낙천주의, 관대함을 반영한다. 대체로 이런 사람들은 성공적인 삶을 산다. 왜냐하면 이들은 위기의 순간에 침착하고 훌륭하게 대처하고, 아예 처음부터 위기를 만들지 않기 때문이다.

한 연구결과에 따르면 자신이 받는 것과 상관없이 상대방에게 최대한 많이 주고 싶어 하는 훌륭한 태도를 가진 사람이 자신이 주는 것보다 상대방에게 더 많이 받고자하는 사람보다 크게 성공할 가능성이 높다.

침착한 사람들은 과민한 사람들보다 더 유능하게 일하며, 함께 일하기가 더 쉽다. 이들이 여유 있는 태도를 가질 수 있는 한 가지 이유는 적이 없기 때문이다. 이들은 사람들에게 친절하고 신뢰를 얻기 때문에 적을 만들지 않는다.

우리가 훌륭한 사람들을 신뢰하도록 동기부여 받는 것은 좋은 것이다. 그런 동기부여는 우리가 삶을 훨씬 더 합리적으로 느끼도록 해 준다.

10. 문제보다는 좋은 점을 먼저 찾는다.

이들은 심리를 교묘히 조종하려는 사람들이 획책하는 극적인 상황에 혹하거나 권력 게임을 하지 않는다. 그래서 정서적으로 안정된 사람들은 보통 다른 사람들에게서 좋은 점부터 찾으려 한다.

내가 아는 한 사업가는 직업상 인터넷 검색을 항상 하는데, 자신이 듣고 싶은 내용을 말해 주는 사이트들을 보는 것으로 항상 검색을 시작한다. 물론 낙관적인 정보만 찾는 것으로 조사를 끝내지는 않지만, 그는 좋은 소식을 찾는 것에서부터 시작해서 그것을 뒷받침하는 정보들을 발견하면서 낙관적인 태도를 유지한다. 그러고 나서야 그는 문제들을 찾는다. 만약 부정적인 정보에서부터 검색을 시작하면, 상황에 대한 진짜 이유를 알게 되기 전에 아마도 자신이 검색을 포기하게 될 것이라고 그는 말한다.

직장에서의 낙관주의에 대한 한 흥미로운 연구에 따르면, 이론적으로 볼 때 부정적인 마음이 긍정적인 마음보다 더 집중을 방해하기 때문에, 낙관적인 사람들이 부정적 또는 중립적인 감정의 사람들보다 정보를 더 효과적으로 처리한다.

FBI 행동분석가처럼 들여다보기

당신은 이 장에 있는 일화를 이해했을 것이다.

내가 누굴 신뢰했는지, 신뢰하지 않았는지, 이유가 무엇인지를 알 것이다. 당신은 지금까지 FBI 요원처럼 생각하는 법을 배웠다.

- 당신은 집중을 방해하는 감정을 잘 무시했다.
- 당신은 대단히 정직했다.
- 당신은 사람들을 좋아하기는 했지만, 신뢰하지는 않았다.
- 당신은 심리 조작을 견뎌냈다.
- 당신은 자신의 정치적 성향을 잊었다.

● 당신은 행간의 의미를 파악했다.

그 과정을 칭찬하며, 이제 각 인물을 분석해 보자.

애드리크: 정말 훌륭한 남자다! 그의 이력을 보면 명예 외에는 아무것도 없는 성실한 외교관인 것으로 드러났다. 당신은 그를 신뢰했고, 수잔 또한 그를 거의 신뢰했으며, 린다는 그에 대해 그녀의 가장 큰 재산 중 하나인 열린 마음을 유지했다.

나 또한 그를 신뢰했다. 그가 훌륭한 사람이라는 사실만으로 우리는 모두 같은 결론에 도달했다.

하지만 만약 그가 훌륭한 사람이라는 이유만으로 누군가를 신뢰하고, 거짓 투옥, 고문, 살인을 정당화하려는 선전전에 계속해서 연루되어 있는 것을 용인한다면 우리는 어떤 사람일까? 그래서 우린 냉정해져야 했다. 그렇지 않은가? 그가 두 군데의 대사관에서 스파이들이 맡았던 자리를 이어받고, 선전전과 일부 연관되어 있었다는 사실이 그를 요주의 인물로 만들었기에 우리는 그를 계속 주시했는데, 그게 다였다. 그의 이력에는 명예 빼면 아무 것도 남는 게 없는 평범한 외교관이었다.

그에 대한 단서를 살펴보자. 그는 아프가니스탄 평야에서 싸웠고 지나치게 자주 끔찍한 문제들을 벌이는 정부에서 일했기 때문에, 분명 대담한 사람이었다(긍정적인 단서 2).

전쟁과는 거리가 먼 수백만 명의 다른 사람들은 전쟁을 구경거리나 심지어 스포츠처럼 보는 반면에, 그는 전쟁에 참전했던 사람들만이 이해할 수 있는 이성적인 방식으로 전쟁을 바라봤다(긍정적인 단서 3).

애드리크를 만나기 전부터 나는 린다에게서 그가 권력을 즐기는 대신에, 권력을 책임지고 수행해야 하는 역할로 받아들이고 있다고 들었다(긍정적인 단서 7). 그는 갈등을 피했고(긍정적인 단서 10), 린다가 캘리포니아로 갈 때까지 그녀와 함께 일할 정도로 다른 사람에게 관대하게 베푸는 사람이었다(긍정적인 단서 4).

처음 만났을 때부터 나는 그가 매우 침착하며, 변덕스럽지 않은 성격을 가지고 있음을 알 수 있었다 (긍정적인 단서 9). 또한 많은 사람이 어색해하는 침묵을 그는 불편하게 느끼지 않았다. 내가 지금껏 관찰한 바로는 그런 사람들은 자기 자신에 대해 매우 만족스러워한다. 자기 자신을 좋아하는 사람들은 자기 자신에 대해 만족해하는 경향이 있으며, 예측하기 쉬운 사람들이다(긍정적인 단서 6).

나는 그를 여러 번 보았지만, 신뢰에 대한 부정적인 단서들은 전혀 인식할 수 없었다.

그리고 당신은 수잔도 신뢰했을 것이다. 비록 그녀에 대한 세부적인 정보는 알지 못했더라도, 당신은 그녀가 유능한 시민이자 자신의 이익을 추구하지 않는 애국자임을 보았을 것이다.

린다: 그녀는 좀 더 복잡하다. 처음에 그녀가 감정적인 위기를 겪었을 때, 우리는 그녀에게서 학습된 무력감의 신호(부정적인 단서 1)와, 구조되기를 바라는 욕구(부정적인 단서 7), 그리고 최악의 상황을 상상하는 성

향(부정적인 단서 3)을 보았다. 나는 처음에는 그녀를 신뢰하지 않았다. 만약 내가 그녀를 신뢰했다면, 이만큼 이 임무에 관여하지 않았을 것이다. 하지만 내가 인내심과 공감형 극기를 가지고 도움을 주자, 그녀는 완전히 다른 사람이 되었다. 가끔은 이 정도만으로도 다른 사람에게 큰 도움이 될 때가 있다! 그러므로 당신이 처음에는 신뢰가 가지 않는 사람들과 마주치게 될 때 이를 기억하라. 시간이 흐름에 따라 내가 예측한 대로 그녀는 침착해졌고(긍정적인 단서 9), 그녀 자신에 대해 만족하게 됐으며(긍정적인 단서 6), 이성적으로 사고하게 되었다(긍정적인 단서 3).

치과의사: 당신은 아마도 치과의사와 사담 후세인과의 관계에도 불구하고 치과의사를 신뢰했을 것이다. 왜냐하면 그가 기꺼이 독재 정권이 저지르는 범죄의 공범자 역할을 했다는 것을 보여 줄 만큼 확실한 자료가 없었기 때문이다. 당신이 단지 알고 있는 것은 그가 기회를 보자마자 그런 상황을 벗어나 미국으로 망명했다는 것뿐이다. 따라서 네 번째 신호에 해당하는 '행동 패턴'에 비추어 보거나 그와의 긍정적이고 투명한 대화(다섯 번째 신호: 언어)는 그를 잠정적으로 신뢰하게 했다.

치과의사의 아내를 신뢰한 사람은 그리 많지 않을 것이다. 의심할 바 없이 우리는 그녀의 끊임없는 절망 상태를 볼 수 있었다. 그녀에게 직접적인 스트레스 요인이 없었음에도 그녀는 부정적인 모습을 보였다. 그녀는 마치 자신을 괴롭힐 방법을 찾는 사람처럼 보였다. 하지만 그녀가 과거에 큰 시련을 겪었고, 어쩌면 치유되고 있는 과정에 있음을 보여 주는 많은 자료가 있었다. 그래서 당신은 아마도 그녀의 외상 후 스트레스 장애가 이해할 만하고 예측 가능하다고 생각했을 것이다. 만약 그녀가 그런 모습 대신에 완벽한 아내처럼 보였다면 오히려 더 이상했을 일이다.

확인: 당신은 여섯 가지 행동 평가 시스템 없이 사람들을 평가하는 것을 상상할 수 있는가?

나는 상상할 수 없다. 나는 과거에 내가 어떻게 줄곧 전통적인 의사결정 도구들, 즉 직관, 공개출처 검색, 탐문수사, 자료, 다양한 사람들의 의견, 기타 표면적인 수준의 정보들(요즘 같은 시대에 종종 위조되는)로만 사람들을 평가할 수 있었을까 하는 생각을 할 때가 있다.

이들을 만난 무렵, 나는 거의 매일같이 내 시스템을 적용하고 있었고, 사람들을 평가하고 그들이 어떤 행동을 할지 예측하는 것이 훨씬 쉬워지고 있었다.

점점 더 많은 스파이들이 무력화되면서, 미국인들은 러시아의 잔학한 행위가 테러리스트들에 대한 영웅적인 싸움이라는 그들의 선전을 듣는 것과 믿는 것을 점점 멈추게 됐다. 그래서 이 시스템이 간접적으로 무고한 생명들을 구하거나, 최소한 잔학 행위를 중단시키는 데 도움이 되었기를 바란다. 실제로 도움이 되었는지는 잘 모르겠지만, 어찌됐든 잔학한 행위는 정말 멈춰야 한다.

그 후 6년 동안, 나는 사람들을 이해하고 그들의 다음 행동을 정확히 예측하는 행동과학과 응용에 더욱 열중했다. 그러한 노력과 열정의 결과는 FBI에서의 내 삶을 의미 있게 해 주었고, 2018년 FBI에서 은퇴한 후 새롭게 시작한 삶도 더욱 가치 있게 해 주었다.

만약 사람들이 다른 사람을 합리적으로 평가하는 이 방법에 관심을 갖게 된다면, 나는 나라가 또는 적어도 특정 부문이 바뀔 것이라고 생각한다. 가능한 일일 수도 있다.

개척자적인 정신을 가진 사람들의 새로운 물결에 의해 활력을 얻고 새로운 정보들이 알려지는 새로운 밀레니엄 시대에, 당신은 이 시스템으로 당신과 교류하는 모든 사람에게 그들이 성공할 수 있는 긍정적인 도움을 주면서, 당신에게 필요한 신뢰할 수 있는 동맹들을 찾게 될 것이다.

신뢰할 수 있는 동맹을 통해 맺어진 당신 주위의 긍정적인 사람들은 삶의 여정에서 당신과 함께 더 현명해지고, 행복해지고, 풍요로워지고, 친밀해질 것이다. 또한 당신이 당신의 세계를 만들고, 설령 당신에게 어려운 일이 생기더라도 다시 당신의 세계를 만들 수 있도록 도움을 줄 것이다.

일관되고 안정되어 예측이 가능한 사람인가?

Sign #6. 정서적 안정감

주요 문장: "신뢰 예측에서 잘못된 선택을 하는 가장 큰 이유는 두려움이 탐욕, 허영심, 시기심, 권위주의, 분노, 불안, 완벽주의라는 익숙한 모습으로 위장하고는 있지만, 자신이 뭔가를 충분히 가지지 못하거나 충분히 괜찮은 사람이 되지 못할까 봐 두려워하는 마음 때문이다."

주요 메시지: 정서적 안정의 부족은 분명 여섯 가지 징후 중 가장 파괴적인 결점이다. 오랫동안 감정적 자멸에 빠져 자신에게 최선이 되는 이익을 추구하지 않는 사람은 예측하기 어려운 사람일 가능성이 크기 때문이다.

요점

1. 감당하기 힘든 문제: 종종 자신이 어떻게 할 수 없는 문제를 가진 사람들은 다른 사람들의 삶에 피해를 준다. 이들은 자신의 문제로 다른 사람들에게 해를 끼치고, 모두의 삶을 더 힘들게 만든다. 하지만 이들은 소수에 지나지 않고, 이들의 문제 있는 행동은 대개 문제의 원인이 투명하다.

2. 정서적 불안정: 정서적 불안정을 일으키는 가장 흔한 두 가지 원인은 생화학적 불균형과 예전의 트라우마다. 둘 다 다른 사람들의 도움을 받아서 극복될 수도 있다. 그럴 경우 도움을 받는 사람과 주는 사람 모두가 고통이 사랑으로 승화되는 경험을 할 수 있다.

3. 불완전함을 포용하라: 사람들은 자신이 충분히 훌륭한 사람임을 깨닫게 되면, 대개 자신이 생각했던 것보다 훨씬 더 나은 사람이라는 것을 알게 된다. 완벽주의자들에게 해 주고 싶은 마지막 한마디다. 완벽하려고 애쓰지 말라. 그 대신에 자신에 대해 만족스럽게 생각하도록 노력하라. 그것은 단순히 자신에 대해 만족스러워하는 것이 아니다. 자신에 대해 만족스럽게 생각하게 된 자신을 볼 수 있다면 높은 수준의 통찰력에 도달했다는 의미다.

정서적 안정감을 보여 주는 열 가지 긍정적인 단서

1. 감사함을 충분히 나타낸다. 감사함은 모든 것을 주고도 아무것도 원하지 않는 마음이므로, 가장 순수한 사랑의 형태다.

2. 두려움을 갖지 않는다. 이들은 특별한 이유 없이 불안감을 거의 가지지 않으므로, 힘든 상황에서도 침착함을 유지한다.

3. 대단히 이성적이다. 합리성은 모든 미덕 중에서 가장 과소평가된 것이다.

4. 신뢰 코드를 충실히 따른다. 이들은 겸손하고, 다른 사람을 판단하지 않으며, 합리적이고, 이해심이 많으며, 다른 사람들에게 베푼다. 이들의 이러한 특징은 대개 나이가 들면서 더욱 선명해진다.

5. 상대방에게 선택권을 준다. 명령받는 것을 좋아하는 사람은 아무도 없고, 그 사실을 아는 사람은 통제라는 환상을 실행하려고 애쓰는 사람보다 훨씬 더 많은 도움과 친절을 다른 사람들에게서 얻는다.

6. 자기 자신에 대해 만족해한다. 그래서 이들은 당신에 대해서도 만족해할 줄 안다. 그럴 때, 당신은 당신의 모습 그대로 자연스러울 수 있다. 당신이 자신에 대해 만족할 때, 상대에 대해서도 만족스럽게 생각하며 만족의 선순환이 이루어진다.

7. 자신이 가진 권력을 즐기지 않는다. 이들은 힘을 공정하고 현명하게 사용하길 원하기 때문에, 권력은 오히려 이들에게 부담이 된다. 공정하고 현명한 사용에 대한 기대로 오히려 주변사람들은 이들이 권력을 가지길 바란다.

8. 사고가 유연하다. 이들의 인생은 고집하거나 집착하지 않는 긴 과정이다. 어떤 사람들은 이를 손해로 보는 반면에, 이들은 고집을 버리고 유연하게 생각해야 끊임없이 새로운 가능성과 아이디어를 만들어 낼 수 있다고 생각한다.

9. 침착하다. 이들의 조용한 마음은 시끄러운 마음을 이긴다.

10. 문제보다는 좋은 점을 먼저 찾는다.

정서적 안정감을 볼 수 없는 열 가지 부정적인 단서

1. 자포자기하고 무력감을 학습하고, 이를 다른 사람의 마음을 교묘히 조종하는 데 사용한다.

2. 생화학적 불균형이나 트라우마 등의 주요 전조증상이 없음에도 불구하고, 자신의 권리를 부정적인 인식에 내맡긴다.

3. 자신의 문제를 과장하고, 투쟁-도피-경직 반응의 분열적인 상태에 빠지면서 최악의 상황을 상상한다.

4. 세 가지 성격의 신호를 보인다. 1) 모든 문제는 영원히 지속되고(영구성) 2) 삶의 한 부분에서 일어난 문제가 삶의 다른 부분으로 퍼질 것이며(전염성), 3) 자신이 경험하는 모든 문제의 책임이 자신에게 있다고 믿는다(개인성).

5. 자신을 희생자라고 생각해서, 아무리 사소한 것이라도 자신을 만족시키지 못하는 대부분의 일에 대해 스스로를 희생자로 낙인찍는다.

6. 특권의식을 가지고 있다. 자신이 다른 사람들보다 나은 사람이며, 자신은 다른 사람들을 돕지 않으면서 자신은 계속해서 다른 사람들의 도움을 받을 권리가 있다고 생각한다.

7. 자신의 감정이 구조되기를 기다린다. 구조를 기다리는 것이 이들에게 쉽고, 기분을 좋게 해 주는 방법이다. 만약 당신이 이들의 백기사가 되기를 자청한다면, 계속해서 요청받는 것에 익숙해져야 할 것이다.

8. 다른 사람들을 탓한다. 이는 불안정한 사람들이 자신을 기분 좋게 만드는 방식 중 하나이므로, 그들은 비난이 자신이 비난하는 사람을 포함한 모든 사람의 이익을 위한 것이라고 정당화한다.

9. 변덕스럽다. 이들은 갑자기 화를 내다가 갑자기 긍정적으로 바뀐다. 이런 갑작스런 행동으로 이들은 관심의 대상이 되는 것을 즐긴다.

10. 심리를 교묘히 조종한다. 이들은 자신이 원하는 것을 솔직하게 말하는 대신에 상대방의 심리를 교묘히 이용하고, 상대방이 눈치채기 전까지 조종하거나 지배하려 든다.

신뢰에서 탄생하는
황금 같은 순간들

선택과 변화

우리의 인생을 선이라고 할 때, 대개 우리의 인생은 곧게 뻗은 직선이 아니다. 인생의 가장 중요한 순간은 완만한 곡선도 아닌, 급격히 꺾인 구간에서 우리가 내리는 선택에 의해 이루어진다. 우리는 신뢰하거나 의심하거나, 수용하거나 거부하거나, 떠나거나 남거나, 사랑하거나 두려워하거나 둘 중 하나의 선택을 한다. 그리고 이런 선택들이 켜켜이 쌓여 지금의 우리를 만든다.

우리는 인생이라는 여정을 가는 도중 만나는 갈림길마다 둘 중 하나의 선택을 하며, 그러한 선택 하나하나가 고유한 '당신'과, 당신이 사는 당신만의 고유한 세계를 만들어 낸다.

건강하고 이성적인 선택은 당신의 인생에 황금 같은 순간을 만들어주고, 이러한 선택이 오랫동안 쌓이고 쌓여 행복과 성공, 사랑과 건강, 감사로 이루어진, 당신이 진정으로 꿈꾸던 삶을 살게 해 준다.

끊임없는 선택의 연속은 숙명과도 같은 일이지만, 많은 사람이 선택에 안절부절해하고, 엄청난 스트레스로 받아들이며, 선택장애에 빠지기도 한다.

하지만 이제 당신은 건강하고 이성적인 선택을 내릴 수 있다. 당신은 사람들을 제대로 읽고, 당신이 스스로 선택한 미래에 그들이 협력하도록 하는 간단한 시스템으로, 당신의 선택에 따른 결과를 감정에 좌우되지 않고 합리적으로 예측할 수 있는 방법을 배웠다.

당신의 미래가 예측 가능할 때, 인생에서 선택을 내리기가 쉬워진다. 이제 당신은 당신이 무엇을 하고 있는지, 그리고 당신이 어디로 가는지 안다. 당신의 인생은 시간과 돈, 걱정과 후회, 불필요한 감정을 낭비하지 않고 안정감 있게 진행된다.

당신에게 다른 사람들에게는 없는 이런 특별한 이점이 있는 이유는 뭘까? FBI 행동분석가처럼 생각하는 법을 배웠기 때문이다. 당신은 누구를 신뢰해야 하는지, 왜 신뢰해야 하는지 안다. 그것은 그들의 행동으로 드러난 그대로 그 사람의 내면을 볼 수 있는 것과 같다.

FBI 행동분석가처럼 사고하는 방법을 모두 익힌 지금의 당신은 세계 최대이자 최고의 수사 기관에 소속된 요원과 같다. 당신은 신뢰할 수 없는 사람이나 사기꾼을 발견할 수 있고, 심리를 조종하려는 세력에 저항할 수 있으며, 복잡해 보이는 문제의 진짜 이유를 알 수 있고, 당신의 인생에 대단히 큰 힘이 될 수 있는 동맹들을 발견할 수 있다.

이 시스템은 만들기는 힘들었지만, 단지 여섯 단어만 기억한다면 사용하기가 쉽다.

행동 예측 평가 시스템

1. 동맹

2. 관계 지속성

3. 신뢰성

4. 행동 패턴

5. 언어

6. 정서적 안정감

이 행동 분석 방법은 각 신호에서의 연역적 추리를 통해 감정, 마음의 혼란, 속임수, 강압적인 설득, 근거 없는 두려움, 잘못된 희망, 절박함으로부터 당신을 자유롭게 한다.

이 시스템은 당신이 세상을 있는 그대로 명확히 볼 수 있게 해 준다. 당신은 이 시스템을 통해 얻은 충분한 정보들로 당신의 삶을 만들어 나갈 수 있다. 당신의 조력자들이 당신을 도울 것이고, 당신의 특별한 능력과 바람에 맞게 당신 자신만의 세계를 창조할 수 있다.

당신은 세상을 당신이 원하는 대로 쉽게 바꿀 수는 없지만, 적어도 당신의 세계는 바꿀 수 있다.

당신의 세계관을 공유하는 사람들은 당신의 성공이 곧 자신의 최대 이익이므로, 당신의 성공을 기꺼이 도울 것이다. 그들은 오랫동안 당신 곁에 머물면서 당신을 도우며 당신과의 동맹을 튼튼하게 만들 것이다. 그들은 유능하고 성실할 것이고, 어떤 말을 해야 하고, 하지 말아야 하는지 알 것이다. 그리고 그들은 정서적으로 안정되어 있어서, 당신에게 걱정을 끼치는 대신에 희망과 즐거움을 줄 것이다.

아마 당신이 경험했듯이, 대부분의 동맹에서 이 여섯 가지 필수적 기본 신호를 모두 발견할 수는 없겠지만, 사실 여섯 가지 단서를 다 발견할 필요도 없다. 세상에 완벽한 사람은 없다. 이 중 한두 개의 자질을 보이는 사람이라면 다른 자질들도 쉽게 습득할 수 있다. 이 자질들은 모두 매우 밀접하게 연결되어 있고 시너지 효과가 있기 때문이다.

당신의 동맹 중 일부가 당신이 필요로 하는 것들에 충분한 도움이 되지 못할 때, 다른 동맹이 이들을 대신할 수 있다. 최고의 성공을 위해 반드시 최고의 팀이 필요한 것은 아니지만, 분명한 것은 당신에게 이런 팀이 필요하다는 사실이다.

당신에게 최고의 팀이 필요한 이유는 삶 자체가 변화의 연속(죽음은 변화가 없는 것과 반대로)이고, 이러한 삶의 변화에 혼자서 대처하기가 힘들기 때문이다.

하지만 안타깝게도, 삶의 움직임이 정지된 사람들은 마치 변화가 곧 죽음을 의미하는 듯 종종 변화를 상실로 인식한다. 이 말은 논리적 비약이 아니다. 왜냐하면 죽음은 대부분의 사람이 가장 크게, 가장 오랫동안 가져 온 두려움이기 때문에, 사람들은 삶에서의 두려움을 죽음과 쉽게 연결시킨다.

변화와 죽음은 미지의 세계에 대한 두려움이라는 감정을 공유하기 때문에, 이 건강하지 못한 연결을 끊어 내기가 어렵다. 평생 동안 변화에 대해 두려워하다 무덤에 묻히는 것은 마치 이 지구에서 전혀 살아보지 못한 것과 같다.

예측 가능성을 배우고 변화를 수용해야 하는 이유는 뭘까? 단 한 가지 이유가 있다. 인생에서 찾아오는 황금 같은 순간들 속에서 삶을 즐기기 위해서다.

하지만 그런 순간에 계속해서 머무르기란 쉽지 않다. 왜냐하면 나를 비롯해서 완벽한 사람은 아무도 없기 때문이다.

은퇴 후의 자유

은퇴 후의 나는 내 자신이 아닌 것처럼 낯설게 느껴졌다. 왜 그런 느낌이 드는지도 잘 알고 있었다. 30년 동안 내내 해병대와 FBI에서 조국을 위해 일한 나는, 일로부터 자유로워진 것이 문제였다.

은퇴자라면 예전보다 더 느긋하게 주말을 보내고, 특별한 일이 없는 평일도 여유롭게 즐기는 것이 정상일 것이다. 하지만 나는 이 월요일 아침에 우울한 기분으로 식당에 앉아 내 인생이 새롭게 시작되기를 기다리고 있었다.

갓 은퇴해서 다른 직업을 막 시작하려는 사람들은 자신의 미래를 '새로운' 인생이라고 말하겠지만, 내게는 할 일이 없다는 것이 너무나 이질적이어서, 은퇴 전의 삶이 마치 오래 전에 내가 살았던 다른 세계처럼 느껴졌다.

그래서 마음이 조금 불안했다. 다만 이 시점부터 모든 것이 달라 보일 것이라는 것은 유일하게 확실히 예측할 수 있었다. 하지만 나는 더 이상 변화를 두려워하지 않는다.

나는 더 이상 죽음이라는 변화, 또는 인생에서 일어나기 마련인 피할 수 없는 모든 변화를 특별히 두려워하지 않는다. 내게 변화는 단지 도전이자 모험일 뿐이다.

아마도 은퇴는 현재를 기준으로 내 인생에서 당분간 가장 큰 변화일 것이다. 그리고 더 이상 해병대나 FBI에 속해 있지 않다는 것은 예측하기 힘들었던 결과를 가져왔다. 아무것도 없는 텅 빈 공간을 탐험하는 기분을 느끼는 것은 예측하지 못했던 일이다.

어떤 사람은 천상에서의 행복이라는 사후세계를 믿고, 어떤 사람은 환생할 것이라고 생각한다. 반면에 죽음 이후의 세계에 대해 아무것도 믿지 않는 사람도 있다. 공통적으로 모든 사람은 죽음 이후의 세계가 죽음 전의 세계와는 아주 다를 것이라는 것에 동의한다.

사실 우리는 살아 있는 동안에 현실적인 목적을 위해 완전히 새로워진 존재가 되는 경험을 한다. 이를 가장 분명히 보여 주는 것은 유아기부터 어린 시절까지의 변화인데, 우리의 생애 첫 기억은 본질적으로 망각 속으로 사라지며, 신경학자들은 이를 '유아기 기억상실'이라고 부른다. 어떤 사람들에게는 약 열 살 전의 모든 기억이 사라진다.

삶이 계속됨에 따라 이러한 망각은 계속되며, 종종 꽤 의식적으로 이루어지기도 한다. 더 나은 버전이 되기 위해 과거의 버전을 버리기 때문이다. 이러한 망각과 종종 중요한 변화에 수반되는 자유와 함께, 오래된 생각과 전략, 그리고 동맹들은 기억들과 함께 희미해진다.

이렇게 보면 우리 모두는 이미 죽은 것이다. 이는 은유적인 표현만은 아니다. 하루가 지날 때마다 우리 중 일부는 사라지고 나머지가 계속해서 삶을 살아간다.

나는 여러 해 동안 선택과 변화를 고찰해 왔기 때문에, 은퇴가 내게 아주 쉬운 일일 것이라고 생각했다. 하지만 나는 왜 그리도 불안했을까?

그저 더 이상 벌어들이는 수입이 없다는 평범한 이유 때문이었을까? 결국 돈은 모든 자유의 근원이니까?

설마 그럴까 싶거나 심지어 이 말이 냉소적으로 들린다면, 노후자금을 여유 있게 준비해 둔 퇴직자에게 물어보라. 생존을 위해서 투잡을 뛰는 사람에게 물어보라. 굳이 상위 1퍼센트의 부자에게 물어볼 필요도 없다.

돈으로 행복과 사랑을 살 수는 없다. 하지만 돈은 시간을 벌어 줄 수 있다. 그리고 자유로운 시간은 다채로운 선택을 할 수 있게 해준다.

하지만 나는 돈보다는 열정과 애국심에 훨씬 더 동기부여를 받는 사람이다. 아마도 나는 일이 주는 흥분을 그리워했을 것이다. 때때로 위험하기는 했지만 결코 지루하지 않았다. 나는 뚜렷하고 즉각적인 목적의 상실을 아쉬워하고 있었는지도 모른다. 나는 더 이상 어떤 역할을 맡은 사람이 아니라 그저 텅 빈 공간을 바라보는 사람이 되었기 때문이다.

일하면서 나는 다른 나라들이 때로는 미국조차 모르는 내용으로 미국을 헐뜯는 것을 막으며 깊은 정신적인 피로를 느꼈다. 미국과 이들 나라는 실제로 일어나지도 않은 추악한 내용들로 서로를 비난하기도 했다.

그럼에도 불구하고, 나는 아주 오랫동안 내 삶을 제한했던 루틴으로부터 자유로워졌다.

"로빈!" 제시였다.

"오비완!"(영화 〈스타워즈〉의 마스터 중 한 명―옮긴이)

뉴욕에서 은퇴한 후, 제시는 버지니아 콴티코 근처로 이사했다. 최근에 그는 사람들을 평가하는 내 시스템에 빠지게 됐다. 그는 이 시스템을 만드는 데 적어도 절반은 영감을 준, 이런 시스템이 필요 없는 요원이었다. 이런 요원들이 더러 있긴 하지만, 아주 드물다.

나는 우리 둘 다 시간이 있을 때 제시에게 내 시스템에 대해 전부 설명해 주기로 약속한 적이 있었다.

"그래서 사람을 읽는 비결이 뭔가?"

"너무 간단하다고 생각하실 거예요. 여섯 가지 신호인데, 이미 다 알고 계신 거예요."

"어디 들어보지."

"좋아요. 만약 이 여섯 가지 신호 중 하나의 신호를 분명하게 드러내는 사람이라면, 보통 그 사람을 믿을 수 있어요. 물론 많을수록 좋죠. 신호를 찾으려면 상대를 객관적이고 이성적으로 바라봐야 해요. 요원들이 단서를 찾는 것과 같은 방식으로요."

"비언어적 행동 같은 단서들? 의도나 행동 같은 것?"

"네. 기본적인 수사 요소들이요. 가장 중요한 것은 상대방이 나의 성공에 동맹할 것인가예요. 그건 레오에게서 배웠어요."

"멋진 사람이지!"

"레오는 인간관계에 살고 죽어요." 나는 말했다. "그가 아는 지인들은 마치 은행에 보관해 놓은 자금처럼 그에게 소중한 사람들이었어요. 그는 모든 사람이 영업사원이고, 우리가 팔아야 할 것은 오직 우리 자신뿐임을 가르쳐 주었어요. 나를 믿는 사람이라면 결국 내가 가진 것을 살 것이라는 거죠. 레오는 저를 세르게이에게 소개해 주었죠. 그 사람 기억나세요?"

"그래, 러시아 외교관이지. 무엇이 자네로 하여금 세르게이를 신뢰하게 했나?"

"믿을 수 있는 비언어적 행동, 높은 감성지능, 경청, 관계를 확장시키려는 노력, 솔직함과 투명함이요. 그는 제가 중요하게 생각하는 것에 대해서 물어봤어요. 제게 아무것도 약속하지 않았지만, 상대방을 신뢰할 때는 약속이 필요하지 않죠. 그저 상대를 있는 그대로 인정해 주면 돼요."

제시는 내 말을 이어받아서 말했다.

"그러면 상대는 자네를 있는 그대로 인정해 주겠지."

노병은 결코 죽지 않듯, 경험 많은 멘토도 결코 죽지 않는다. 그들은 한 걸음 앞서 있을 뿐이다.

"그리고 레오는 저를 아난에게 소개했어요." 내가 말했다.

"아난! 자네는 제3차 세계대전을 그와 함께 막았잖아! 아는 사람들이 없어서 그렇지."

"제 취향에 맞는, 소리 없는 전쟁이죠."

"방첩 활동에서 가장 좋은 일은 전쟁이 일어나지 않게 하는 거지."

"아난은 제게 신뢰의 두 번째 신호를 가르쳐 주었어요. 오래 이어질 관계로 생각한다는 것을 보여 주는 신호요. 그는 즉시 그와 제가 오랫동안 많은 부분에서 서로에게 큰 도움이 될 수 있다는 것을 깨달았어요. 그래서 그를 신뢰하기가 쉬웠죠."

"세 번째 신호는 뭐지?" 제시는 물었다.

"역량과 성실함으로 판단하는 신뢰성이요. 제가 드론팀에 합류하고 나서 가장 먼저 맡은 일이 컨퍼런스를 꾸리는 것이었는데, 그때 이 신뢰성에 대해 배웠어요."

나는 그에게 조지에 대해 말했다.

"그는 정말 좋은 사람이에요."

"그렇지." 제시는 콴티코에서 그를 알게 됐다.

"하지만 그건 그에게 맞지 않는 일이었어요. 그는 사람이 아니라 기술과 관련된 일을 잘하죠."

나는 조지에 대한 묘한 옛 기억이 되살아나서 그에게 한번 전화해야겠다고 생각했다. 나는 여전히 드론을 가지고 있었고 드론 날리기를 아주 좋아했다. 만나서 같이 드론을 날리며 재미있는 시간을 보낼 수 있을 것이라 생각했다.

"핵 전쟁을 일으킬지도 모를 긴장 상태를 완화시키는 중대한 일을 자네와 아난의 첫 임무로 해냈다니 신기하군."

"어떤 면에서는 정말 신기해요. 하지만 그가 아주 낯설게 느껴지지 않았어요. 아난은 인간관계를 아주 중요하게 생각했고, 상대로 하여금 그가 상대를 만나기 위해 평생을 기다려 온 것처럼 느끼게 했어요."

"아난은 아직 해외에 있나?"

"네, 종종 오겠다고는 했는데 아직 오지는 않았어요."

예전 일을 다시 떠올리니 그때의 기억이 가슴을 다시 설레게 했다.

"자네와 아난은 잭 존슨 덕분에 그 일을 할 수 있었지. 위험한 일을 주저하지 않고 떠맡는 사람, 잭! 그는 자신의 임무를 사랑하지 않은 적이 없어."

"그런 분들이 FBI에 더 필요해요. 선배님은 그분이 뚜렷한 행동 패턴을 가지고 있다고 하셨죠. 그게 네 번째 신호인 행동 패턴 즉, 긍정적인 행동 패턴이에요."

"잭이 아프다는 얘기 들었나?"

나는 듣지 못했다. 제시는 어떤 병인지 말해 주면서 병세가 좋지 않다고 말했다.

"곧 찾아뵐게요."

제시는 내가 그를 방문하길 원해서 그의 이야기를 꺼냈을 것이다.

"다섯 번째 신호는 신뢰의 언어예요. 그건 뉴욕에서 근무할 때 선배님이 제가 만들 수 있도록 도와주신 신뢰 코드에서 비롯됐어요. 상대방이 어떤 말을 하는지 상대방의 입장에서 잘 듣고, 상대에게 선택권을 주며, 상대에 대해 판단하지 않고 인정해 주는 말에서 신뢰의 단서들을 찾는 것이죠. 신뢰의 언어를 자연스럽게 보여 주는 사람이라면 믿어도 좋아요."

"나는 신뢰 코드를 아주 좋아하지. 신뢰 코드로 많은 것을 배웠어."

"저한테서 배우셨다고요?"

"그럴 수 있지, 그러지 못할 이유가 있나?"

나는 제시에게 다섯 번째 신호가 신뢰의 언어라고 말했지만, 내가 실리콘밸리 임원인 미스터X가 속내를 말하지 않는 태도에서 신뢰의 언어가 중요함을 인식했다는 것은 언급하지 않았다. 그에게 반감이 남아서가 아니다. 미스터X가 점점 자신의 언어로 자신을 드러내면서, 그는 한 사람으로서 내게 큰 인상을 남기지 못했다. 당신이 신뢰하지 않는 사람들은 당신의 삶에서 흔적도 없이 사라진다. 다행스러운 일이다.

"여섯 번째 신호는 정서적 안정이에요. 저는 체첸 전쟁 작전을 도와준 수잔이라는 여성에게서 정서적 안정에 대해서 배웠어요. 저는 온 세상을 한꺼번에 구하려고 애쓰고 있었는데, 그녀는 조용한 마음으로 많은 일을 해낼 수 있다는 것을 보여 주었어요. 그녀는 지금 아시아에서 정보 요원으로 일하고 있어요. 아기를 낳은 지 얼마 되지 않았고요."

나는 아기 사진을 몇 장 받아 보고 싶던 중이었다.

제시는 생각에 잠겨 잠시 천장을 바라보고는 나를 보며 말했다.

"정서적 안정을 이해할 수 있네. 정서적 안정이라는 것은 감정 기복이 심하지 않고, 권력을 즐기지 않으며, 다른 사람의 말을 귀 기울여 듣고, 겸손하며, 다른 사람들이 두려워할 때 이성을 유지하는 사람이지, 그렇지?"

"제1 규칙을 빠뜨리셨어요."

"아니야, 기억하고 있어! 그건 내가 가르쳐 준 거잖아. '자책하지 않는 것!'"

"맞아요, '모든 사람이 자책을 지나치게 잘하는데, 자신의 부족한 점을 지나치게 잘 알아서 그래. 그래서 우리가 우리 자신에 대한 최대의 적이 되는 거야!'라고 말씀하셨죠."

우리는 남은 소회를 서로 나눈 후 헤어졌다. 나는 그가 차로 걸어가는 것을 지켜보았다.

혼자 있게 되니 우울한 마음이 다시 찾아 오지 않을까 생각했지만 그렇지 않았다. 나는 그런 마음이 '직장을 그만둔 데서 오는 건가?'라고 생각도 했지만 그렇지 않았다. 돈도, 일에서 느끼는 흥분과 목적의식의 상실 때문도 아니었다.

나는 사람들을 떠나보내는 것이 두려워서 우울하고, 슬프고, 공허한 것이었다. 레오, 아난, 제시, 세르게이, 잭, 조지, 수잔, 세상을 떠난 사람들을 포함해서 그 밖의 수많은 사람을 떠나보냈다.

하지만 내가 왜 공허함을 느끼는지 깨닫는 것만으로도 공허함을 사라지게 하기에 충분했다. 그것이 현실의 힘이다. 현실은 보통 상상보다 훨씬 친절하다. 아무리 어둡고 힘들어도, 현실의 삶은 결코 우리가 머릿속에서 지어내는 끔찍한 몽상만큼 견디기 힘들지는 않다.

현실은 항상 바뀔 수 있다. 대부분의 웬만한 문제들은 동맹들과의 팀워크와 합리적 이성에 의해 시간이 흘러가면서 해결된다.

앞서 2장에서 언급했듯이, 9·11 이후의 암울했던 시기에 에밀리라는 소녀가 게토레이와 함께 "미국을 구해줘서 고마워요"라는 메모를 내게 건넸다. 내가 그 염원에 부응할 수 없다는 것을 알았기에, 그 당시 나는 내 자신이 부끄러웠다. 하지만 나는 한 사람만은 구하겠다고 나 자신에게 약속했다. 바로 레오였다. 뒤돌아보면 레오만으로는 결코 충분하지 않았다는 생각이 들어서 안타까운 마음이다.

은퇴하는 사람은 누구나 활동 시간과 거리의 제약, 그리고 안타까운 부고 소식에서 사람들을 잃는 상실감을 느낀다. 하지만 내가 느낀 상실감은 보통의 경우보다 훨씬 더 컸다고 생각한다. 나는 그들의 영혼에 담긴 것을 배우겠다는 사명으로 그들을 대했기 때문이다.

상대방의 내면을 깊이 들여다보고, 당신의 꿈에 그가 함께할 것이라 신뢰하며, 그의 꿈을 당신의 꿈으로 받아들이면, 오랫동안 지속되는 황금 같은 순간이 태어난다.

신뢰는 그런 순간에서 산다. 신뢰로 맺어진 유대(사랑보다 더 헌신하기 힘들 수 있는)를 통해 당신이 누군가에게 미래를 함께하자고 제안한다면, 사람들이 세상을 떠나도 유대가 계속해서 지속되는 한 당신의 삶을 풍요롭게 하는 유대는 영원히 남는다.

당신과 신뢰로 연결된 사람들은 신뢰로 맺어진 그 순간에 머물며 나이가 들지도, 변하지도, 당신의 마음을 떠나지도 않는다. 그들의 일부가 당신이 되었기 때문에 당신은 결코 예전의 당신과 같지 않으며, 당신의 일부 또한 그들 안에 있다.

과거와 달리 내게 주어진 일이 없는 월요일 오후였지만, 나는 더 이상 허전함을 느끼지 않았다. 엄청난 변화가 앞에 놓여 있지만, 상실에 대한 두려움은 사라졌다.

과거와 현재, 성공과 실패, 일에서 느꼈던 전율과 목표의식 등 모든 것은 오래된 사진처럼 희미해져 간다. 언젠가 이것들은 오래된 사진처럼 빛이 바래고, 부서져 사라질 것이다.

신뢰로 맺어진 유대가 황금처럼 자라면서 삶은 계속되고, 사람들과의 관계를 제외한 모든 것은 사라져 간다.

FBI 사람예측 심리학

1판 1쇄 2020년 8월 13일 발행
1판 6쇄 2024년 4월 15일 발행

지은이 · 로빈 드리케 · 캐머런 스타우스
옮긴이 · 고영훈
펴낸이 · 김정주
펴낸곳 · ㈜대성 Korea.com
본부장 · 김은경
기획편집 · 이향숙, 김현경
디자인 · 문 용
영업마케팅 · 조남웅
경영지원 · 공유정, 임유진

등록 · 제300-2003-82호
주소 · 서울시 용산구 후암로 57길 57 (동자동) ㈜대성
대표전화 · (02) 6959-3140 | 팩스 · (02) 6959-3144
홈페이지 · www.daesungbook.com | 전자우편 · daesungbooks@korea.com

ISBN 979-11-90488-12-9(03190)
이 책의 가격은 뒤표지에 있습니다.

Korea.com은 ㈜대성에서 펴내는 종합출판브랜드입니다.
잘못 만들어진 책은 구입하신 곳에서 바꾸어 드립니다.

이 도서의 국립중앙도서관 출판예정도서목록(CIP)은 서지정보유통지원시스템 홈페이지
(http://seoji.nl.go.kr)와 국가자료공동목록시스템(http://www.nl.go.kr/kolisnet)에서
이용하실 수 있습니다. (CIP제어번호: CIP2020030509)